REFLEXIONS
SUR LA
PEINTURE

PAR

M. DE HAGEDORN

TRADUITES DE L'ALLEMAND

PAR

M. HUBER

TOME II.

Vos exemplaria Graeca
Nocturna verſate manu, verſate diurna
HOR. A. P.

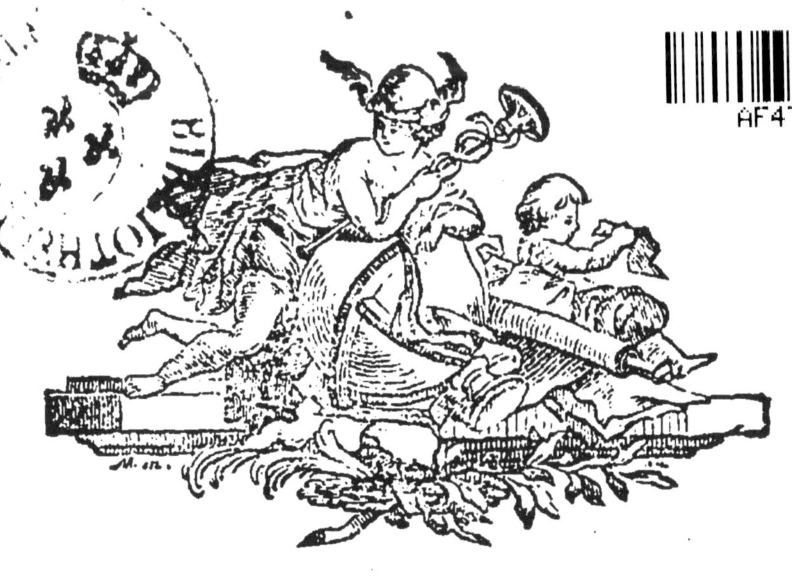

A LEIPZIG
CHEZ GASPAR FRITSCH
M. DCC. LXXV.

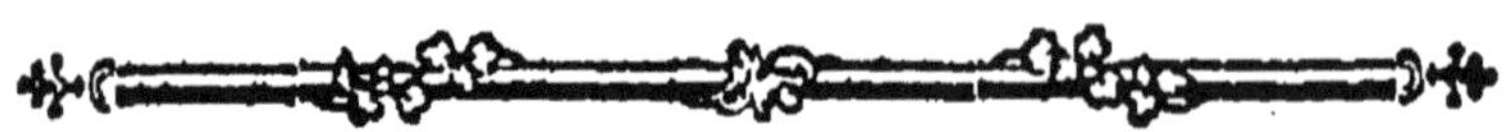

TABLE
DES LIVRES ET DES CHAPITEES CONTENUS DANS CE TOME II.

LIVRE III.
Le Dessin.

LIVRE IV.
Le Coloris.
SECTION I.
Du Clair-obscur, ou de l'harmonie des Jours & des Ombres, des Clairs & des Bruns.

LIVRE IV.

SECTION II.

Le Coloris & l'Exécution en particulier.

SUPPLEMENT.

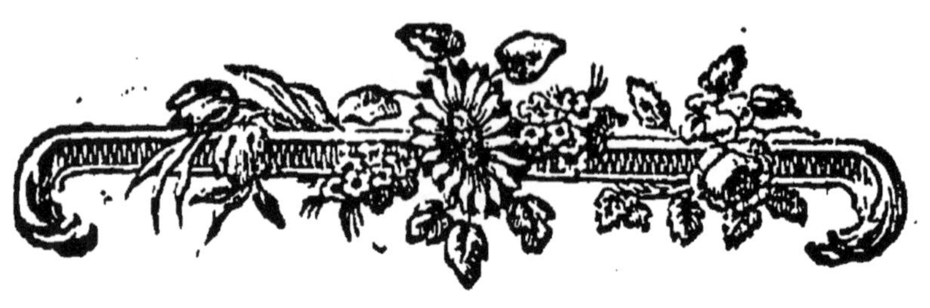

RÉFLEXIONS SUR LA PEINTURE. A UN AMI

LIVRE III.

LE DESSIN.

CHAPITRE XXXIV.

Des progrès des Arts relatifs au Dessin, & du Dessin en général.

Dans les siècles éclairés les arts du Dessin, n'ont pas besoin d'apologie. Il me suffira dans la suite de mes observations de toucher un mot de la correction & de l'élégance du Dessin. Je n'ai pas besoin non plus de prouver l'importance de ces deux qualités, ni pour les arts imitatifs en général, ni pour la beauté de la figure humaine en particulier.

Cependant, mon cher ami, il faut vous l'avouer, j'ai été tenté de disculper les arts d'imitation du reproche qu'on leur fait de ne servir de cortege qu'au luxe; bien entendu que je me ſerois retranché ſur l'emploi raiſonnable qu'on en doit faire. —

Selon l'Ecriture ſainte tous les Beaux-Arts ſont, comme les arts d'un *Beſeléel* & d'un *Ooliab* à qui Dieu fit part de ſon intelligence, des dons du Très-Haut, d'un Créateur qui accorde des plaiſirs infinis à ſes créatures. Mais ſelon les vues de ſa ſageſſe éternelle, tous les plaiſirs doivent être ſubordonnés à nos devoirs, & au but de notre deſtination. Si vous paſſez les bornes de cette ſage modification, dès lors le goût peut produire l'abus non ſeulement dans les choſes nommées ſuperflues, mais encore dans celles qui ſont de la premiere néceſſité [a].

D'où vient, me diſois-je, que tant de zélateurs qui cependant ne réuſſiront jamais comme un Moliere à corriger les mœurs, ni comme un Racine à changer par un ſeul trait la façon de penſer des Rois [b], nomment toujours dans leurs décla-

a *Non in rebus vitium, ſed in animo ipſo eſt. Seneca de Paupert.*

b On ſait que Louis XIV. avoit coutume de danſer dans les ballets; mais qu'il ne danſa plus en public, lors qu'on eut joué devant lui la tragédie de Britanicus, & qu'il eut entendu ces vers où il eſt dit de Neron:

Pour mérite premier, pour vertu ſinguliere
Il excelle à conduire un char dans la carriere,
A diſputer des prix indignes de ſes mains,
A ſe donner lui-même en ſpectacle aux Romains.

déclamations les Beaux-Arts, quand ils ne veulent parler ſans doute que de l'abus qu'on en fait? Il me ſemble qu'il ne s'agit que de convenir du fond de la queſtion. Tout homme qui aura une idée nette des arts, qui aura un goût épuré, ne ſera plus le détracteur des arts.

Malgré leur utilité, peut-être tous les arts d'agrément ſeront rejettés par celui qui ſe croit en droit de nous interdire tous les plaiſirs honnêtes qu'ils nous procurent, & de les effacer du plan d'un Créateur bienfaiſant [c]. Les couleurs riantes du Printems ſont les ſeuls obſtacles qui s'oppoſent encore aux arguments invincibles de ces ſortes de Docteurs. --- Mais non, le Printems lui-même dépoſe en leur faveur & montre la poſſibilité d'abuſer de ſon influence. Le mois de Novembre eſt le mois favori de ces triſtes Moraliſtes. En effet le Spectateur anglois ne dit rien de ce mois aux Belles de la Grande Bretagne; mais il les avertit de ſe tenir ſur leurs gardes durant le mois de Mai [d].

Contre les objections de ces Moraliſtes il n'y a point de réplique. Il me faudroit abandonner,

 ſans

c Quamobrem ſi quem forte inveneritis, qui aſpernetur oculis pulcritudinem rerum, non odore ullo, non tactu, non ſapore capiatur, excludat auribus omnem ſuavitatem, huic homini ego fortaſſe et pauci Deos propitios, plerique autem iratos putabunt. Cic. Orat. pro M. Coelio.

d Beware of the month of May. No. 395.

ſans doute les raiſonnements les plus ſolides & me retrancher ſur ce ſuperflu qui, lors même qu'il dégénere en abus, ne laiſſe pas que d'influer encore ſur la proſpérité des nations. Je me bornerois à chercher des raiſons en faveur de ceux des arts qui, ſans nuire aux mœurs, rendent le goût plus univerſel, tirent parti de la ſituation du pays & favoriſent le débit de ſes productions chez l'étranger; des raiſons qui ôteroient peut-être à l'eſprit de chicane ce qu'elles donneroient à des penchants plus honnêtes, ou plus nobles pour notre conſervation; des raiſons qui, ſans interrompre l'unité néceſſaire du tout dans un Etat par des parties diſparates, ni ſans donner occaſion à un voyageur Philoſophe, de remarquer dans un pays une abondance prodigieuſe d'ouvrages de l'art, & un manque total de ponts, comme Addiſon l'a obſervé dans de certaines contrées de l'Italie [e].

Mais de cette maniere mon zele pour les arts auroit produit des réflexions d'une toute autre nature, & vous, mon ami, vous auriez été en droit de me rappeller le *ſed nunc non erat his locus* d'Horace, avec toute la tirade contre ceux qui ſortent de leur ſujet. Vous me diſpenſez d'entrer dans ces détails, & vous voulez ſavoir mes idées ſur la partie pratique de l'art, partie dans laquelle un jeune

[e] *Remarks on ſeveral Parts of Italie. p. 335.*

jeune Artiſte qui fréquente l'Académie eſt infiniment plus digne d'être encouragé par des Connoiſſeurs tels que vous. Pour expoſer cette portion de l'art dans le jour le plus avantageux, que je ſerois charmé de remettre la plume à des Artiſtes qui peindroient comme *Mengs* [f], & qui écriroient comme *Cochin!*

Je prens le mot de deſſin dans le ſens le plus général. Zelé comme je le ſuis pour le progrès des arts & pour faire fleurir dans un pays ceux qui ont rapport au Deſſin, je ne puis paſſer ſous ſilence les motifs de la députation de commerce aux Etats de Bretagne [g]. Les remontrances ſur des objets auſſi importants ne furent pas ſans effets, & les

[f] L'Auteur lorsqu'il écrivoit ceci, n'avoit pas encore vu ce que cet Artiſte célèbre a écrit ſur la Peinture. Le petit ouvrage de M. Mengs a paru ſous le titre: *Mengs Gedanken über die Schönheit und den Geſchmack in der Malerey* &c. & a été publié par les ſoins de M. Fueſsli de Zurich.

[g] „Preſque tous les Arts qu'il eſt important de perfectionner, ne peuvent faire de grands progrès ſans le Deſſin; „c'eſt principalement par le goût ſupérieur dans cet Art „que les Manufactures du Royaume, ſe ſont acquis la „préférence ſur celles des Etrangers. Les villes de „Rouën & de Rheims ont fondé des Ecoles publiques de „Deſſin. Nos Artiſtes & nos Ouvriers retireroient beau„coup d'avantages d'un pareil établiſſement." V. Ecole d'Agriculture. Paris 1759.

les Etats de cette Province nommerent en conséquence deux Maîtres à deſſiner, pour ouvrir deux Ecoles publiques de Deſſin, l'une à Rennes, & l'autre à Nantes.

Quelles villes plus propres à fonder des Ecoles publiques de Deſſin, & puis à y établir avec ſuccès des Académies de Peinture, que celles où il y a déja des galeries de tableaux ? Conſidéré ſous ce point de vue, Duſſeldorf auroit un avantage ſingulier pour de pareils établiſſements ; la proximité des Pays-Bas lui offriroit de nouvelles reſſources. La ſuperbe collection d'un ſi grand nombre de figures jettées en plâtre d'après les principales antiques, eſt un tréſor enfoui par rapport à un pays qui ne ſait pas en tirer parti pour le progrès des arts. Je dirois en paſſant que ces ſtatues ſont infiniment mieux placées aujourd'hui dans la ſalle particuliere qu'elles occupent au rez-de chauſſée, qu'elles ne l'étoient autrefois dans la galerie, où la blancheur du plâtre [h] s'accordoit mal avec la fraîcheur de la couleur des tableaux. C'eſt au moyen des jets de cette nature que le Roi François I. remplit le mieux le but de faire fleurir les arts dans ſon Royaume; l'accueil

[h] M. Spence, dans ſon *Polymetis*, me paroît tomber dans le même inconvénient, lorſqu'il arrange des ſtatues de marbre dans un cabinet de tableaux ; une certaine quantité de vaſes & de figures de bronze me ſemble mieux convenir à l'ornement d'un pareil cabinet.

l'accueil que ce Prince fit aux talents, rendit bientôt la France nécessaire aux Artistes étrangers qui trouvoient à la vérité les arts établis dans leur patrie, mais qui n'y trouvoient pas la même protection. Le mérite d'être le premier Protecteur des arts, me paroît répandre le même éclat sur les siècles de Périclès, de Laurent de Médicis & de François I. que sur ceux d'Alexandre, de Leon X. & de Louis XIV. & ce mérite a des prétentions fondées sur la reconnoissance de la postérité. J'ai parlé des établissements qu'on pouroit faire à Dusseldorf par rapport au Dessin, & je passe sous silence les dispositions importantes qu'on a faites à Dresde pour le progrès des arts. Il est aisé, disoit Socrate, de louer les Athéniens à Athene [i].

Au reste ce seroit l'affaire d'un homme de sens [k] qui prendroit également à cœur & les avantages

i *Aristot. Rhetor. II. 9.*

k L'encouragement des arts du Dessin n'appartient proprement pas dans la classe des objets du luxe; il appartient à celle de l'industrie. Il seroit donc fort à désirer que les Artistes que la guerre a chassé de nos villes, y revinssent incessamment. Ces arts répandent parmi les ouvriers une certaine adresse, que n'ont pas ceux des pays où les beaux arts sont moins cultivés; & cette adresse, ou ce goût donne une plus haute perfection aux Manufactures en général. Par conséquent on ne sauroit trop encourager les arts du Dessin, de la Peinture & de la Sculpture, pour donner du goût à la nation, pour lui

ges des mœurs en particulier, & la prospérité des Etats en général, de mettre sous les yeux des détracteurs des Arts le *Decipimur specie recti*.

Tout homme qui écrit pour la perfection des arts, ne flattera pas l'Artiste sur la difficulté de son entreprise : à l'exemple de Boileau qui apprit à Racine à faire des vers difficilement, il lui montrera la longueur de la carriere qu'il aura à parcourir. Il cherchera à le détourner de tous les travaux pour lesquels il montrera peu de dispositions; pour l'Artiste manqué il le ramenera dans l'attelier de l'Artisan, où il travaillera avec plus d'utilité pour lui & pour le bien public. Et qui en saura gré à cet homme ? Ce ne sera certainement pas celui qui, écrivant contre le luxe, croira s'être soustrait à son empire, & avoir agi en bon Patriote & en sage économe, en se faisant peindre par un Peintre médiocre. Selon nos principes, ce Peintre médiocre n'auroit pas dû être Peintre, & celui qui pense ainsi n'auroit pas dû se faire peindre. C'est une remarque générale que les plus petits esprits sont les plus grands défenseurs des talents médiocres. Que l'avare accablé du poids de ses richesses, croye avoir raison de dédaigner les arts; dégradé par la plus vile des passions,

lui enseigner à voir & à juger avec connoissance de cause. V. *Zufällige Gedanken in der Einsamkeit. I. Sammlung.* S. 56.

passions, il gâteroit tout par la bassesse de ses vues. D'ailleurs une ame de cette trempe s'annonce par une physionomie si plate, que le meilleur Peintre de portrait n'y trouveroit rien à exprimer.

C'est à la négligence du Dessin que nous devons ce déluge de mauvais Peintres de portraits. A peine ont-ils appris la division de la tête, qu'ils osent paroître dans le monde. La simple ressemblance des traits du visage, ne satisfait que trop souvent l'admirateur ou complaisant ou imbécille. La ressemblance de la physionomie, & l'expression du tempéramment, qui se manifeste aussi par le coloris & par l'attitude, disparoît avec la bienséance méconnue par les Artistes de cette espece.

Le rapport harmonieux des membres, ou l'accord des parties avec leur tout, qualité que les Anciens nommoient la *Symétrie*, voilà la base du *Dessin* qui fixe le contour. Scheffer s'efforce de marquer la différence de la Symétrie & du Dessin. Il assigne au Dessin la correction des parties, & à la Symétrie l'accord de ces parties avec leur tout. Dans la pratique il est impossible de les séparer.

Mais dites-moi, mon ami, comment a-t-il été possible, que le Dessin & la Peinture eussent fait tant de progrès dans le tems de *Parrhasius*, & que cet Artiste néanmoins, au rapport de Pline, ait été le premier à donner la Symétrie ou l'accord des parties à la Peinture [1]? Le même embarras se rencontre à l'égard du tableau de *Bularchus*, représentant la bataille de Candaule, Roi de Lydie, contre les Magnésiens, qu'on nous dit avoir été un excellent morceau. Cependant quel a dû être le caractere des figures, puisqu'on nous apprend que l'art d'exprimer les passions de l'ame n'a été inventé que longtems après.

En seroit-il de quelques passages relatifs à l'Histoire ancienne de l'art, comme de plusieurs endroits de Seneque? Raportés séparement ce sont des sentences qui plaisent, examinés dans leur connexion, ce ne sont souvent que des sophismes qui éblouissent.

Le progrès de tous les arts a ses gradations; mais l'expression de nos éloges ne les a pas toujours. Si nous parvenons jamais à nous dépouiller de toute prévention, alors, éclairés par le flambeau de la vérité, nous conclurons avec du Bos, ce Partisan sensé des Anciens, que les premieres productions de l'art, toutes grossieres qu'elles étoient, ont dû paroître des ouvrages divins, tant qu'on n'a rien connu de mieux. L'Antiquité, pour exalter un art naissant, ne crut point tomber dans l'exagération en parlant de cet art en termes si magnifiques, que l'expression, dont elle se servit, pour

1 *Primus symmetriam picturae dedit.* XXXV. 9.

pour nous désigner ces premieres productions, est encore suffisante, pour les ouvrages les plus sublimes que nous ayons. Dans ces tems-là, comme dit Malherbe:

Tous les métaux étoient or;
Toutes les fleurs étoient roses.

Ne voyons nous pas encore aujourd'hui que presque chaque Résidence a son *Apelle*, qui conviendroit souvent mieux à l'enfance des arts, qu'à notre âge. Cependant ses admirateurs qui souvent n'ont rien vu de mieux, ou qui n'ont point d'yeux pour voir ce mieux, vous le loueront avec le même enthousiasme que Vienne loue son *Meytens*, Berlin son *Pesne*, ou Dresde son *Graff*.

L'âge d'or de la Sculpture nous met en état de juger avec certitude, que l'antiquité ne faisoit point cas des tableaux, peints par des Dessinateurs médiocres. Les Danseuses tirées d'Herculanum & conservées à Portici, sont capables de mortifier la curiosité de toute personne qui voudroit contester à la Peinture antique, je ne dis pas la correction du Dessin, mais le goût & les graces du Dessin. Ce n'est pas ici le lieu de discuter les autres parties de la Peinture des Anciens, le coloris, l'ordonnance & la perspective. Quand il n'y auroit eu que les noms des plus grands Artistes dans tous les genres qui fussent parvenus à la postérité, toujours est-il à présumer, qu'il y a eu aussi des Artistes d'un

rang

rang inférieur qui se sont nourri du produit de leurs foibles talents. C'étoit pour mettre un frein à ces derniers qu'il étoit nécessaire, qu'Alexandre restreignit la permission de faire son portrait à de certains Artistes.

C'est d'après cette estime inégale que les admirateurs de l'antiquité doivent se rendre raison, si dans les monuments antiques ils estiment la beauté essentielle de l'art, ou seulement l'antiquité & la rareté, comme quelques uns ne révèrent que le goût sensuel des métaux dans les médailles anciennes. La connoissance réfléchie des premiers, mérite une double considération, tandis que la vénération aveugle de l'antique des derniers doit nous faire plus de pitié que d'envie. On rappellera à ceux-ci une statue de Minerve [m], où cette Déesse est représentée châtiant le Satyre Marsyas pour avoir ramassé une flûte qu'elle avoit jettée, & qu'elle ne vouloit pas qu'on ramassât. Que d'imitateurs de ce Marsyas parmi le peuple des curieux, qui amassent indistinctement tous les chiffons de dessin des grands Maîtres!

Quoiqu'il en soit nous sommes heureux que tant de monuments de marbre qui attestent le goût supérieur dans le Dessin des Anciens, soient échappés à la fureur des Barbares, à la vengeance des petites

m Pausanias fait mention de cette statue *in Atticis*, 24.

petites ames [n], & enfin au zele aveugle des Dévots [o]. Par rapport à la couleur, les inventions des Modernes éclairciſſent tout ce qui nous avoit paru obſcur touchant le coloris des Anciens; la nature même, comme je vous l'ai déja obſervé, nous conduit plus ſouvent à un beau coloris qu'à un Deſſin parfait.

C'eſt une remarque que nous avons faite dans le parallele de l'Antique avec la Nature; nous y avons montré l'avantage qui réſulte de la combinaiſon de l'un avec l'autre. D'après ce principe le Maître choiſit la nature qu'il propoſe pour modele à ſon Eleve; & l'Eleve, en paſſant à l'Antique, apprend à connoître la perfection des parties qui manque au modele.

Dans les Deſſins que les Peintres font avec ſoin d'après le naturel pour leur ſervir d'études, je leur conſeillerois toujours de conſulter l'antique quand ils en ſont à l'économie du tableau. Le ſentiment de l'Artiſte juſtifiera mes conſeils. L'Antique eſt un

n Les ames vraiment grandes penſent comme Démétrius Poliorcetes. Elles ne font point la guerre aux ouvrages de l'art, comme Don Quichotte aux Marionettes.

o Les derniers deſtructeurs des ouvrages de l'art, dont l'Hiſtoire faſſe mention, ont été Mahomet & les Iconoclaſtes. Voyez, l'Hiſtoire des Arts qui ont rapport au Deſſin, par P. Monier. Paris 1698. p. 116. & 121. Ce livre renferme d'excellentes choſes, quoiqu'il ſoit très-fautif par rapport aux noms Allemands & Flamands.

un ſecours auquel nul Peintre ne doit renoncer, quand il ne ſerviroit qu'à le rendre plus capable de relever ou de modérer le caractere des figures, conformément au but de la compoſition.

Je ne prétens pas transformer en une néceſſité abſolue, ce que je recommande comme une choſe expédiente. Il n'eſt pas queſtions ici des privileges du Génie. L'aptitude à la connoiſſance de l'Antique & de la belle nature, peut ſeule donner la capacité à l'Artiſte d'embellir ſon modele & de le rendre avec des idées ſublimes.

C'eſt d'après ces idées que l'Artiſte, nourri par l'Antique & par la Nature, opere de génie. Comment ſans cela le Peintre s'en tirera-t-il dans les tableaux avec fabriques? Nous parlons ici principalement des dégrés de l'inſtruction.

L'Académie Royale de Peinture à Paris a décidé dans ſes conférences recueillies par Teſtelin [p], que cet embelliſſement du Deſſin, en renforçant les contours & en lui donnant le grand goût, étoit trop difficile pour les commençants. On tomba cependant

p Voyez, *Sentiments des plus habiles Peintres ſur la pratique de la Peinture* &c. Laireſſe eſt du même ſentiment. Du reſte on a remarqué qu'il eſt mieux de s'habituer au commencement à deſſiner en grand; parce qu'il eſt plus facile de paſſer des grandes figures aux petites que des petites aux grandes. Voyez auſſi: *Elemens de la Peinture pratique, par J. B. Corneille.* Paris 1684. Chp. 8. p. 19.

dant d'accord que l'étude des belles figures antiques étoit très-nécessaire dans le commencement aux jeunes Eleves, & même plus avantageux que le naturel. Quelque parti que prenne l'Eleve, soit qu'il dessine d'après l'antique ou d'après la nature, le mieux pour lui sera toujours de s'assujetir à l'imitation exacte des objets qui frappent sa vue. C'est par cette pratique qu'ils accoutument l'œil & la main à cette justesse & à cette précision qui constituent les fondements de la Peinture; & l'application particuliere de cette règle fait acquérir à l'Artiste la facilité nécessaire pour imiter toutes choses. Alors les Eleves plus avancés, trouvent le chemin frayé de joindre la théorie à la pratique, & d'examiner les raisons, qui ont porté les Auteurs de ces chefs-d'œuvres à opérer comme ils ont fait.

Une statue de marbre de l'Antiquité est alors plus instructive que le meilleur livre élémentaire; mais il faut d'abord entendre le langage de cette instruction, comme il faut savoir la langue dans laquelle un livre est écrit. Dans les Chapitres suivants je me propose pour but de familiariser le jeune Artiste avec ce langage, ou du moins de l'encourager à faire de nouveaux progrès dans la doctrine qui traite de l'accord des proportions, des muscles, ou des organes du mouvement, de l'expression des passions, ainsi que des autres parties du corps humain.

CHA-

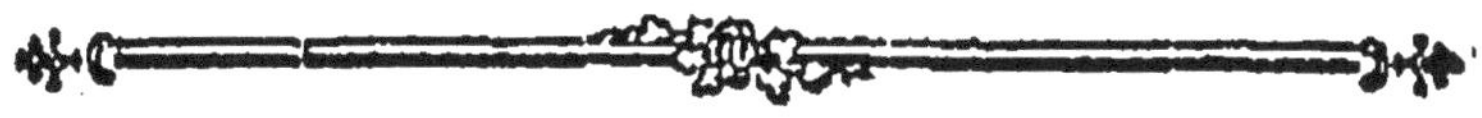

CHAPITRE XXXV.

De l'accord des Proportions en général.

Nous nous approchons des parties ſpéciales de la beauté du corps humain. La grace répandue ſur le tout, eſt la premiere choſe qui frappe la vue de l'Artiſte. Puis l'œil parcourt le cadencement des membres, ou, ce qui eſt la même choſe, la juſteſſe des Proportions & choiſit des modeles convenables.

Telle eſt l'Analogie, ou proprement la Symétrie des Grecs dont nous avons parlé plus haut, mot auquel Pline ne vouloit pas accorder de nom latin. Quintilien approuvoit le nom de Proportion. Quant aux autres dénominations [a], on les trouve dans Junius & dans Scheffer.

La juſteſſe des Proportions eſt pour le Deſſinateur, conſidérée ſous ce point de vue, la choſe la plus importante. Mais cette juſteſſe, ne conſtituant pas le gracieux, ne donneroit point la vie & l'agrément au corps, ſi les mouvements extérieurs n'y concouroient pas pour leur part, & ſi ces mouvements ne ſe communiquoient pas à tout le plan de l'ouvrage. Car qu'eſt-ce que c'eſt que la grace dans

a *Convenientia partium, congruentia, commodulatio &c.*

dans le ſens le plus propre, ſi ce n'eſt le mouvement en harmonie avec la beauté?

Ce mouvement eſt dirigé par une ame, dont l'expreſſion eſt le pathétique de l'art. Le goût demande quelque choſe de plus que la ſimple juſteſſe, qui ne porte le bon que jusques aux limites du beau.

Voilà, à peu près, mon cher ami, le précis des recherches qui me reſtent encore à faire. Le plan que je me ſuis fait m'obligera de vous parler des proportions des corps, des mouvements & des attitudes des figures, peut-être de la ligne de beauté, mais avant toute choſe de l'expreſſion des paſſions. Encore ces notions de la beauté ne ſeroient-elles ſuffiſantes que pour le Sculpteur, le Fondeur & le Graveur en pierre; elles ſeroient défectueuſes pour le Peintre, & ſans doute pour la plus belle moitié du genre humain, ſi l'on ne rendoit pas juſtice à une des parties eſſentielles de la beauté, à la couleur du naturel [b]. Bien des Belles, en méditant leur teint à la toilette, ne trouvent rien de déſagréable à l'étude de la ſcience qui traite des teintes & des nuances propres à relever les charmes d'un joli viſage. Du moins ce ne ſeront pas celles qui, à l'exemple des Beautés de Londres, ſont en

b *Corporis eſt quædam apta figura membrorum cum coloris qualitate; eaque dicitur pulcritudo. Cic. L. IV. Tuſc. Quæſt.*

en possession de mettre en vogue un Peintre de portrait, flatteur aimable, obligé souvent d'avoir recours en secret à un habile Peintre de drapperies [a]. Je reviens à mon sujet. Je ne saurois me dissimuler qu'il y a peu de lecteurs à qui on puisse parler de mesures, de poids & de nombre, objets dont les loix respectables renferment toutefois une sagesse supérieure. Il me suffira ici d'avoir indiqué un sentier qui mene à de nouvelles recherches. Je ne m'arrêterai qu'aux objets instructifs pour l'Artiste & susceptibles de recevoir les ornements de l'art. Si la grace qui préside aux belles Proportions, vouloit m'enseigner un chemin moins aride que celui qu'on suit d'ordinaire, j'éviterois heureusement la sécheresse où je cours risque de tomber par les mesures & les dimensions qui me restent à discuter.

La tête surbaissée qui répand tant de charmes sur les statues de marbre des Anciens, quoique l'Apollon du Belvedere toute majestueuse qu'est son attitude ait la tête droite, ne conserve pas toujours cette position, & les airs panchés par le moyen desquels tant de beautés forment des prétentions à la grace, ne sont plus admis, tant que le

[a] On raconte qu'*Houbraken*, bon Peintre de drapperies, & frere de l'habile Graveur de ce nom, embellissoit les Portraits d'*Hudson* Peintre gracieux & très-estimé à Londres.

le Dessinateur, plus sévere encore que le Maître à danser dans Hogarth, qui prétendoit corriger l'Antinoüs en lui donnant une attitude plus droite, mesurera l'homme fait ou d'après la longueur de la face, ou d'après celle de la tête. La face, qui commence au haut du front à l'origine des cheveux, contient trois parties de proportion, ou longueurs du nez, en mesurant de la pointe du nez à la naissance des sourcils: ces longueurs sont le front, le nez, la bouche & le menton [d]. La tête à quatre parties, savoir les trois de la face, & celle de l'origine des cheveux du front jusqu'au sommet de la tête. Mais cette partie supérieure n'est pas égale chez tous les hommes: de-là Albert Durer la prend diversement, & Preissler emploie pour sa mesure $\frac{2}{3}$ d'une pareille partie de proportion. Ainsi l'on dit: Cette figure a sept têtes & demies ou huit têtes; ou bien elle a dix faces. Du reste les parties de proportion restent invariables, soit qu'on les compte par têtes, comme Gerard Audran, soit qu'on les mesure par faces, comme Testelin dans les conférences de l'Académie Royale de Peinture, & Preissler dans ses Eléments du Dessin. Armenini s'est servi successivement des deux dénominations; mais

[d] De Piles dans ses remarques sur le vers 113. de du Fresnoy, ne fait mention que de la longueur du nez en général, sans marquer la juste dimension de cette mesure.

mais il s'est expliqué si clairement dans ses divisions, qu'il n'y a de méprise à craindre que pour les lecteurs inattentifs. Présentement, mon cher ami, je ne veux pas vous arrêter par des subdivisions.

Albert Durer, en rapportant ses recherches à la perspective & aux figures ciselées, art dans lequel il étoit un aussi grand Maître que dans celui de la Peinture, portoit singulierement son attention sur la variété des formes humaines; de-là on trouve chez lui des figures depuis sept jusqu'à dix têtes d'après les dimensions les plus exactes. L'Antique fournit à l'Artiste le choix des plus belles formes & la variété des plus nobles attitudes. Ainsi, de quel droit nieroit-on l'utilité de ces méthodes diverses? surtout dans les cas, où la représentation des personnages dépend moins du choix de l'Artiste, que des circonstances, ou de l'idée de ceux qui font faire l'ouvrage. Chacun peut imaginer lui-même ces cas; comme, par exemple, lorsqu'il s'agit de représenter de grandeur naturelle une personne d'une haute stature. Durer a soin d'appeller rustiques les premieres figures de sept têtes *.

Lomazzo

* Dans la remarque suivante de Felibien, remarque si judicieuse d'ailleurs, l'Auteur se trompe, la critique ne tombe pas sur notre Durer. "Il faut, dit cet Ecrivain, „qu'il y ait une différence visible & aisée à connoître „entre un Roi & un Soldat, un Homme de cour & un „Villa-

Lomazzo prétend même que les Anciens ont représenté la Déesse Vesta avec ces proportions; il croit aussi qu'une taille plus svelte ne conviendroit pas non plus à une Sibylle. Les figures de Durer qui suivent immédiatement celles dont nous venons de parler, approchent davantage des belles Antiques de la proportion de huit têtes. Sans doute on n'y trouve pas l'attitude ragoûtante de l'Antinoüs. Mais peut-on demander raisonnablement cette souplesse dans des figures où les mesures exigent la direction la plus droite & où une belle tournure, comme Audran l'a bien remarqué par rapport aux statues, rend cette direction plus difficile.

Je ne crois pas que ce soit là ce que Hogarth demande. Mais sitôt qu'il s'échauffe contre les figures insipides [f] d'un Durer & d'autres Ecrivains qui ont donné des Elements de Dessin, il ne paroît pas leur accorder, ce qu'il se croit permis à lui-même. Le connoisseur qui auroit souhaité, que l'Artiste Anglois eut dessiné avec plus de goût la Vénus de Medicis insérée dans son livre & qu'il ne lui eut pas donné gratuitement la main d'un Milon Crotoniate, n'en auroit rien obtenu; & l'Auteur

„Villageois, si l'on veut rendre un ouvrage vraisemblable & dans sa perfection: & c'est à vous dire vrai, „ce qui ne se trouve pas dans les ouvrages d'Albert." Entretien IV.

f *Analyse of Beauty.*

l'Auteur l'auroit renvoyé au commencement de son introduction, où il dit que, par les figures de son ouvrage, il ne s'est pas proposé de montrer des exemples du beau & du gracieux. Quel dessin élégant Hogarth a-t-il voulu demander pour ces sortes de figures qui, étant faites pour être simplement mesurées, n'ont besoin que d'une direction parfaitement droite, sans que les graces y soient nécessaires? Au contraire Durer, en divisant la moitié du corps feminin, suivant la remarque de de Piles [g], a observé une proportion qu'on rencontre aussi dans la Vénus de Médicis. Ceci pouroit avoir quelque mérite aux yeux d'un Artiste qui, moins prévenu que Hogarth en faveur de la maniere de dessiner à vue d'œil, ne se seroit point déclaré contre toutes les mesures par des lignes. Qu'Armenini réponde au Critique Anglois.

Cet Ecrivain judicieux, après avoir rapporté la diversité des modeles ordinaires des Artistes & les avoir recommandés, y ajoute les mesures convenables, comme une des conditions indispensables. „Je ne veux, dit-il [h], indiquer ces mesures que „d'après les grandes divisions, laissant les petites „parties

g Voici ce qu'il dit sur le vers 115. du Poëme de Du Fresnoy: „La moitié du corps de la Vénus de Médicis, est au „petignon, & non pas aux génitoires. Albert en use „ainsi pour toutes les femmes, & je crois qu'il est mieux."

h *Veri precetti della pittura.* &c.

„parties & les exactitudes des lignes, aux Ciseleurs „& à ceux qui traitent de la perspective, comme „ont fait Albert Durer & quelques autres: car il y „a des Peintres qui paroissoit regarder comme su„perflu de savoir ces exactitudes. Ils se fondent „sans doute sur le mot de Michel-Ange. Ce „grand homme dit à ce sujet, qu'il falloit avoir le „compas dans les yeux & non pas dans la main; „parce que la main opere & que l'œil juge: vérité „qui est de la plus grande évidence. Cependant „quand on considere ses ouvrages, on trouve qu'il „n'a jamais passé les bornes des mesures conve„nables: défaut qu'on remarque dans les ouvrages „de ceux qui se sont déclarés contre l'exacte justesse „des Proportions, défaut qui est cause qu'on ne „fait cas ni d'eux ni de leurs compositions. "

C'est par ces mesures qu'on acquiert ce coup d'œil heureux, si recommandé par notre Sandrart. *Michel-Ange* réunissoit l'un & l'autre. Un œil exercé, n'a bientôt plus besoin de mesures. Mais sans une règle précise, toutes les Proportions ne dépendroient bientôt plus que de l'imagination de chacun. Ce seroit vainement qu'on auroit mesuré toutes les statues de marbre; & Audran & les Académies de Peinture, auroient pu s'épargner cette peine, ainsi que Londres de fonder une Académie des Arts [i].

 Je

i Rien de plus louable que l'émulation de quelques sociétés particulieres pour les progrès des Arts du Dessin. Nos journaux

Je n'ai pas besoin de justifier dans d'autres vues le pere de nos Artistes allemands[i], de qui tant d'étrangers se sont reconnus les enfants: M. Wille[k] s'en est chargé dans la lettre qu'il écrivit à ce sujet à M. Fuessli de Zurich, & qui fait également honneur à ses connoissances & à son amour pour son pays. Je passe sous silence le témoignage de Daniel Barbaro[l] en faveur de notre compatriote par rapport

journaux ont parlé des prix de la Société de Londres, établie pour encourager les Arts, les Manufactures & le Commerce.

k *Schreiben von Herrn Wille an Herrn Fuessli in Zurich, Paris 1757.* La Lettre de M. Wille se trouve traduite dans le Journal Etranger. Juin 1757.

l Daniel Barbaro, Patriarche d'Acquilée, est peut-être plus connu hors de l'Italie par son portrait, excellement bien gravé par *Houbraken* d'après *Paul Veronese*, & inseré dans le second volume de la Galerie de Dresde, que par son ouvrage intitulé: *Prattica della Perspettiva, Venetia* 1568. in Folio. Dans la préface il parle d'Albert Durer & le préfere à Serlio par rapport à la perspective: cependant il pense que ces deux Ecrivains n'ont fait qu'effleurer cette science. Dans le corps de l'ouvrage il cite l'instrument inventé par Durer; il adopte aussi les idées de cet Artiste sur plusieurs autres articles. Pour servir d'introduction à cette science, je ne ferai que citer l'ouvrage de Pozzo, & ceux que la France doit aux lumieres d'un Desargues & d'un Abraham Bosse. Les travaux des Savants pour faciliter la perspective par les Mathématiques, ont sans contredit leur mérite, lorsqu'ils se proposent d'y former d'autres Savants. Il me paroit seule-

port à la perspective. Mais si l'Artiste allemand, qui avoit mérité l'estime d'un *Raphaël* & d'un *Michel-Ange*, qui avoit produit des ouvrages dont *Paul Veronese* & *le Guide* [m] n'ont pas dédaigné de faire usage chacun à sa maniere, n'a jamais connu la Grace, comme l'assure Hogarth, ce n'étoient certainement pas ses règles démonstratives des Proportions qui l'en empêchoient; comme les calculs mathématiques les plus difficiles n'ont jamais empêché un Fontenelle, un Manfredi, un Kæstner, ni dans leur prose, ni dans leur vers, de sacrifier aux Graces. L'homme sans talent aura beau suivre servilement les meilleures règles, ses compositions

 seront

seulement que leur maniere de traiter cette science, n'est pas ordinairement d'une grande utilité pour les Artistes, n'étant pas assez à leur portée. L'Algebre qu'ils y emploient, suffit pour mettre l'Artiste dans le même embarras où se trouva la Cigogne de la Fable, que le Renard avoit prié à souper.

Depuis la publication de cet ouvrage il a paru un Manuel très-commode sur cette matiere. C'est l'ouvrage d'un Graveur d'Amsterdam, Caspar Philippe Jacobz, portant pour titre: Instruction raisonnée dans la Perspective, Amsterdam 1767. L'Auteur a pris pour base l'ouvrage de Desargues.

m Voyez, *Algarotti saggio sopra la Pittura, Livorno 1763.* Les ouvrages de cet Ecrivain ingénieux ont été traduits en Francois sous le titre: Oeuvres du Comte Algarotti, traduites de l'Italien. A Berlin 1772, chez G. I. Decker, Imprimeur du Roi, 7 Vol. in-8vo.

seront toujours défectueuses sans que ces défectuosités puissent porter atteinte à l'utilité des règles. Aussi jamais Hogarth n'aura-t-il la raison de son côté en appellant inutiles les règles d'Albert Durer sur les Proportions, quand elles n'auroient servi qu'à montrer un chemin plus facile à ceux qui nous ont donné des méthodes depuis le siècle d'Albert.

Je doute que les Critiques d'Albert Durer ayent saisi *toute* l'étendue de ses vues, suivant la diversité de ses talents ; ils semblent n'avoir envisagé ses ouvrages élémentaires que d'après le point de vue qui leur est propre. Si le Peintre peut se passer d'une tête réduite en carré & péniblement calculée, le Sculpteur pense peut-être autrement sur cet article. Durer, comme il le déclare lui-même, a écrit pour tous les Artistes & Artisans dont les opérations sont relatives à l'art du Dessin. Armenini avoit très-bien saisi son idée. Sans m'écarter davantage de mon sujet, je reviens aux Proportions des figures humaines que notre Artiste nous a données.

Au milieu de cette diversité de modeles, les imitateurs les plus sensés se sont toujours réservés la liberté du choix. L'Antique, qui a pareillement fixé le choix des meilleurs appréciateurs de l'Art, est resté la règle fondamentale. Rien n'empêchoit un *Spranger*, qui avoit peint avec succès à Rome, de consulter l'Antique pour s'en approprier les belles proportions. Il est vrai, il le consulta, &

ce

ce ne fut pas sans fruit : mais il ne sut pas modérer la fougue de son imagination. Il voulut se singulariser, & il tomba dans des écarts qui ne menacent que trop souvent les saillies d'un esprit sans frein, qui étouffent les idées pures de la beauté. Durer, dans ses Proportions diverses, appelle grande une figure allongée dont la tête comprend la dixieme partie de cette figure. Je n'examinerai pas, si cette méthode avoit été reçue par l'école de Spranger ⁿ. Cependant je ne crois pas que ceux qui ont adopté cette idée, ayent assez médité le texte qui suit immédiatement ce passage. Durer a augmenté la tête de la figure en question, & il a réduit les Proportions à neuf têtes. Je rapporterai au bas de la page ᵒ un autre passage de cet Ecrivain qui confirme son précepte.

Sans

n Par rapport à cette Proportion de dix têtes, il ne sera pas inutile de rapporter le jugement, de Jean Paul Lomazzo, qui suit généralement les proportions d'Albert Durer, jugement tiré de son ouvrage intitulé: *Trattato dell' Arte della Pittura, Scoltura & Architettura. Milano 1585. in 4to. Lib. I. Cap. VII. p. 45.* Voici comme il s'exprime : *La bella proportione d'Alberto Durero del corpo humano di dieci teste. Imperoche quantunque (per dir il vero) ella sia à giudicio d'ogni intendente, troppo svelta e gracile, niente dimeno non deve esser in alcun modo tralasciata per esser cosa di tanto huomo, à cui l'Alemagna nella pittura non hà hauuto un altro pari giamai.*

o) *Quanquam autem supra imagines aeque longas omnes secundum unam propositam regulam quo res minoris esset negotii,*

Sans doute on opere avec plus sureté, quand on tient la figure plutôt trop longue que trop courte. De-là vient aussi que plusieurs Artistes aiment mieux faire la tête trop petite que trop grande. Pratique pourtant qui peut fort bien dégénerer en un défaut dans lequel sont tombés plusieurs grands Maîtres, entre autre *Euphranor* parmi les Anciens & *Pietre de Cortone* parmi les Modernes. Toujours est-il vrai que la grandeur excessive de la taille n'est pas regardée comme une beauté du sexe, parce qu'il est difficile de combiner la grace avec cette grandeur. C'est du moins le sentiment de Catulle, qui conserve encore la réputation d'un grand connoisseur de belles tailles. Pour le corps de l'homme, la hauteur outrée de la taille, lui ôte en général la Proportion d'un juste équilibre, Proportion qui, avec la position ferme de la figure peut seule lui donner cette apparence de force & cette souplesse de mouvement, qui en imposent.

Quant

negotii, dimensi sumus. Si quo tamen in opere componendae hae fuerint, non est ignorandum graciliorum quarumque staturas prolixiores esse debere.

Iam si viri forte ac foeminae imagines unius seu potius convenientis modi constituendi erunt, linea quae feminae longitudinem metiatur brevior esse debebit una 18 quam viri. Nam si hoc negligeretur major viro femina appareret &c. Voyez, l'ouvrage latin d'Albert Durer, portant pour titre: *De Symmetria partium in rectis formis humanorum corporum. in Folio.*

Quant aux deux dernieres qualités la solidité & la grace, si bien exprimées par les figures d'Atlas & de Mercure, mises en opposition, Hogarth fait très-bien, de proposer l'Antinoüs, comme tenant un juste milieu.

Les Artistes, qui se sont complus à donner à leurs figures la longueur de dix têtes, auroient évité heureusement tout reproche, dans leurs représentations des figures hūmaines, s'ils s'étoient contentés du même nombre de faces, ou, ce qui est la même chose selon les mesures d'Audran, s'ils avoient pris les dimensions de sept têtes & demies. L'Antinoüs & l'Hercule Commode pris ensemble composent trente faces. L'Artiste a-t-il à traiter un Dieu qui demande plus d'apparence, un Lutteur qui veut plus de souplesse, ou le sujet exige-t-il l'expression d'autres qualités, il ne manquera pas de modeles. Cependant les plus belles statues, n'ont à peu près qu'une, ou qu'une partie de proportion & demie de plus les unes sur les autres. Ce sont là des modeles qu'on peut suivre, & établir la règle de ne jamais passer sans nécessité la mesure de huit têtes. Car parmi toutes les belles statues de marbre cette mesure est la plus longue, & c'est celle qu'on a prise du Gladiateur mourant.

Nous n'appellons nos modeles que les statues les plus exquises. Felibien & Audran ont remarqué depuis longtems la différence qui s'y trouve. En

En effet ſur ſoixante mille ſtatues antiques qu'on trouve à Rome & aux environs, on n'en compte qu'une centaine de belles & une vingtaine d'exquiſes. Toutefois laiſſons à nos Savants la gloire de combattre avec intrépidité pour la beauté de tous les reſtes de l'Antiquité; ils ſont auſſi autoriſés de nommer beaux tous les monuments antiques, que l'étoit dans le Conte de Gellert le vieux Général, qui appelloit belles indiſtinctement toutes les femmes [p].

Le mérite d'une ſcience que les Anciens ont poſſédé au ſouverain dégré, & dont Pline a déja regreté la perte, ſe trouve conſtaté ſans contredit par leurs ſtatues. Les vrais connoiſſeurs de l'Antique regreteront plutôt les règles de Polyclete, d'un homme qui expliquoit ſes écrits par ſes ouvrages, que tous ces beaux récits des Anciens, que les aveugles Adorateurs de l'Antiquité rapportent avec une ſuperſtition qui n'a rien d'égale, ſi ce n'eſt celle de quelques ultramontains qui parlent avec extaſe de toutes les puerilités, ou *Fantozzi* ſelon l'expreſſion d'Armenini, que Vaſari a compilées depuis *Cimabué* jusqu'à *Pietre Perugin*.

Sérieuſement, l'ongle d'après lequel on prétend que *Phidias* a déterminé la grandeur d'un lion, doit-il prouver tout ce qu'on en veut inférer? La déter-

[p] *Choix de Poëſies Allemandes.* Tom. I.

détermination de la grandeur constitue-t-elle la rareté par rapport à l'art? C'est la science des chasseurs qui, graces aux Antiquaires, auront sujets d'être bien fiers de leurs connoissances. Après la grandeur déterminée, la belle exécution n'est donc rien d'extraordinaire pour un *Phidias*. Vous n'en êtes pas quitte mon ami; il faut que je vous cite encore un exemple. Pourquoi avez-vous exigé de moi que je traitasse une matiere aussi seche que celle des Proportions?

Rappellez-vous cette belle dent, longue d'un pied, d'après laquelle *Pulcher* exécuta une tête entiere ou toute une figure, & cela avec tant de justesse que Tibere qui avoit le malheur d'être insensible aux charmes des beaux-arts, en témoigna la plus grande satisfaction à l'Artiste [q]. Il est inutile de remarquer qu'il est toujours dangereux de refuser quelque chose à un tyran. L'Empereur, d'ailleurs, n'étant pas connoisseurs des ouvrages de l'art, il n'aura pas été difficile à l'Artiste de le satisfaire. Peut-être *Pulcher*, à la vue du danger, a pris son parti & pour déployer son talent a produit une figure, qu'en pareil cas nos Artistes, rendroient

q Cette dent venoit d'un corps d'une grandeur démesurée, qui avoit été trouvé en Asie après un tremblement de terre, avec plusieurs autres corps de la même grandeur. On devoit les faire venir à Rome; mais l'adresse de *Pulcher* épargna les frais du transport à l'Empereur.

droient tout aussi bien, si d'ailleurs la chose en valoit la peine; mais il ne s'en suit pas de-là que le Géant ait été de ces mortels, parfaitement bien proportionnés dans toutes ses parties. Il pouvoit donc arriver que l'ingénieux *Pulcher*, en donnant de justes Proportions aux membres divers, ait donné au Géant une perfection, que la nature lui avoit refusée.

Mais que veut-on prouver par cette dent & cette appréciation du corps? La connoissance des Romains dans la symétrie des Grecs, connoissance que Pline le jeune [r] semble leur contester. Vouloir douter de la verité du fait, ne me paroît pas à propos, quoiqu'une histoire de cette espece renouvellée dans des tems récents, semble nous recommander la circonspection. Phlegon Trallianus, Affranchi d'Auguste, & contemporain de *Pulcher* qui nous rapporte le fait du Géant, n'aura pas voulu nous en imposer; nous ne sommes pas accoutumés de soupçonner des Anciens d'altérer les faits, comme nous faisons à l'égards des modernes à qui nous aimons tant à reprocher l'inéxactitude de l'histoire. C'est ainsi que les préjugés sont favorables aux preuves.

Fontenelle dans son Dialogue *sur les préjugés*, nous en a montré l'utilité. Nous devons même à un préjugé, les raisonnements que cet Ecrivain ingénieux

r Epist. II. 15.

ingénieux prête à *Raphaël*. On croyoit généralement à Rome, que parmi les concurrents de *Michel-Ange* il n'y en avoit pas de plus digne que le grand *Raphaël* pour prononcer sur la fameuse statue de marbre d'un Bacchus, d'autres disent d'un Cupidon [1]. Michel-Ange, Auteur de la statue, l'avoit enfouie dans un lieu où il savoit qu'on devoit fouiller, après lui avoir rompu un bras: il ne montra ce membre qu'après que la statue eut été déclarée antique, & que la perfection de l'art qu'on trouve dans les ouvrages grecs, eut été refusée aux Modernes. Il me semble que l'âge que *Raphaël* avoit alors, altere le préjugé qui donne à cet Artiste la qualité de juge. Je me suis écarté de mon sujet; mais je sais que vous me pardonnerez une digression qui peut justifier *Raphaël* aux yeux des Lecteurs de Fontenelle.

Je n'ai garde d'adopter la prévention d'un Perrault contre les Anciens, je ne veux point suivre le sentier scabreux sur lequel il s'est égaré. Pour éviter cet écueil gardons-nous de l'écueil contraire: par une préocupation peu philosophique, ne renonçons pas à la faculté de penser nous-mêmes.

La

[1] V. Richardson, Traité de la Peinture &c. Tom. III. Edouard Wright, qui nous a donné le trait de cette statue de Bacchus, a indiqué l'endroit de la rupture qui se voit à l'avant-bras droit. *Some Observations made in travelling trough France, Italie* &c. T. II. p. 397.

La hauteur que les Anciens ont atteinte dans les arts d'imitation, eſt prouvée par une infinité de chefs-d'œuvre : mais ajouter une foi aveugle à tous les paſſages qui les concernent, n'eſt digne ni d'eux ni de nous.

Les Anciens ſuivoient la fameuſe ſtatue de *Polyclete*, ſurnommée *la Règle :* nous en ferions autant, ſi nous avions le bonheur d'avoir le Doryphorus de ce grand Maître & ſon livre élémentaire. Toutefois les Anciens ſuivoient-ils *Polyclete* ſans diſtinction ? Ce que j'ai rapporté au Chapitre VI. de ce chef de l'Ecole de Sicyone, combat formellement cette opinion. Les Anciens auroient-ils obſervé les mêmes Proportions dans toutes les circonſtances, dans la repréſentation d'un Apollon, d'un Doryphorus & d'un Faune ? Toutes les ſtatues de marbres des Anciens reconnues pour belles, renferment-elles les mêmes Proportions ? Polyclete lui-même reſta-t-il conſtamment fidele à ſa règle ? Dans la repréſentations des douze Dieux du premier rang, ne ſe voyoit-il pas néceſſité de diſtinguer le Dieu des Cyclopes du Dieu des Muſes ?

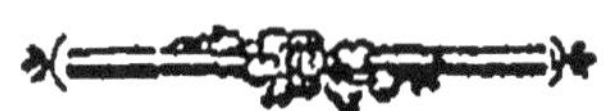

CHA-

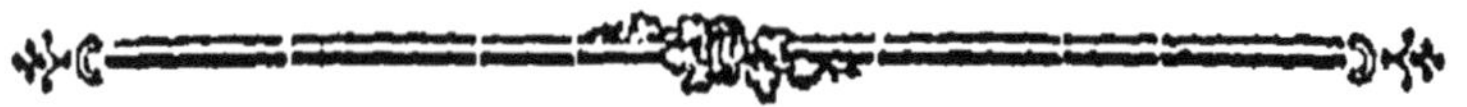

CHAPITRE XXXVI.

Des Proportions en particulier.

Vous n'exigez de moi un précis des Proportions du corps humain, que pour qu'il y ait de la liaiſon dans l'enſemble de l'ouvrage & qu'on puiſſe ſuivre plus facilement certains jugements. Un Artiſte n'attendra pas mes avis pour recourir aux ſources & pour conſulter les Proportions d'un Gerard Audran [a]. – –

La différence des meſures, ſe montre ſingulierement dans la partie élevée de la tête depuis le ſommet jusqu'à la hauteur du front, dans la diſtance du nombril à la poitrine, dans la longueur du genou, & dans la dimenſion d'une épaule à l'autre. Après avoir conſulté de Piles, je ſuivrai Lomazzo. L'Auteur Italien, en adoptant la méthode de Durer, les belles Proportions de dix faces, les applique à toute la hauteur du corps humain.

Une partie de proportion eſt, comme je l'ai déja dit, la troiſieme partie d'une face, & cette troiſieme partie eſt diviſée en douze modules ou minutes.

a Les Proportions du corps humain meſurées ſur les plus belles figures de l'Antiquités, à Paris chez Gerard Audran, Graveur du Roi. 1682.

Si nous comptons pour la partie ſupérieure de la tête une partie entiere de la face, & ſi nous y ajoutons deux autres parties depuis le menton jusqu'à la foſſette du cou, nous aurons dans ces trois proportions, les parties conſtituantes d'une face, & avec le viſage même nous aurons deux faces - - - - - 2

Si nous comptons de la foſſette du cou jusqu'au ſein une face, du ſein au nombril une ſeconde face, & du nombril aux génitoires une troiſieme: - 3

ces cinq faces priſes enſemble nous donneront la moitié du corps de l'homme. J'ai déja remarqué plus haut les dimenſions de la Vénus de Médicis.

Pour l'autre moitié du corps, la longueur depuis les génitoires jusqu'à l'origine du genou forme deux faces, - 2

& l'emboîture du genou à l'extrêmité du cou de pied, donne encore deux faces 2

Il reſte par conſéquent la dixieme face dont le genou nous fournit une moitié $\frac{1}{2}$

& la diſtance du cou de pied au deſſous de la plante du pied l'autre moitié - $\frac{1}{2}$

10 Faces

pour la hauteur de l'homme.

Preiſsler, dans ſon Traité du Deſſin, donne au genou $\frac{2}{3}$. & à la diſtance du cou de pied à la plante du pied $\frac{1}{3}$.

La

La largeur de l'homme eſt égale à ſa longueur, lorſqu' il étend les bras. S'il plie les bras, la meſure extérieure des faces s'alonge. On peut prendre quatre faces, diviſées également par le cou depuis l'épaule jusqu'à l'origine du petit doigt 4
l'emboîture de l'omoplate à la foſſette du cou, donne la cinquieme face - 1

5 Faces

pour la moitié de la largeur, & cette largeur, priſe deux fois, donne 10 Faces pour toute la largeur de l'homme.

Enſuite les doigts vous donneront encore une demi-face, qui eſt comptée tant pour l'extrêmité de l'omoplate, que pour l'emboîture du coude, lorsque le bras eſt étendu. Tel eſt le précis des Proportions : je ne ſaurois vous rendre ce calcul plus court.

Il n'eſt pas néceſſaire de rappeller aux Peintres de portrait que la largeur de l'œil forme la cinquieme partie de la largeur de la tête, & qu'elle détermine auſſi la diſtance des deux yeux. Il n'y a pas de commençant qui ne ſache cela; mais donner à l'œil fuyant, lorsqu'il eſt placé à l'ombre, le ton de dégradation convenable, & ne pas le faire briller mal à propos par un coup de jour tranchant: c'eſt ce que n'obſervent que les Peintres qui procédent en tout avec connoiſſance de cauſe.

La longueur de la main eſt égale à la longueur de la face ; la plante du pied eſt priſe pour la ſixieme partie de la longueur du corps. Telles ſont les loix des Proportions. Le ſavant Huet remarque qu'elles ont éprouvé des altérations ; il les attribue au laps de tems, & aux forces épuiſées de la nature. „La longueur du pied de l'homme, „dit-il, n'eſt plus la ſixième partie de ſa hauteur, „comme elle étoit du tems de Vitruve ; à peine en „eſt-elle la ſeptieme partie [b]." Je ne crois pas pourtant que parmi les perſonnes du ſexe, il s'en trouve beaucoup qui traitent la nature de marâtre par rapport à la diminution de ces parties du corps [c]. Quand Homere nous dépeint Thétis les pieds blancs comme de l'argent, il a ſans doute voulu nous donner une idée de quelque choſe de plus que de leur blancheur. Mais quel mal en réſulteroit-il, ſi le Commentateur ou le Peintre, prenoit ſon parti & ne donnoit à ces pieds que la longueur d'une tête. Les Académies de Peinture condamneroient l'Artiſte ; mais certainement la perſonne dont le ſujet repréſenteroit le Portrait hiſtorié, n'en ſeroit point fâchée. Elle ſeroit plus mécontente ſi le Peintre avoit manqué le triangle équi-

b Huetiana. p. 32.

c Quelques lecteurs ſe rappelleront à ce ſujet que c'eſt, d'après cette grandeur donnée du pied, que Pythagore jugea de la hauteur d'Hercule. *A. Gellius Noct. Att. I. 1.*

équilatéral avec lequel la belle nature marque la distance d'un sein à l'autre, & celle de la gorge en général à la fossette du cou.

Le sentiment de Tesselin s'accorde avec celui de de Piles par rapport à la longueur du corps humain. Il prend aussi la largeur égale à la longueur: dans la dimension de la largeur, il ajoute à la face depuis l'origine de l'épaule jusqu'à la fossette du cou, une partie ou un tiers de face. Il semble que Tesselin suive la mesure de l'Hercule Commode, ou plutôt le principe général, d'après lequel la largeur de la poitrine est prise pour une beauté virile. En revanche on retranche cette proportion au dedans du bras, & on assigne à chaque moitié du bras $1\frac{1}{3}$ de face. Pour la main il reste l'autre cinquieme longueur de la face. La largeur de la poitrine dans l'endroit de l'emboîture des bras, est de deux faces, quand la figure est dans l'état de repos. Tesselin entre dans plus de détails que de Piles sur cet objet: il est facile d'ailleurs de concilier les variations apparentes qui se trouvent entre ces deux Observateurs. Au contraire de Piles prend pour cette derniere partie du dedans du bras, c'est à dire depuis la moitié du bras jusqu'au poignet, une partie de plus. On pouroit sans doute partager ce différent. Mais qui peut mieux décider que l'Antique & que Gérard Audran, qui avoit ſuivi l'Antique & qui ſavoit quelque choſe de plus que meſurer.

Audran n'a tracé ſur le papier que ce qu'il avoit meſuré avec la plus grande exactitude d'après les principales ſtatues de marbre. Il jugea à propos d'éviter les fautes de ceux qui s'étoient érigés chefs de ſecte, ou qui s'étoient contentés de deſſiner leurs figures à vue d'œil ſans les rectifier enſuite ſur le marbre. Plein de vénération pour l'Antique rien n'égale les ſoins qu'il prit relativement à cet objet, ſi ce n'eſt le ſuccès avec lequel il exécuta ſon entrepriſe. Peut-être l'aventure ſuivante en fut-elle le mobile.

Un certain Peintre françois ſe vanta de déterminer exactement les Proportions des Anciens. Louis XIV. le chargea d'entreprendre cette opération en Italie, & d'en communiquer enſuite le réſultat à l'Académie Royale de Peinture établie à Rome pour ſervir d'inſtruction aux Eleves. Les Proportions qu'il donna ſe trouverent fauſſes: il eſt facile de deviner les conſéquences qui devoient en réſulter dans une Académie de Peinture obligée de ſe regler ſur de pareils modeles.

Auſſi dans cette partie on en appelle aux Anciens. Aujourd'hui encore preſque tous ceux qui ont calculé les Proportions du corps humain ſe ſont autoriſé des dimenſions de Vitruve. Vous trouverez,

verez, mon ami, que Preifsler qui fuit Albert Durer dans fon ouvrage des Proportions, s'accorde infiniment plus avec Vitruve que Hogarth.

Les deux Obfervateurs allemands prenent huit têtes pour dix faces. Chez eux, il eft vrai, l'élévation de l'origine du front jusqu'au fommet de la tête, n'a que $\frac{2}{3}$ d'une partie, & la diftance de la foffette du cou au menton n'a qu'une $1\frac{1}{3}$ de partie. Par-là vous diminuez dans la comparaifon avec le calcul précédent, une partie entiere que vous retrouvez dans la diftance du nombril à la foffette du cœur. Or pour une face entiere du calcul précédent, vous en aurez $\frac{4}{3}$, ou vous aurez cet accroiffement dont de Piles fait mention au fujet de l'Apollon du Belvedere & qui eft regardé comme un embelliffement en général.

Hogarth femble ne pas fe rappeller cet accroiffement de l'Apollon, ou ne point le confidérer comme une exception, lorsqu'il cherche la majefté de ce Dieu dans une fimple addition de grandeur, ou dans l'alongement du cou, du pied & de la cuiffe, à l'exclufion expreffe du corps [d]. Il eft vrai, en fuivant Albert Durer dans les Proportions, que nous a données Preifsler, nous fommes difpenfés

C 5 de

d *Analyse of Beauty* &c. De Piles marque une face du nombril aux parties naturelles, & il donne une demi partie de plus à l'Apollon.

de faire cette exception par rapport à l'Apollon. Mais M. Hogarth permettroit-il à Albert Durer d'appuyer son sentiment ? Ou suivroit-il sur cet objet un ancien Critique anglois, inconnu à nous autres Allemands ?

Mon apologie d'Albert Durer & mes objections contre les sentiments de Hogarth, n'ont point pour objet de porter atteintes aux excellentes remarques de cet Ecrivain ; il est à souhaiter que les Artistes profitent des bonnes choses que ce livre renferme.

Posons le cas, que nous adoptions exactement les Proportions de Preissler d'accord avec celles de Vitruve, avec l'unique exception, que l'élévation du front au sommet de la tête ait une partie entiere au lieu des deux tiers en question, & que la distance du menton à la fossette du cou, renferme deux parties entieres à la place d'une partie & un tiers : qu'en résultera-t-il ? La face n'éprouveroit aucun changement, la tête deviendroit un peu plus grande & toute la figure se trouveroit alongée d'une partie.

Il me semble que cela pouroit nous donner la clé du chiffre, lorsqu'on a remarqué plus de dix faces dans de certaines Antiques, quoique les Auteurs de ces statues n'ayent pas passé les huit têtes, ou, quoiqu'en se restreignant à sept têtes & demies, ils ayent donné dix faces à leurs figures.

Je

Je ne ſais ſi je m'exprime aſſez clairement, ou ſi je viendrai à bout, comme je m'en flatte, de combiner aſſez bien Audran avec Preiſsler. — "Oui, „vous vous en flattez aſſez gratuitement, pourrez-„vous m'objecter: car vous ſemblez inſinuer, qu'on „peut conſerver huit têtes, ſans s'attacher expreſſé-„ment aux dix faces de Vitruve."

A cela je reponds, que ce n'eſt pas une pure imagination, que quelques Antiques où ſe trouvent ces meſures renferment le principe de cette penſée. Perſonne ne ſera obligé de s'écarter de Vitruve au de-là de ces meſures: & l'Artiſte en le faiſant doit avoir de puiſſants motifs par rapport à la qualité du perſonnage qu'il repréſente, quand il fait un Apollon, par exemple.

Sans doute des motifs tout différents ont porté de certains Maîtres célèbres, dont les ouvrages nous offrent les Proportions les plus exactes, de s'en écarter dans des circonſtances ſpéciales & dans des membres particuliers. Ces circonſtances nous frappent moins: nous ne pouvons que les préſumer. Il n'en eſt pas de même des membres; nous pouvons les meſurer, & je ne ſache pas qu'Audran, qui a fait ſur cet article les obſervations les plus exactes, ait jamais été contredit par perſonne.

On ſuppoſe avec raiſon qu'un auſſi habile Artiſte qu'Audran qui, outre ſa force dans la Gravure, mérite

mérite d'occuper une des premieres places parmi les grands dessinateurs de sa Nation, quand il nous donne l'agrandissement des membres comme quelque chose d'extraordinaire, n'aura pas manqué de déduire dans l'extension des parties extérieures à l'emboîture des os, ou aux articulations, tout ce que la nature des ces parties semble exiger.

C'est ainsi que le Laocoon & l'Apollon ont tous deux la jambe gauche plus longue que la droite, le premier de quatre minutes ou $\frac{1}{3}$ de partie, le second de près de neuf minutes. L'Auteur de la Vénus de Médicis a donné à la jambe qui ploie près d'une partie trois minutes de plus qu'à celle qui porte ; & la jambe droite du plus grand des fils de Laocoon est presque de neuf minutes plus longue que la gauche.

Après cela ne verrons nous pas la foule des Dessinateurs médiocres se féliciter de leurs rares productions, &, dans leur ridicule imagination, aborder les grands Maîtres de l'Antiquité avec la même confiance que l'âne de la Fable aborde le Lion? *Eh, bon jour frere! dit maître Aliboron en approchant le Roi des Animaux.* Qu'exigeoit *Phidias* des Athéniens, lorsque ceux-ci, mécontents de sa Minerve, donnerent la préférence à celle d'*Alcamene* qui avoit su donner un beau fini à son travail? Il vouloit qu'ils ne le jugeassent, que lorsque sa statue seroit

seroit placée au lieu de sa destination. En effet quel changement subit dans la décision des spectateurs, lorsque la figure de *Phidias*, qui considerée de près ne paroissoit qu'ébauchée, fut apperçue dans son véritable point de vue? Alors le travail recherché *d'Alcamene* qui ignoroit la science de l'Optique, disparut entierement, pendant que celui de *Phidias*, par ses savants raccourcis & son air de majesté, gagna tous les suffrages. Les figures de la colonne Trajanne ne s'agrandissent-elles pas à raison de leur hauteur & de leur distance, non pour les faire paroître plus grandes, mais pour les tenir dans la même proportion avec les figures placées plus bas?

L'effet qui résulte pour un objet placé à une certaine distance de la vue, détermine l'intention principale de l'Artiste; & les moyens de produire cet effet, sont pour lui des loix aussi absolues, que les Proportions d'une figure faite pour être vue de près.

Qu'il me soit permis de rapporter à ce sujet les sentiments d'Audran, d'autant plus que son ouvrage n'est pas aussi répandu qu'il mériteroit de l'être. "Ces figures, dit-il, étoient faites, pour „être placées dans des endroits d'où elles étoient „principalement vues de certains côtés avec des hau„teurs & des distances, qui pouvoient changer les „appa-

„apparences de l'objet. Les parties, que nous „avons remarquées, paroiſſant alors en raccourci, „auroient ſemblé défectueuſes; & c'eſt à mon „ſens, ce qui a obligé de les tenir plus longues; „d'où nous pourrions tirer une leçon importante, „qui eſt que, lorsqu'une figure doit être vue de „tous côtés, & d'une diſtance à la pouvoir entie„rement examiner, il faut lui donner les Propor„tions telles que nous les trouvons dans l'Antique, „aux parties qui ſe font voir ſans aucun raccourci. „Mais ſi la figure devoit être placée avec des aſſu„jetiſſements à des lieux où à des diſtances qui en „dérobaſſent quelque partie à nos yeux, alors il „ſeroit beau, & peut-être néceſſaire, d'uſer de „ces ſavants artifices dont les Anciens ſe ſont ſi „heureuſement ſervis."

Rien de plus ſolide que le jugement d'Audran: je ne voudrois pourtant pas qu'un Artiſte allemand ſe vit ſouvent dans la néceſſité d'avoir recours à un pareil artifice. Je doute que ſes contemporains ſoient diſpoſés à lui rendre juſtice. Il faudroit que ce fut un Italien qui réunit le goût des Grecs à la bonne diſpoſition pour les Allemands.

On a même ſacrifié quelque choſe à la beauté du groupe, lorsqu'on s'eſt permis de repréſenter les fils de Laocoon, dans les Proportions des Adole-

Adolefcents *, mais non pas dans l'accord du naturel relativement à la grandeur de leur pere. Dans ce groupe, la fubordination vient très-bien à l'aide des figures acceffoires.

Il me femble qu'il eft plus utile de rechercher les caufes, qui ont porté les grands Maitres à s'écarter de la règle ordinaire, que de s'en rapporter uniquement à leur autorité. Le Philofophe obferve le cours du foleil, l'Indien fe profterne devant cet aftre & l'adore : tous deux reconnoiffent fa lumiere bienfaifante.

* Le plus grand des enfants de Laocoon à fept têtes & demies & l'autre en a fept. Virgile femble leur donner une taille plus petite.

— & primum parva duorum
Corpora natorum ferpens amplexus uterque
Implicat, & miferos morfu depafcitur artus.
Æn. II. v. 213.

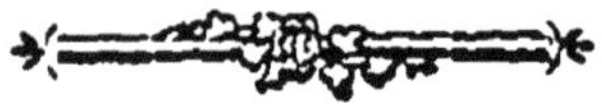

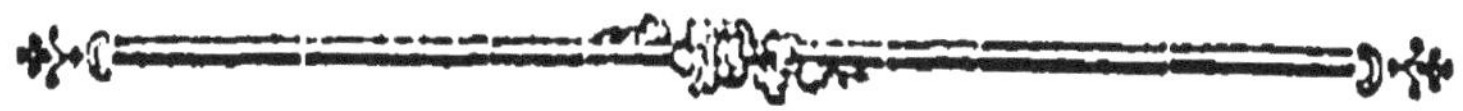

CHAPITRE XXXVII.

De la ligne de beauté dans les Attitudes & les Contours.

L'action & la réaction des muscles [a], ainsi que leur simple situation, embellissent le contour & lui donnent sous la peau délicate d'un corps de jeunesse une forme agréable & serpentine. Telle est l'attitude naïve d'un homme qui se tient ferme sur le pied qui le porte, & qui laisse aller l'autre nonchalamment en arriere, en dirigeant la tête vers l'objet qui l'occupe. C'est là ce que nous indiquent les statues capitales de l'Antiquité. Quant à la doctrine du trait, les Ecoles de l'art nous ont prôné tantôt les lignes ondoyantes & serpentines, tantôt le maintien dégagé de l'homme qui ressemble à la flamme s'élevant par ondes; de tout tems elles nous ont enseigné, ce que Hogarth aujourd'hui nomme la ligne de la beauté & de la grace. Parent, comme nous l'avons dit au commencement de cet ouvrage, semble avoir donné le ton, sur lequel le Critique anglois & d'autres ont continué.

La singularité qui se trouve dans cette diversité d'opinions, c'est que quand l'un prouve que la ligne

[a] V. Traité de la Peinture, par Leonard de Vinci; Chapitre 225.

ligne de la beauté est serpentine, l'autre soutient qu'elle est elliptique [b], un troisieme, comme de Piles, qu'elle est circulaire. Pendant que nous remarquons dans le tout & dans les parties du corps humain, ainsi que dans tous les objets de la nature une variété harmonieuse & une force combinée pour l'effet de ces parties avec le tout. La forme circulaire de la prunelle de l'œil ne se trouve répétée ni aux paupieres, ni celles-ci à la forme elliptique ou cycloïde de la prunelle. La paupiere inférieure est encore distinguée de la prunelle supérieure. Et ce sont ces formes prises ensemble, qui composent la beauté de l'œil.

Sachons gré à ceux qui nous font remarquer la beauté dans les parties separées du corps humain. Et quoi de plus raisonnable, de plus analogue aux préceptes de l'art, que d'étudier ces parties dans l'Antique? Le résultat de ces remarques, me donneroit la beauté du profil d'un visage [c], sans m'empêcher de trouver, pour la tournure de la tête où l'on apperçoit encore en grande partie l'œil fuyant, l'embel-

b Hogarth prouve que l'araignée ne sauroit être belle, parce que toute sa figure n'offre rien d'ondoyant. Ce qu'elle perd avec Hogarth, elle le regagne avec Parent, qui présere la forme elliptique à toutes les autres.

c Voyez sur cet objet les Réflexions sur les Ouvrages de l'art de M. Winkelmann. Journal Etranger, Avril 1760.

l'embelliſſement de l'ovale dans la douce infléxion des temps vers l'œil & dans l'élévation inſenſible de la joue, qui s'arrondit elliptiquement du côté du menton. L'idée des forces néceſſairement combinées pour produire l'effet de l'enſemble, ne me feroit jamais perdre de vue la deſtination de cet effet dans les beautés de détails. Les parties qui conſtituent la beauté du viſage auroient peut-être le premier droit de me fixer une ligne de beauté, ſi j'en avois reconnu la néceſſité avec l'exclusion de toutes les autres lignes. Par rapport à la poſition du corps, la moyenne ligne ondoyante en impoſeroit au goût excluſif. La ligne elliptique me preſcriroit des règles importantes pour la beauté des vaſes; pendant que la commodité & la variété réunies m'impoſeroient des préceptes encore plus importants pour l'ordonnance de certains vaſes. En liſant dans Homere que Vénus, ayant apparu à Helene ſous la forme d'une Vieille, ſe fit connoître tout d'un coup à cette Princeſſe par la beauté de ſon ſein, je ne m'interdirois pas entierement la ligne elliptique de Parent qui la préfere à la ligne circulaire: mais je prierois ce Critique, s'il vivoit encore, de ne pas mépriſer les principes de de Piles.

Les pierres gravées, les bas-reliefs des Anciens, mes études favorites, me fourniroient les modeles pour tracer un beau profil. Je prierois auſſi le Peintre,

Peintre, de ne pas oublier les douces infléxions de ce profil dans les teintes d'un visage tourné en avant: mais en même tems j'examinerois en silence, si la plus belle ordonnance d'un tableau, lorsqu'on peut introduire un beau désordre pittoresque par l'inégalité des objets, permet de répéter plusieurs visages d'un profil parfait.

La tête bien que susceptible de la plus haute beauté, ne forme jamais qu'une partie du tout. Dans un beau tout, on apperçoit des contours & des surfaces qui par des infléxions & des saillies répandent de la variété, & qui par leurs combinaisons simples & leurs rapports harmonieux, facilitent à l'œil le moyen de les parcourir. Cette perception est le partage de la jeunesse; & la beauté mise en mouvement, la grace même, ne prend pas un autre tour. Le visage varie avec la direction du corps, comme les parties du corps changent entre elles. Vous ne verrez que l'âge obtus étendre la main parallele au bras en ligne directe. La ligne perceptible serpente plus ou moins: dans les traits même de la bouche, je l'apperçois dans une direction contrastée. Qu'est-ce qui m'empêche de prendre le trait caractéristique de ces belles parties pour la ligne de la beauté? Qu'elle soit donc dans ce cas la ligne de la beauté! — qu'elle le soit même dans toutes les circonstances!

Dans toutes les circonstances? — Mais ce bâtiment où les belles parties verticales décélent par tout le compas, n'est-il pas beau? Qu'est-ce qui me déplaisoit à cet autel, que *Pozzo* a exécuté avec des colonnes torses? La répétition de la ligne ondoyante. Cette ligne, faite pour me charmer dans le corps humain, ne me fatigueroit-elle pas les yeux à la fin, si l'on s'en servoit généralement pour les édifices, les ornements & les ustenciles, & souvent même pour les choses qui exigent encore moins l'apparence de la solidité? Oserois-je inférer de la beauté du corps humain sur tout ce qui m'entoure? Si ma vue osoit pénétrer avec un Fontenelle dans les spheres supérieures, la construction du tout où il ne régne que de l'harmonie, me feroit trouver des beautés dans la ligne elliptique, si d'ailleurs les perfections de cette nature convenoient aussi bien à nos sens qu'à notre esprit. Cependant dans cette même construction du tout, la variété combinée, me recommanderoit un doute de précaution -- ou plutôt un doute d'obligation. J'établirois donc, que la ligne ondoyante, sans être la ligne universelle, est pour le corps humain l'unique ligne de la beauté.

L'unique ligne de la beauté? — Mais laquelle sera-ce? Combien ne voit-on pas ici de lignes réunies qui concourent à la formation d'un beau tout. Toutefois j'en veux donner une. — Mais com-

comment le prouver ? Les cas particuliers ne prouvent que pour les cas particuliers. Que ma ligne ondoyante soit souple comme la vigne qui embrasse amoureusement l'ormeau, & elle aura plus de variété ! Qu'elle soit la ligne de la grace, même pour les attitudes ! — Ainsi se retourne Atalante au milieu de sa course, ainsi, & plus fortement encore, se retourne du corps supérieur, Déjanire enlevée par le Centaure Nessus, lorsqu'elle appelle Hercule à son secours. – – L'observation est exacte. Mais cette attitude ne paroîtra-t-elle pas exagérée pour rendre une certaine expression douce, & ne perdra-t-elle rien du gracieux ? Doute fâcheux ! Eh bien, que pour l'expression de la grace, la tournure du corps s'approche de la ligne moins contournée ! — Mais alors la ligne en question n'est pas l'unique ligne de la beauté. — De quoi me sert donc une modification, lorsque la nature me refuse son aprobation ? Une qualité essentielle de la grace, c'est la naïveté, la franchise dans la variété ; & la ligne que j'indique décele de la contrainte. Il me reste à admirer la diversité dans les parties, & la main du Créateur, qui a imprimé l'unité à la variété du tout, & qui a guidé l'esprit de l'Artiste imitateur.

Je vous donne ici, mon cher ami, la suite de mes pensées, avant de vous communiquer leur application au précepte ordinaire des contours.

Vous ne pouvez jamais trop recommander à votre Artiste l'inspection de la beauté de l'ensemble. Nous ne le tiendrons pas quitte pour cela de la beauté des parties. Sans cette beauté, le tout est insipide. Quand même le tableau nous auroit appellé, il ne pouroit jamais nous arrêter sans les charmes d'un beau faire. A l'article de l'exécution, je parlerai avec autant de chaleur en faveur des parties, dans lesquelles il faut que le feu poëtique de l'Artiste se soutienne jusqu'au bout de son travail, que je parle maintenant en faveur du tout-ensemble : avec autant de chaleur que si je n'avois rien exigé jusque-là de votre Eleve.

CHA-

CHAPITRE XXXVIII.

Des beaux Contours qu'on apperçoit dans la nature.

Imitons, disoit *Lysippe*, la nature telle qu'elle paroît à nos yeux. Il ne faut pas demander si un *Lysippe* a voulu parler de la belle nature. Cependant rendre les objets tels qu'ils paroissent, c'est ce que nous pouvons apprendre de la nature en général, sans y apporter un choix particulier.

Ce n'est pas comme un simple artifice qu'on recommande au Peintre le moëleux & le vaporeux dans les Contours. Au moyen des tons de dégradation & de la perspective aërienne, ainsi que de la belle marche & de la perspective linéaire, cette adresse lui est imposée par la nature comme une nécessité.

L'interposition de l'air mérite d'abord notre attention. L'air diminue à nos yeux l'impression des couleurs sur les objets à raison de leur distance. Ces couleurs, à mesure qu'elles se dégradent, prennent une teinte bleuâtre & reçoivent enfin ce ton que les Peintres nomment la couleur aërienne. C'est dans ces couleurs que se jouent les demi-teintes, avec lesquelles les parties fuyantes s'offrent à la contemplation du spectateur, ainsi qu'à l'imitation de l'Artiſte: telles ſont ſurtout les parties lumineuſes de l'objet, tandis que les reflets viennent ſouvent à l'appui des côtés ombrés. Ici les teintes s'affoibliſſent, comme les lignes fuyantes ſe racourciſſent dans la perſpective. En conſéquence de cette remarque & de cette néceſſité eſſentielle dans l'imitation, nous donnons à la diminution des teintes le nom de perſpective aërienne. Quant à l'effet qu'elle produit ſur toute la compoſition, effet qui renferme la diſtribution des lumieres & des ombres, nous l'appellerons le ton de la dégradation.

Comme les parties du tableau, qui s'affoibliſſent & qui s'enfoncent dans l'air participent de ces tons adoucis & en quelque ſorte de cette couleur aërienne, il faut que les parties ſaillantes des figures placées ſur le côté, le nez, le menton, les mains étendues, &c. en ſoient ſingulierement frappées. Dans un ſujet tel que Déjanire enlevée & criant au ſecours, nous n'avons ſans doute pas beſoin de recommander la fonte des couleurs dans les lignes extérieures des mains élevées au Ciel. C'eſt par cette adreſſe que la joue fleurie d'une jeune perſonne peinte par *Manyocki*, reçut une couleur gracieuſe, approchant de celle de la pêche, teinte bien différente du pourpre ou de la brique d'un *Beccafumi*, d'un *van der Myne* & de quelques autres Peintres modernes. Je reviendrai ſur ce ſujet à l'article des demi-teintes.

On

On peut m'objecter que dans une certaine distance cette économie n'est sujette à aucun doute, mais que dans les objets tout près de la vue, il ne faut pas que l'interposition de l'air empêche de discerner les choses. — — Prenons environ cinq pieds pour la distance du modele, nous trouverons que les touffes de cheveux, divisées à l'infini, se réunissent en masse, & justifient les couleurs noyées les unes dans les autres contre l'expression détaillée de ces parties infinies. Plus l'objet est proche, plus il est facile de prouver que les extrémités doivent être adoucies avec un pinceau moëleux. Ce n'est pas par une séparation tranchante que la bouche se lie avec la peau contiguë, sous laquelle souvent le moindre jeu des muscles indique des traits caractéristiques de beauté. L'Artiste, en recourant aux demi-teintes rompues, a soin de fondre le Contour de la bouche. Un pinceau nourri avec ménagement de cette couleur, se promene sur l'élévation de la lèvre &, guidé par les graces, se perd dans les limites de la peau blanche. Ici la mollesse des chairs bannit toute acreté: ce moëleux est le fruit d'une main résolue qui promene le pinceau en jouant. Mais aussi dans cette manœuvre il faut que l'Artiste sache s'arrêter à propos. Le miroir lui apprendra quand il sera tems de le faire.

La grace de la bouche qu'on trouvoit dans les figures des tableaux de *Parrhasius*, nous fait tirer

 l'inl'induction qu'il n'étoit pas moins habile à rendre la délicatesse dans les contours & les extrémités: aussi Pline [a] lui donne-t-il la préférence sur tous les Peintres anciens pour l'intelligence de ces parties.

Veut-on que je particularise mes raisons par rapport à la nécessité de soigner ces parties, les détails suivants, conjointement avec la perspective aërienne, fourniront un surcroit de motifs.

Cette délicatesse du Contour, ce vaporeux des surfaces, comme le velouté de la pêche, est répandu en quelque sorte sur tous les corps, ou sur la

a „Il est vrai, dit Pline, c'est beaucoup pour la Peinture „de peindre le corps & le milieu des membres, parties „dans lesquelles plusieurs se sont acquis de la réputa„tion; mais c'est beaucoup plus encore pour l'art de „rendre les extrémités des figures & d'apporter des „adoucissements dans les endroits où finit le contour. „Car il faut que cette ligne des extrémités tourne autour „de la figure, & se noye de maniere dans les teintes, „qu'elle promette plus qu'elle n'exprime & qu'elle indi„que même ce qu'elle est obligée de soustraire à l'œil." — Ce passage de Pline nous offre en quelque sorte une description de l'Ange qu'on voit dans le tableau de St. George du *Correge*. Le contour de cette belle figure se perd dans la fonte de la couleur. Ici le corps a de la rondeur & l'air circule à l'entour; l'œil du spectateur se promene aisement autour de la figure. C'est pour le plaisir de l'imagination que le génie du Peintre a étendu les limites de l'art, que le contour ressenti de quelques autres Artistes a resserrées.

la ſuperficie de tous les corps. Il faut ici que le ſavant Deſſinateur ſache ſuppléer ou modérer; mais il faut que l'habile Peintre ſache achever & prêter le preſtige à l'imitation. Souvent la mouſſe tapiſſe des quartiers de rochers & des troncs d'arbres, ou ſe nuance avec la teinte du gazon, pour embellir la terre par un tapis de verdure. On voit avec le même charme pour l'œil l'élévation ombrée du côteau ſe ſéparer de la profondeur éclairée du vallon, parce que la partie lumineuſe joue ſur les pointes de l'herbe, ou plutôt, parce que la lumiere qui vient de côté, paroît ſe rompre contres ces pointes.

L'Académie françoiſe de Peinture [b] confirme mon ſentiment par d'autres principes. Pour adoucir le tranchant aigu du Contour, elle donne, outre l'intermiſſion de l'air, un effet adouci aux doubles rayons des yeux. Le petit poil presqu'imperceptible ſur la peau la plus délicate, le coton des étoffes les plus fines, & la poudre même qui s'attache aux corps ſolides diſperſés dans la campagne, rien ne doit échapper à notre attention, ſi nous voulons remonter à l'origine des traits adoucis de la nature. Pourquoi ſous l'aſpect du même rouge, la pêche interrompue & veloutée nous paroît-elle plus belle que la pomme liſſe & brillante?

Laireſſe

[b] V. Sentiments des plus habiles Peintres ſur la Pratique de la Peinture &c.

Lairesse, pour empêcher que le tranchant net du plâtre d'un magnifique salon dans un tableau, ne soit dur & desagréable à l'œil, propose un expédient, c'est de répandre de la poudre sur les objets. Si nous rejettons cet artifice comme une minutie, nous aurons peut-être de la peine à concevoir pourquoi *Steenwyk* & les deux *Neefs* ont peint les percés & les enfoncements de leurs Eglises d'une touche plus moëleuse, que *Jean van der Heyden*, Peintre d'ailleurs estimable, n'a rendu le pavé de ses marchés & les pans de ses murailles. On peut dire, que cela dépend du pinceau gras & pâteux. A la bonne heure! mais il faut aussi que le pinceau trouve à exprimer de la variété dans les teintes, dont la simple fonte des couleurs n'interrompt pas la monotonie.

Que manque-t-il par rapport à ce dernier point aux tableaux historiques de *Christophe Amberger*? Le pinceau de cet habile Maître n'est rien moins que maigre. La propreté du travail rend ses ouvrages recommandables, & encore plus l'exacte observation de la perspective. Les figures sont correctement dessinées, & savamment disposées; partout les couleurs sont bien rompues ou bien couchées sur la toile. Mais ce qui manque aux tableaux de ce Maître, c'est le stratagême de Lairesse, d'offrir les objets sous un aspect un peu poudreux; la propreté y est poussée trop loin & les

les objets y ſont indiqués trop clairement pour être beaux. Il eſt vrai auſſi que l'expreſſion tranchante des objets éloignés, peut porter atteinte aux tons de dégradation & à la perſpective aërienne. La peau la plus délicate, rendue avec une extrême netteté, perdroit de ſa beauté, ſi notre œil pouvoit y diſtinguer les moindres fibres. Rien ne nous paroît quelquefois plus piquant que les traits gracieux du viſage, voilés par une gaze légere qui, en nous cachant les taches de la peau, nous offre des beautés ſéduiſantes & nous en fait deviner encore plus. Dans la Peinture nous devons en quelque ſorte cette gaze, à l'interpoſition de l'air dont nous avons parlé. Souvent notre curioſité veut être piquée par un ſurcroit de charmes, mais elle ne veut jamais être raſſaſiée [c]. C'eſt un artifice, mon ami, que je devrois vous céler, pour ne pas me condamner moi-même. Cependant pour donner un pré-

c De-là vient que certains Payſages gravés à l'eau forte plaiſent ſouvent plus que ceux qui ſont exécutés d'un burin ferme. Il me ſemble que cette indication vague, ce déſordre apparent offre plus de naturel dans le feuillage & dans les objets agités par le ſouffle du moindre vent que les tailles arrangées d'un beau burin. D'ailleurs dans les premiers Payſages, l'obſervateur trouve une infinité de choſes que ſon imagination peut étendre. Il a le plaiſir de deviner ce que des traits ſpirituels ont plutôt indiqué qu'exprimé. C'eſt par cette raiſon que les amateurs cherchent avec tant de ſoins les eſtampes que les habiles Maîtres ont gravées eux-mêmes.

préſervatif à votre Artiſte, il faut que je jette encore un coup d'œil ſur la conformation humaine.

La fonte des couleurs ne doit point cacher le Contour le plus juſte, elle doit ſeulement le voiler. L'obſervation ou la négligence de ce précepte opere l'arrondiſſement, ou affoiblit le relief des figures dans leurs proportions par rapport aux fonds. Mais ſuppoſé que ces principes ne donnaſſent aux tableaux que le caractere diſtinctif d'après lequel on dit qu'une compoſition eſt rendue avec fineſſe ou avec dureté, il réſulteroit toujours que les morceaux d'un *Chriſtophe Schwarz*, ou d'un *Gilles Coignet*, ſeroient bien plus eſtimés, s'ils flattoient auſſi agréablement l'œil par leur ſuavité, qu'ils ſatisfont l'eſprit, ſurtout ceux du premier, par leur ordonnance. J'ajouterai encore que le trait qui forme le Contour, de même que le plan de perſpective le plus axact, où l'on a effacé les premieres lignes, peut être corrigé & réparé à volonté. Le grand Deſſinateur, dans les deſſins les plus terminés, ne doit que voiler les membres de ſes figures de maniere que la drapperie accuſe le nud. Le Deſſinateur indécis ne trouve ici aucun ſubterfuge. L'Artiſte, ferme dans les règles de ſon art, s'en tiendra à la derniere maniere de *Raphaël*, & tâchera de ſe garantir de la ſéchereſſe des traits de l'école du *Perugin*.

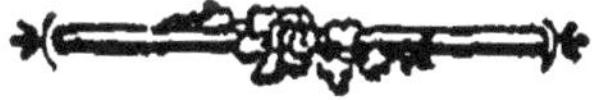

CHA-

CHAPITRE XXXIX.

Du caractere des Contours & des différentes sortes de dessin.

On exige que les Contours soient coulants, bien dirigés, dégagés des saillies anguleuses & des ruptures subites. L'âge & le sexe, ainsi que le caractere & la condition de la figure déterminent la force ou la douceur dans le trait qui forme le Contour.

Dans la statue d'Hercule sculptée en bois par la main de *Dédale*, pere des statuaires, le manque de ce ragoût, si propre à charmer la vue, se trouvoit réparée par la force & la grandeur; on remarquoit dans les ouvrages de ce Maître, que le Contour ressenti rendoit très-bien la majesté des Dieux. Mais quels Dieux, & dans quel époque de l'art? Aujourd'hui encore les Contours grands & résolus du fils d'Alcmene, caractérisent des membres d'une force plus qu'humaine, tandis que la forme la plus noble, l'arrondissement le plus délicat, nous offre le Dieu du soleil. Les Satyres & les Silenes forment le vulgaire des Dieux de la Fable; ils doivent être caractérisés par des formes ressenties & très-ondoyantes.

Certains connoisseurs semblent ne pas se rappeller cette division d'Ovide, lorsqu'ils s'étonnent que

que la configuration des Faunes ou des Silenes ne leur offre pas la forme svelte dont la figure de Mercure a pu leur laisser une idée. Représenter un corps si lourd à un goût si rafiné, à des yeux si clairvoyants! Cela n'est pas tolérable, & peut-on demander cette tolérance à ceux qui, dans un grand tableaux placé à la distance convenable, ne sauroient trouver le point de vue pour le raccourci des membres larges & de leur dégradation, objet qui concourt à l'illusion des yeux? Mais ceux qui donnent plus de hauteur que de largeur à une galerie de tableaux, connoîtroient-ils mieux ce point de vue que ne le connoissent les Amateurs en question?

La configuration de l'ivresse donne très-souvent au pere nourricier de Bacchus le caractere qui le distingue du Dieu du vin paré des agréments de la beauté & de la jeunesse, de Bacchus que *Michel-Ange* & l'Antique ont représenté à côté d'un Faune, pour faire contraster, par la différence des Contours, la forme divine avec la forme rustique. Vous savez que cette division est académique.

L'image de Vénus, Déesse de la volupté délicate, ainsi que celle de Bacchus, Cultivateur de la vigne, devroit porter l'expression des plaisirs honnêtes. Quelle différence entre la Vénus céleste & la Vénus terrestre dans l'histoire de l'art, ainsi que dans la description des Poëtes & des Philosophes!

phes! Mais dans l'une & l'autre figure on veut que l'élégance des contours soit portée à toute la perfection possible. La différence qu'y mettroit l'Artiste seroit réputée un défaut. La tête de la Vénus de Médicis, suivant la remarque de Keysler, a toujours essuyée une petite censure. Cependant la tête de Faustine la jeune, estimée plus belle que celle de la Vénus en question, ne doit pas nous priver du plaisir & de l'instruction que nous offrent les autres perfections de cette fameuse statue Greque.

La beauté de l'Apollon Pythien est élevée au-dessus de la conformation humaine, pendant que celle-ci nous charme dans le Méléagre de Picchini & dans l'Antinoüs du Belvedere, comme des modeles d'une belle jeunesse. Veut-on figurer des Athletes, des Gladiateurs, l'Antiquité nous en a laissé des exemples. Veut-on traiter l'enfance ingénue, il faut fréquenter l'école de *l'Algarde* & du *Flamand*. Les attachements solides des membres dans le Laocoon, loin de nous annoncer la haute vieillesse, comme le prétend Abraham Bosse, nous offrent l'âge viril dans tout son développement sous le personnage de ce Grand-Prêtre d'Apollon. Les parties sont enflées par l'effet du venin des serpents: vous adoucirez ces parties dans l'imitation & dans un sujet différent. Un esprit judicieux fait alors ce qu'il faut prendre & laisser.

Michel-Ange ne fut pas moins enthousiasmé de ce grouppe que du fameux Torse représentant Hercule assis. Au jugement de ce grand Maître, le Torse est la figure la plus parfaite, & la tête du Laocoon, au rapport de Boissard, le morceau le plus inimitable de l'Antiquité. L'on ne doit pas s'étonner de ce jugement de *Michel-Ange;* la connoissance intime de l'art s'accorde ici avec le goût particulier de l'Artiste. La louange donnée à l'Hercule antique, retomboit sur celui des Modernes, qui déployoit sa force dans la représentation de la nature vigoureuse & dans l'expression des muscles suivant leur vrai caractere. Il seroit à souhaiter que ce grand homme, plein de pensées sublimes sur l'ensemble d'une composition, nous eut laissé quelque chose de plus qu'un simple modele en cire [a], qu'il nous eut donné un Hercule exécuté d'après son idée. Dans ce modele l'Artiste représente le Héros assis, plongé dans des réflexions profondes. Un coude appuyé sur le genou & la main de l'autre bras posée sur le giron, la figure offre une attitude analogue au caractere d'un Héros qui médite & qui roule de grands desseins dans sa tête: l'imagination avoit la liberté du choix. Après la description idéale que Winkelmann nous a donnée de cette figure

[a] Ce modele se voit présentement dans le cabinet Impérial de Florence. V. Richardson. Tom. III. p. 118.

figure mutilée, on se rappelle à regret l'opinion vulgaire [b], qui dit que le Héros est assis à côté d'Iole ou d'Omphale & qu'il file sa quenouille.

Nos Académies pensent & choisissent comme le jeune Vasaro [c] de Ferrare lorsqu'il demanda un

E 2 dessin

b L'Abbé du Bos nous apprend que le Torse de Belvedere & le Pasquin, venoient d'un grouppe représentant Aléxandre blessé & soutenu par des soldats. *Réflexions Critiques Tom. I. Sect. 50.* Je ne sais sur quoi cet Ecrivain fonde son jugement; si le Torse est une figure accessoire, je voudrois voir la figure principale du grouppe.

c *Michel-Ange*, voulant marquer sa reconnoissance à Vasaro pour un service qu'il lui avoit rendu, lui dit de lui demander quelque chose. Le jeune homme le pria de lui dessiner un Hercule debout. L'Artiste exécuta cette idée avec une promptitude inconcevable. Mais avant de se mettre à l'ouvrage, il se retira un peu à l'écart & médita son sujet dans l'attitude du recueillement. Armenini leur contemporain, a grand soin de remarquer cette circonstance; il décrit ce dessin qu'il a vu comme un chef-d'œuvre, & il dit qu'il étoit d'une si belle exécution, même par rapport au fini, qu'on pouvoit le regarder comme un ouvrage de plusieurs mois. Le fini n'étoit donc pas capable de refroidir l'esprit de l'Artiste, & ne sauroit être un objet de critique, lorsqu'il renferme d'ailleurs l'essentiel de l'art: les exemples des plus grands Maîtres sont contraires aux dessins faits à la hâte & sans penser auparavant. Vasaro donne une leçon importante à ceux qui commandent de grands ouvrages aux Artistes: il montre par-là combien il est nécessaire de connoître le caractere de chacun.

dessin à *Michel-Ange*. Elles recourront à l'Artiste Florentin pour avoir le modele d'un Athlète vigoureux ou d'une figure de force; elles s'adresseront à *Annibal Carrache* pour avoir l'image d'un héros moins puissant, mais plus agile, elles consulteront *Raphaël* pour saisir l'idée des formes heureuses & des airs de têtes nobles & gracieux. D'autres choisissent le Chef de l'école Romaine, pour exprimer la dignité d'un Souverain qui n'a pas besoin, comme Moïse, de paroître sous le caractere d'un Fleuve. On a pris souvent les Fleuves pour les modeles convenables à la représentation de l'âge mâle & vénérable. Si les contours de ces Demi-Dieux, comme on le voit dans les statues antiques du Nil & du Tibre, & en dernier lieu dans celle de la Seine de *Bouchardon*, ont paru plus coulants que ceux des autres figures de marbre, ils ont voulu trouver le caractere d'un Fleuve plus sensiblement exprimé [d]. Cela mériteroit sans doute un examen.

La position tranquille du corps caractérise la représentation des Fleuves, à l'exception d'un Alphée qui poursuit la Nymphe Aréthuse, ou d'un Acheloüs qui combat pour Déjanire. Comment voudroit-on dans cet état de repos, rendre apparents les muscles qui terminent le contour, comme

d V. *Observations sur les Arts.*

comme dans les Athlètes en action: ou sur quel fondement l'Artiste, en les représentant dans l'état de repos & de lassitude, tel que dans l'Hercule Farnese, leur donneroit-il cette force, qui caractérise le Héros qui dompta tant de monstres? Souvent aussi des muscles tendus & engourdis caractérisent le Gladiateur mourant.

Je ferai une remarque, mon cher ami, qui vous rappellera la division des écoles de l'Art dans l'Antiquité, division que je ne dois pas entierement passer sous silence. On a coutume de donner à l'école de Sycione[e] les contours faciles, coulants & grands, contours qu'on apperçoit dans le fameux Torse. On oppose le style qu'on remarque dans cette figure, à la maniere forte & ressentie des Athéniens, à la maniere foible & efféminée des Corinthiens, & à la maniere moëleuse & gracieuse des Rhodiens. Cette division faite, on cherche à y faire l'application, & on trouve qu'*Apollonius*, Auteur de ce superbe ouvrage de l'art, étoit Athenien. On suit les traces de ces différentes écoles, on compare leurs productions avec celles de *Michel-Ange*, des *Carraches* & de toute l'école de Bologne. Dans ce parallele on retrouve le style de Corinthe dans celui de *Jean de Bologne*, qui

 cepen-

e *Sentiments des plus habiles Peintres* &c. p. 16.

cependant ne s'est pas toujours tenu à une seule maniere. Ce Statuaire célèbre a pris la nature pour modele dans son Samson; elle fut encore son guide dans son grouppe de l'enlevement d'une Sabine. Winkelmann, dans sa description de Tydée, pierre gravée du cabinet du Baron de Stosch, compare encore plus heureusement le style grand & sublime des Hetrusques, au dessin fier & terrible de *Michel-Ange.* Dans une empreinte de cette pierre, à en juger d'après le dessin & le contour, on croit voir une figure du Jugement universel de l'Artiste Florentin.

La loi que je me suis faite de n'avoir pas le goût exclusif, ne me permet pas de séparer le plaisir que nous trouvons dans les savantes compositions des Modernes, de l'estime singuliere que nous avons pour les productions sublimes des Anciens. Les fameuses médailles du règne de Louis XIV. dont on a les empreintes, & celles des célèbres *Hamerani*, sont très-instructives pour les attitudes & pour les contours. Qu'est-ce qui distingue les travaux d'un *Hedlinger*, si ce n'est ce suave, ce vaporeux, que ses imitateurs attrapent aussi rarement dans le tout, qu'ils saisissent difficilement les *molles capillos* d'un des parties très-importante dans un buste. Il est vrai, Horace, qui semble donner cette expression facile des cheveux au moindre Statuaire, devroit nous dégoûter

de

de louer ces mêmes qualités [f] si ce fameux passage pouvoit s'étendre à quelque chose de plus, qu'à la critique du manque d'ensemble. Qu'on mette la plus belle position de la tête, à la place du caractere de ces cheveux, & qu'on la compare à ce manque d'ensemble, la sentence d'Horace conservera toute son intégrité: mais alors l'expression de *Faber imus* ne pouroit pas être appliquée au moindre Artiste. Je suppose, qu'on établisse pour principe, qu'Horace a dû nécessairement écrire avec autant de convenance de toutes les parties des Arts d'imitation, que des différentes branches de l'Art poëtique. Si l'on ne veut pas, je m'accommode fort bien de l'explication d'un de Piles & d'un Batteux.

Les Modernes sont plus heureux que les Anciens dans la science de traiter les bas-reliefs: ils y montrent plus d'accord & plus de perspective. *Raphaël* & le *Poussin* étendent notre connoissance par rapport à l'ordre des plis; après ces Maîtres, consultons la nature, qui nous indiquera le vrai caractere des drapperies. Parmi les statues de marbre, la Flore de Farnese est célèbre pour la disposition des plis.

 La

[f] V. ce que nous avons dit là dessus de *Parrhasius* au Chapitre XVII. p. 230.

Lè tour gracieux de la tête qui s'écarte de la ligne centrale du corps, dénote une figure pleine de graces. Il ne faut pas que la position des autres membres, contraste desagréablement avec cette tournure avantageuse de la tête. Sans cela vous manquez le bel ensemble, & la critique d'Horace sera fondée en exemple. Conjointement avec l'Antique, *le Guide & le Parmesan* nous instruiront dans la délicatesse des contours; sans négliger pour cela de consulter un *Gracioni*, savant à tracer des contours à la plume, & un *Donato Creti*, habile dans la science des bustes.

C'est principalement pour le Dessinateur que je touche cet article. Qu'il ne néglige aucune occasion de prendre une idée de la grande maniere, d'étudier les vrais modeles anciens & modernes: & comme j'écris surtout pour les Artistes de notre ville, qu'il ne néglige pas d'étudier le seul & unique dessin en pastel, qu'on ait jugé digne de trouver place parmi les trésors de la galerie de Dresde. C'est une tête de St. François *du Guide.*

Qu'il tâche de s'élever à la hauteur de cet original qui est le dégré le plus éminent de l'art. Pour les autres dégrés nous ne prétendons point gêner le Maitre qui voudroit d'abord inculquer à son Eleve la maniere expéditive, applatie & équarrie, de préférence au caractere de dessin facile,

cile, coulant & moëlcux. L'on fait que cette derniere maniere peut facilement dégénérer en un style mesquin, pauvre & trivial. On n'est souvent que trop porté à vouloir rendre toutes les minuties; dès-lors on court risque de manquer ce noble essor, qui seul montre le grand Maître & qui décèle l'habile Peintre dans un simple croquis fait avec feu. Qui ne voit avec plaisir les esquisses de *Rembrant*, ou de *Seghers*, faits grossierement à la plume? Richardson nous apprend que *Michel-Ange* s'est servi souvent de ces dessins croqués.

On ne défend que la dureté des contours & les lignes seches des profils, aussi bien dans l'école du Dessinateur que dans celle du Peintre [g]. Par les croquis en question des Peintres, il ne faut pas juger

g Leo Baptista Alberti, appelle le Dessin *circumscriptionem*, comme nous l'avons remarqué dans les divisions de la Peinture. Voici le jugement qu'il en porte dans la traduction italienne de Louis Dominichi (*nel monte Regale* 1565. *fol. L. II. p. 318.*) *Hora in questa circonscrittione giudico io, che quello sovra tutto si debba servare, ch'ella si faccia con linee sottilissime, e che fuggano molte da essere vedute del modo che dicono, che Apelle era usato essersitarsi, e haver conteso con Protogene. Perciache circonscrittione non è niente altro, che notatione di contorni: la quale se sara fatta con linea che molto paia, non appariranno margini di superficie nela dipintura, ma alcune fissure picciole.*

juger les tableaux, dans lesquels la fonte des couleurs se trouve réunie à la correction du dessin, pour offrir la nature adoucie comme dans un miroir. La nature animée ne montre point de dureté, & les limites du corps ne doivent être circonscrites par d'autres traits que par ceux qui se trouvent dans la teinte du fond ou du champ, auquel il sont opposés; les contours ne doivent paroître pour ainsi dire que noyés dans une vapeur légere. Sur ce point nous devons faire attention surtout dans les corps susceptibles d'arrondissements, aux simples éloignements, ou aux reflets. C'est toujours la nature qui nous conduit à ce principe: l'art ne procéde pas autrement pour imprimer la vérité à ses productions.

h V. Leonard de Vinci, Chap. L.

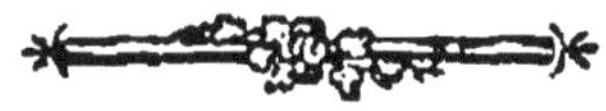

CHA-

CHAPITRE XL.

De l'Indication proportionelle des Muſcles.

Depuis Marſyas, victime de la vengeance d'Apollon, jusqu'aux Amours de *l'Algarde*, l'expreſſion des muſcles marche par gradation. Il ſemble que cette expreſſion ne peut être rendue que par la ſoupleſſe de l'eſprit & le beau faire de l'Artiſte.

La juſteſſe des contours ne peut acquérir la grace que par la franchiſe du mouvement. Sans la grace cette juſteſſe même eſt ſouvent encore très-équivoque. Suivant quelques Ecrivains, l'on croiroit que c'eſt un avantage pour un Artiſte, quand on dit de lui qu'il deſſine correctement, mais que ſon deſſin manque de goût, & ſon contour d'élégance. Un avantage? -- Que votre Artiſte, mon cher ami, abandonne cet avantage à ſes ennemis, qu'il ſoit fâché de le trouver dans ſes amis!

La ſûreté de la main bannit la maniere maigre & inſipide, qui provient tantôt de l'ignorance des principes, tantôt d'un lêché ſans touche & d'un ſoin mal-entendu à rendre toutes les minuties. Qu'on faſſe l'application de cet axiome aux grandes parties des muſcles apparents [a] & à l'indication des.

[a] V. Principes du Deſſin de G. Lairesse.

des moindres fibres. Mais jamais on ne parviendra à un faire d'une belle facilité, sans une exacte connoissance de l'objet qu'on veut caractériser. Trop de fougue & trop de timidité sont également opposées à cette liberté.

Le style lourd, lorsque l'Artiste s'est trop attaché aux statues de marbre, est un défaut qu'on peut mettre sur le compte de plus d'un grand Maître. Un modele vivant bien choisi, auroit pu ramener l'Artiste dans le bon chemin & lui indiquer le vrai simple & composé [b]. Quiconque veut embellir les sujets qu'il emprunte, doit, à l'exemple de Moliere, chercher les différences des caracteres dans la belle nature. C'est sans doute à la nature que le *Pontorme* [c] a eu recours, lorsqu'il peignit Vénus & Cupidon d'après le carton de *Michel-Ange:* tableau dans lequel il réunit la perfection du contour au charme du coloris. Sans cela Borghini auroit-il pu nous assurer que cette composition avoit pleinement l'approbation des Connoisseurs?

Ce vaporeux dans la Peinture, ce moëleux dans le marbre, *auquel*, comme dit notre *Utz*, *la main facile des Grecs, conduite par les Graces, imprima la beauté des proportions, avec la molesse des chairs*, suppose toujours que la peau, dont la nature

b V. Ce que nous avons dit sur cet article au Chapitre VII.

c Borghini dans le *Riposo*, p. 484.

ture a couvert les organes du mouvement, n'a pas été manquée dans l'imitation. C'est dans l'expression de la premiere peau que se manifeste, comme l'a demontré M. Cochin [d], le goût du travail, la supériorité du grand Statuaire. Dans la Peinture ce goût délicat auroit toujours distingué *Raphaël* de *Michel-Ange*, si celui-là avoit traité le nud aussi souvent que celui-ci.

C'est un triste avantage, c'est une présomption mal-entendue de l'Artiste de vouloir paroître plus savant, par l'indication des muscles, lorsqu'il le fait aux dépens des graces que lui offre le naturel. Un Critique a dit [e] qu'il semble que *Michel-Ange* craignit que *le spectateur ne s'*apperçut pas, qu'il étoit un grand Maître dans l'Anatomie: comme il y a des gens qui ne croyent pas être entendus à moins qu'ils ne nous déchirent les oreilles à force de crier.

D'autres au contraire regardent *les figures* académiques, comme un Anatomiste regarde les figures de *Calcar*, gravées en bois par *Coriolan* pour le Cours d'Anatomie d'André Vesal. A l'aspect d'un coloris suave, où la peau voile les muscles, où des traits moëleux *indiquent* les veines, *ils* restent froids; à l'imi-

d Dans une dissertation insérée dans le Mercure de France sur la connoissance des Arts fondés sur le dessin, & surtout de la Peinture.

e Wright Travels, p. 283.

à l'imitation de ce Géomètre qui avoit vu jouer la Phédre de Racine sans en être attendri, ils demanderoient volontiers: *Qu'est que cela prouve?* Il faut donc que j'apporte la preuve pour prévenir de pareilles demandes.

Vous trouverez les motifs qui doivent vous déterminer à donner plus ou moins de force à l'expression des muscles, dans la nature & le caractere de l'âge, de la constitution & du sexe. C'est en conséquence de ce principe que Leonard de *Vinci* [f] a critiqué la monotonie des muscles & des contours sur les figures de tout âge & de tout sexe introduites dans le fameux tableau du Jugement universel de *Michel-Ange*.

Cependant il est démontré par les préceptes du coloris, que ces muscles, lors qu'on ne fait que les entrevoir dans les parties grasses & charnues des enfants, concourent à augmenter le jeu des demi-teintes. Quand, dans les figures de femmes, l'âge fait donne plus d'extension aux parties & rend les muscles plus apparents, il faut que l'Artiste, loin de

f Voici le sentiment de *Léonard*, selon Armenini. *Che questo solo gli dispiacena di quell' opera, che in tropo modi si era seruito di poche figure, & che per ciò tanto li pareva veder musqoli nella figura d'un giovane, quanto d'un vechio, & il simile esser dé contorni.* G. B. *Armenini de' veri precetti della pittura.* L. II. c. 5. p. 60. Voyez aussi *Wright Travels*, p. 260.

de les exagérer encore, ſache les adoucir. Pour les portraits, c'eſt au beau ſexe à décider quel tempérament l'Artiſte doit prendre ſur cet article. A cet égard les femmes ont pour elles les exemples de l'Antiquité. Les Belles de la Grece ne vouloient pas que le Peintre négligeât un ſeul de leurs charmes ni qu'il découvrit le moindre de leur défaut. On m'en croira ſans preuve.

Le jeu délicat du ſang & des fibres, ſurtout ſuivant la conſtitution diverſe des corps [g], ouvre une grande école pour le mélange des couleurs. Ecole, qui commence où celle qui a l'Anatomie pour objet doit finir, ou qui doit du moins enſeigner l'embelliſſement des teintes, par rapport à la poſition des muſcles, couverts du voile de la peau. Remarque fort eſſentielle pour éviter la monotonie des couleurs. Les muſcles ſont en quelque ſorte les guides du coloriſte intelligent, & peut-être la preuve la plus naturelle de la néceſſité indiſpenſable de combiner la pureté du deſſin à la ſuavité du coloris.

Laireſſe recommande à ſes Eleves l'étude du vieux *Heemskerk* à cauſe de la ſûreté & la fermeté de

g C'eſt auſſi ſous ce point de vue que les tableaux de *van Dyk* veulent être examinés. Rien de plus inſtructif ſurtout par rapport à cet objet que les eſquiſſes & les tableaux ébauchés de certains Maîtres. Ces coups de pinceaux hardis, dévoilent à l'imitateur libre toute la marche du Peintre.

de ſon trait & de ſes contours. Les Gravures de ce Maître juſtifient les éloges de Laireſſe, comme ſes tableaux prouvent la juſteſſe de ma critique. Le morceau de ce Peintre qu'on voit dans la galerie de Duſſeldorf & qui repréſente Mars & Vénus ſurpris par Vulcain, ſe trouve entouré de voiſins qui lui font grand tort: au-lieu que ſi ce tableau ſe trouvoit placé dans une ſalle d'Académie de Peinture, il ſeroit une école d'inſtruction dans l'expreſſion des muſcles. Vous me direz, mon ami, qu'une galerie complette, doit être une Hiſtoire parlante de l'art; qu'elle doit être aſſortie pour chaque école de Peinture, comme une Bibliothéque pour chaque claſſe de Littérature. Dans cette ſuppoſition ayons ſoin ſeulement de ne point placer des *Heemskerk* à côté des *van der Werf*.

Martin de Heemskerk doit nous conduire à *Barthelemy Spranger* & à *Henry Goltius*, qui poſſédoient également les avantages d'un deſſin correct & ferme. Ceux-ci, à l'exemple du vieux de *Heemskerk*, voulant montrer leur force dans la partie qui leur étoit propre, tomberent dans l'exagération d'une autre maniere & chargerent leur deſſin:

L'Eſprit qu'on veut avoir gâte celui qu'on a,

dit Greſſet dans ſon Méchant. Les geſtes de leurs figures, bien loin d'annoncer le ſilence de l'action, montrent rarement ce qu'ils doivent montrer.

Chez

Chez ces Maîtres la poſition tranquille du corps eſt ſouvent troublée par l'action des mains. Telle figure, dont les doigts ſont trop exagérés & les jointures trop chargées, nous offre un deſſin aſſez correct dans ſon enſemble [g]; mais dont les extrémités ſont dans un mouvement ſi violent, qu'elles ne conviennent qu'au caractere d'un Polyphême qui porte la main ſur ſes brebis au moment qu'il ſent encore la douleur que lui cauſe la perte de ſon œil.

Pour jetter plus de diverſité dans les attitudes qu'on n'en peut attendre du modele vivant, nous avons vu *Fehling*, premier Directeur de l'Académie de Dreſde recommander à ſes Eleves de deſſiner quelquefois d'après les figures de *Goltius:* le deſſin fait, le Maître le corrigeoit & y adouciſſoit les parties

g *Spranger*, dans quelques tableaux, eſt plus circonſpect & plus agréable que *Goltius*. J'ai vu du premier une Sainte Famille ſi bien peinte, qu'elle portoit le nom du plus grand Artiſte italien. *Uytevael* eſt auſſi très-agréable dans les petits morceaux de cabinet; le manieré de ſa compoſition ſe trouve adouci par la fonte des couleurs. Si ces vieux Maîtres donnent trop d'action aux mains de leurs figures, quelques Peintres de nos jours, n'en donnent pas aſſez à celles de leurs perſonnages. Bien des Deſſinateurs ne ſongent pas apparemment que les doigts avec le pouce, dirigés vers un centre, ſe terminent en pointe, & qu'il eſt eſſentiel de leur donner cette forme en terminant un deſſin.

parties trop chargées. Les plus grands Artistes on suivi la même méthode dans leur instruction. *Ismaë Mengs* recommandoit singulierement à ses Disciple de dessiner d'après *la Fage*. Ces principes ont été adoptés par *Dietrich*, & suivis par *Raphaël Mengs* son fils. Mais aussi il faut être doué du sentiment délicat d'un *Parmesan*, pour réunir comme a fait cet Artiste dans des dessins de sa main d'après des études de *Michel-Ange* [i], la force de l'original, à la douceur qui lui étoit propre. Rien de plus utile que les exercices de ce genre: il faut seulement tâcher de se former un style, & d'éviter de tomber dans la maniere.

Ce sont sans doute les embellissements des contours pleins, qui donnerent au dessin *d'Apelle* la prééminence sur celui de *Protogene*. Tout le monde sait l'histoire du fameux contour tracé par le premier dans l'attelier du dernier. Ce ne sera pas dans les lignes serpentines formées séparement, que nous chercherons l'objet de ce combat, mais dans l'exécution d'un profil. Ces lignes, variées comme la flamme qui s'élance, sont apparentes dans le caractere des muscles: les traits qui forment la beauté du contour s'enflent & diminuent tour-à-tour.

De-là quand notre *Fehling* avoit donné le trait à ses Disciples & leur avoit indiqué l'attitude du corps,

[i] V. Traité de la Peinture de Richardson. Tom. I. p. 165.

corps, il avoit ſoin de marquer dans le deſſin le caractere des os; dans les leçons ſuivantes il formoit les muſcles ſur la charpente des os, & finiſſoit le deſſin en prenant un autre crayon & en embelliſſant les lignes extérieures de la figure. Au reſte cette maniere de procéder, n'eſt que le réſultat des préceptes de *Leo Baptiſta Alberti:* le Maître ne fait que les appliquer en homme intelligent à l'inſtruction de ſes Eleves.

Le Critique que je viens de citer, veut que l'Artiſte ſe peigne nettement dans ſon imagination la figure qu'il veut repréſenter. Enſuite il lui enjoint d'aſſigner l'endroit convenable aux muſcles & à leurs fibres, & de couvrir enfin les os & les parties charnues de l'enveloppe de la peau. Il eſt à préſumer que ceci ne doit s'entendre d'abord que des plus grandes parties. C'eſt ainſi qu'on deſſine le nud, avant de le couvrir de drapperie. Comme les ajuſtements doivent indiquer le nud, il faut de même que les muſcles jouent légérement ſous la peau & les parties charnues de la figure; il faut enfin que l'œil du Connoiſſeur puiſſe ſuivre ſans peine leurs mouvements.

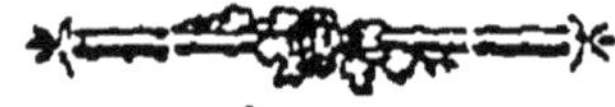

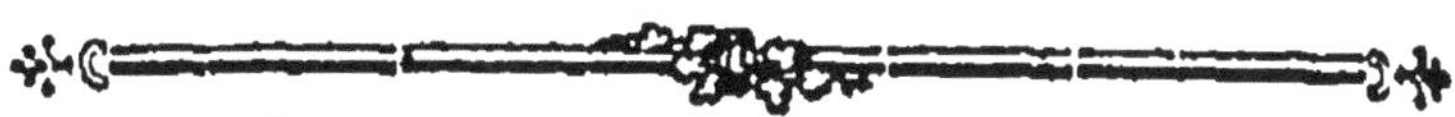

CHAPITRE XLI.

Du mouvement.

La beauté mise dans un mouvement harmonieux, ou dans une attitude convenable, communique la grace à la figure humaine. Celles des figures qui se trouvent dans un bel accord, au moyen d'une heureuse ordonnance, augmentent l'effet gracieux de l'ensemble du tableau.

Ainsi le mouvement de la figure humaine se rapporte à ces deux objets : à l'expression de l'ame qui répand la vie sur le corps : à la relation qui se trouve entre cette expression & les objets qui entourent le corps dans le tableau.

Les loix de la gravité nous expliquent le principe du mouvement des hommes, des animaux & des autres corps. L'Artiste sait que le centre de gravité partage le corps en deux parties égales en pesanteur. L'expérience lui rappelle que dans chaque corps, le point, ou ce qui soutient le centre de la pesanteur, doit se trouver dans le milieu de la surface plane ; elle lui dit que cette position empêche le corps de tomber, ou, ce qui est la même chose relativement aux loix de la gravité, elle veut qu'il se porte vers le point milieu de la terre. La ligne

ligne de direction de ce mouvement étant verticale, il faut, pour empêcher le corps de tomber, qu'elle frappe le milieu de sa surface plane.

Dans un des tableaux de *Claude le Lorrain* [a] représentant Narcisse incliné sur un ruisseau, l'un des bras du jeune homme soutient la partie supérieure du corps, tandis que cette ligne de direction tombe sur la main qui saisit le gazon du rivage. On n'est pas souvent dans le cas de citer *le Lorrain* pour les figures. Dans une figure de jeunesse la jambe qui porte, est la surface la plus restreinte du corps. Cette jambe se trouvera toujours placée perpendiculairement à la fossette du cou, tant que l'autre jambe ne viendra pas un peu à l'appui de la premiere. Celle-ci, comme je l'ai déja remarqué, ne fait ordinairement que jouer; elle ne contribue à suporter la charge du corps que dans les figures des vieillards, des enfants, ou des personnes qui doivent paroître fatiguées [b]. L'on dit alors que la ligne centrale tombe entre les deux pieds. Telle est la position des paysans & des vieillards en conversation dans les morceaux gravés *d'Adrien Ostade.*

a Ce morceau, gravé par *François Vivarès*, se trouve dans la collection de Pondt.

b Traité de la Peinture de Leonard de Vinci. Chap. CCLIV.

On trouve la ſurface la plus reſtreinte d'un corps en équilibre dans la jeune Chaſſereſſe en pleine courſe, ſtatue antique gravée par *Mellan* [c].

Le fameux Gladiateur d'*Agaſias*, & Hercule qui étouffe Anthée, ſont les exemples qu'on rapporte ordinairement pour expliquer les loix de l'équilibre. On cite le premier pour donner l'idée d'un corps dont le mouvement tend en avant : & le ſecond pour offrir l'équilibre d'un homme qui ſouleve ou qui porte un fardeau. Autant que le corps d'Anthée avance ſur la ligne centrale qui tombe par le centre de la peſanteur ſur le pied qui porte le fardeau, autant le corps du puiſſant Hercule replié en arrierre reçoit de contrepoids. Pour la doctrine complette des mouvements convenables à l'intention des figures, j'enverrai votre Artiſte à Leonard de Vinci [d]. S'il veut encore conſulter Félibien ſur cet article, ce Critique lui rappellera en abregé les préceptes d'Alberti.

Mais, pouroit-on demander, Alberti avoit-il beſoin de nous détailler, & de nous compter les ſept ſortes de variations dans les mouvements des hommes & des animaux qui ſe portent en haut &

en

c V. Statues & Buſtes antiques des Maiſons Royales &c. avec les deſcriptions de Felibien.

d V. Les Chapitres CCXLII. & quelques uns des ſuivants de ſon Traité de la Peinture.

en bas, qui se meuvent de côté, à droite & à gauche, qui s'avancent vers nous ou s'éloignent de nous, enfin qui se tournent de tout sens? – – Il est vrai, ce Critique veut qu'il y ait quelque chose de tout cela dans un tableau. Le sentier qu'il nous trace nous conduit sur le chemin de la variété dans l'ordonnance. "La Peinture, dit-il [e], „ne doit offrir que des mouvements doux & agréa„bles, qui contribuent chacun pour sa part à la re„présentation du sujet." Il faut que tous les mouvements, tous les gestes, découlent naturellement de l'action principale & des circonstances qui accompagnent cette action [f]: les principes du beau que nous avons établis nous ramenent à cette règle.

J'aime cependant l'exception positive de Léonard. Il conseille à l'Artiste de ne pas dessiner ses figures tout de profil, ou tout de front, ou par le dos: "pourvu toutefois, ajoute-t-il, que „le sujet que vous traitez ne vous oblige pas de faire „autrement." Le Peintre de portrait trouvera dans les écrits de ce grand homme d'excellents préceptes pour se garantir de la roideur dans la position de la tête. Il paroît qu'il y a bien peu de cas, où un Peintre se permettroit aujourd'hui de représenter le visage de pleine face, & dans la direction droite

e *Suaves et gratos, atque ad rem, de qua agitur, conducentes picturæ motus habere debet.*

f V. Ce qui en a été dit plus haut au Chap. XVIII.

ſur le milieu des épaules [g], choſe que *de Vinci* ſe permettoit lorsqu'il vouloit rendre l'air de majeſté des Princes ou l'air vénérable des vieillards.

Laireſſe établit pour premier principe, qu'il faut que la tête ſoit toujours tournée & inclinée ſur la partie de l'épaule la plus haute. Sans doute cette règle académique a lieu par rapport à la bienſéance d'une figure en repos : quant aux figures en mouvement, ce précepte pouroit circonſcrire des limites trop étroites à l'imitation de la nature. Pour moi, je ne vous adreſſe que mes réflexions: c'eſt aux Artiſtes académiques à décider la queſtion ſur ce point.

Le recueil des ſtatues de *Mellan*, m'offre le principe de cette règle dans la figure en repos de Porcie; je regarde plus loin dans cette ſuite, & le Faune en mouvement, jouant des crotales, me préſente le contraire du précepte de Laireſſe. Quand Vulcain forge une flèche pour Cupidon, ou un foudre pour Jupiter, la tête du Dieu n'eſt pas panchée du côté élevé de l'épaule où le bras ſe leve en arriere; elle eſt dirigée vers l'endroit abaiſſé de l'épaule où la main avance la flèche ou le foudre ſur l'enclume [h]. Cet exemple & ceux que

g V. Le Dialogues ſur la Peinture de Ludovico Dolcé.

h V. *Ogle, a Collection of Gems* &c. No. XIII. XIV. &c. ſurtout No. XXXIV, où Hercule décoche ſes flèches ſur les oiſeaux Stymphalides. L'épaule du bras qui tire eſt néceſ-

que je rapporte dans la note, contredisent ce précepte trop général par rapport à la position de la tête vers la partie la plus élevée de l'épaule. Il me semble que ces exemples réunis, confirment bien mieux le principe de Sandrart qui établit, que dans les figures assises ou debout, le visage doit être tourné du côté où le bras s'étend en avant. Mais quand Mars, prenant congé de Vénus, montre de la main les champs, de quel côté faudra-t-il que le visage du Dieu soit tourné?

Dans l'attitude d'une course rapide, la jeune Chasseresse antique dont nous avons parlé plus haut, a le visage en avant dirigé parallelement à la partie la plus élevée de l'épaule. Mais une Nymphe fugitive, poursuivie par un Satyre & le bras gauche porté en avant, ne pouroit-elle pas jetter des regards détournés par-dessus le côté bas de son épaule sur son Ravisseur, ou se retourner d'une autre maniere? La grande Atalante en améthyste qui, fendant les airs, jette en arriere un regard amoureux, selon la belle description que m'en a donnée M. Winkelmann [i], pouroit décider ma question, s'il n'étoit pas plus à propos de chercher immédiatement dans la nature tous les mouvements possibles. Sandrart n'établit ce principe qu'avec une certaine

 modi-

nécessairement plus élevée que celle qui tient l'arc, sur lequel se dirige la tête.

i V. *Bibliothek der schönen Wissenschaften.* V. Band.

modification: „Que la tête, dit-il, soit toujours „dirigée vers la partie la plus élevée de l'épaule, „quand d'ailleurs la chose est possible." Lairesse paroît être de la même opinion, quoiqu'il ne le dise pas positivement; du moins les figures qu'il rapporte, & surtout le jeune homme endormi qui appuye la tête sur son bras abaissé, en sont une preuve. Dans la position tranquille du corps, l'on poura bien conserver cette bienséance. Dans tous les autres cas, nous devons nous conformer à la convenance; l'attention que nous apporterons à considérer la nature & l'antique, étendra nos idées & nous prémunira contre les restrictions un peu arbitraires des Critiques.

Quiconque voudra apprécier une composition pittoresque, sans avoir examiné auparavant les objets du tableau dans la nature, sans avoir étudié les hommes & les animaux dans leurs mouvements divers, court risque de se perdre dans de vains raisonnements & de s'écarter également du but de la nature & de l'art.

S'il est vrai que l'on remarque dans la touche des arbres & dans l'essor des branches qui tantôt s'éloignent tantôt se rejoignent en désordre, l'aspect varié selon le plus ou le moins de hauteur de l'horizon: à combien plus forte raison ne remarque-t-on pas dans les animaux en action, si les attitudes d'après lesquelles ils ont été dessinés pour

servir

servir d'études, ne contredisent pas la fonction que l'Artiste leur fait faire dans ses paysages?

En portant l'inspection sur les organes du mouvement dans les animaux qui traînent des fardeaux en montant une hauteur, nous pouvons juger aisément qu'à cet égard *Etienne la Belle* manquoit de dessin & d'expression, pendant que *Pierre de Laer*, lorsqu'il traite de pareils sujets, obtient pleinement nos suffrages. Une attention réfléchie sur cet objet, procure à l'Amateur un agréable amusement dans d'autres circonstances: en voyage il a le plaisir de combiner l'idée générale, qu'excite dans son ame la beauté de la nature, avec les idées accessoires tirées des principes de l'art. Il sait assigner une classe à tout ce qui frappe ses yeux.

Ce n'est pas seulement dans l'action & la réaction des nerfs & des muscles que doivent se trouver les contrastes; c'est aussi dans le mouvement des masses ou des grandes parties qui rendent les oppositions sensibles. Ces petites parties organiques semblent recevoir modestement leur caractere de douceur de la main savante du Maître. Tandis que les grandes parties exigent impérieusement du Peintre leurs actions alternatives d'après les loix de la pondération & du mouvement. Toutes ces parties prises ensemble augmentent le gracieux dans l'accord du tout-ensemble.

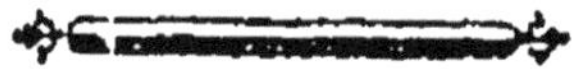

CHA-

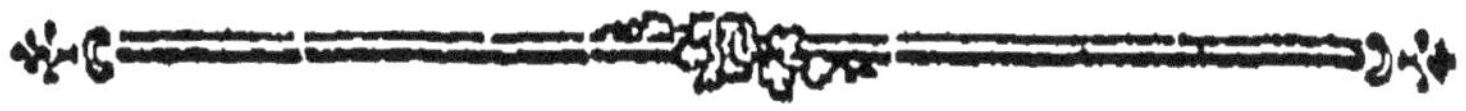

CHAPITRE XLII.

De la Nature en repos & de la Nature en mouvement.

Je me rappelle toujours avec plaiſir le jugement que vous avez porté ſur la tempête de *Joſeph Vernet* [a], lorsque je vous ai montré ce tableau dans la belle eſtampe de *Balechou*. L'entretien que nous eûmes à cette occaſion, me fourniroit aſſez de matiere pour vous rendre vos propres idées dans une deſcription poëtique de cette ſavante compoſition. En contemplant ce morceau nous nous rappellâmes tantôt la tempête décrite dans l'Enéide, tantôt celle que le Roi Prophete [b] nous a dépeinte avec des traits auſſi vrais que ſublimes. Mais nos penſées ne ſe ſuivoient pas dans l'ordre que je les rapporte ici. Faut-il s'étonner, qu'à la premiere impreſſion que l'enſemble fit ſur notre ame, les ſentiments de l'humanité, ayent étouffé en nous toutes les autres réflexions? Les ſenſations vives ſont rarement diſertes: ce ſilence, ce plaiſir concentré en nous-même

a M. Vernet a gravé à l'eau forte quelques unes de ſes compoſitions.

b "Il a parlé, il a fait lever un vent orageux, qui ſoulevoit les flots de la mer. Ils montoient jusqu'au Ciel „& deſcendoient jusque dans l'abime: leur ame s'eſt fondue à la vue du mal qui les menaçoit." Pſ. CVI. v. 25. 26.

même est peut-être de tous les éloges le plus flatteur pour l'Artiste. Le triomphe de l'art, c'est sans doute lorsque l'effet de la composition nous empêche pendant quelque tems d'examiner tranquillement les parties, qui annoncent l'habileté du Maître.

Cette tempête, dans l'examen réflechi des parties, se montre avantageusement de plus d'un côté. Nous y admirons le beau burin, dont la force est telle qu'il atteint presque l'esprit créateur du pinceau. J'ose dire encore plus: obligés de considérer les objets de près dans la gravure, nous ne voyons que la beauté & la force de l'expression & nous oublions de nous informer, si le tableau même, d'après la distribution de la lumiere, appelle de loin le spectateur: si, avec un ciel aussi obscur où l'éclair seul qui déchire le nuage peut éclairer les objets séparement, il a été possible ou vraisemblable de pratiquer des parties larges, ou d'opérer par grandes masses.

Plusieurs Critiques chercheront à dissuader l'Artiste de tenter l'expression de ces derniers objets: & vous savez, mon ami, quel jugement Leonard de Vinci a porté des objets agréables de la nature, que l'art est dans l'impuissance de rendre, tel que le disque du soleil, contre lequel *Le Lorrain* lui-même a échoué, lui qui étoit si heureux d'ailleurs à rendre les accidents de lumiere. La décision de

Léonard

Léonard auroit été encore plus positive, s'il avoit eu l'avantage d'observer les tableaux de *Claude le Lorrain*, ainsi que les tempêtes de *Gaspre Poussin*, qu'on voit à Londres chez le Comte de Cholmondeley & le Docteur Bragge [c]. Il auroit admiré l'harmonie des ouvrages du premier, d'une entente de lumiere si parfaite, & la vigueur des tableaux du dernier, d'une exécution si chaude: mais il n'auroit pas changé de sentiment. M. l'Abbé le Blanc [d] qui a eu occasion de voir ces tableaux *du Gaspre*, cite la tempête de ce Maître où l'on voit la foudre qui tombe; mais il n'en paroît pas content par rapport à cet accident de lumiere. Son observation est fondée, lorsqu'il pense que ces bandes rouges ou ces traînées de feu qui courent en zig-zag ne sont pas capables de représenter les éclairs, dont la lumiere & le mouvement sont si vifs & si prompts dans la nature que les yeux en sont éblouis avant qu'on ait eu le tems de les appercevoir. Et quand nous les appercevrions, ce que nous ne pouvons pas nier absolument, ces phénomenes d'un apparition si subite, ne sont point des objets propres à nous offrir une représentation qui captive longtems notre vue. Cependant rien de plus

c Ces morceaux se trouvent gravés dans le recueil de Pondt & Knapton.

d V. sa Lettre sur l'exposition des ouvrages de Peinture, Sculpture &c. Année 1747.

plus commun que de voir des Payſagiſtes traiter ces accidents. Je vous ai déja parlé de *Pietre Tempeſta* & de *Louis Agricola*. *Joſeph Orient* & *Marco Ricci* ont traité des ſujets ſemblables. Et ſi *Thiele*, au-lieu d'éclairs, a tâché de nous montrer les rayons briſés contre les tendres couleurs de l'arc en ciel, il a eu *Rubens* pour prédéceſſeur dans ſa hardie entrepriſe.

Le contraſte de la nature en repos & de la nature en mouvement a fait naître cette obſervation dans l'eſprit du Critique françois, à l'occaſion d'un paſſage du Céſarion * de l'Abbé de St. Réal. Les raiſons en faveur de la nature en repos paroiſſent toujours plus concluantes que celles en faveur de la nature en mouvement. Dans les peintures qui reſpirent un doux calme, le ſpectateur peut bien mieux ſuivre le caractere des paſſions, comme on ſuit mieux les accords d'une agréable ſymphonie, que lorsque le fracas des objets vient diſtraire les ſens, ou que les attitudes des figures indiquent des actions qui demandent une prompte exécution & qui, reſtant indéciſes, bleſſent l'imagination ou détruiſent le preſtige. Suivant l'aſſertion de l'Abbé de St. Réal, les Peintres feroient mieux de choiſir des ſujets hiſtoriques, dont le point eſſentiel conſiſtât dans un état de repos, que le pinceau put repréſenter parfaitement. Il voudroit

* Quatrieme journée.

droit qu'ils peigniſſent des hiſtoires, dans lesquelles il y a eu des inſtants, où toutes les perſonnes entre qui elles ſe ſont paſſées, ont vraiſemblablement été immobiles. Telle eſt l'action de Mutius Scevola, immobile de fermeté, tenant ſa main dans le braſier, pendant que Porſenna & tous ceux qui étoient préſents, furent immobiles d'admiration. Je ne ſuis pas éloigné de croire que parmi les ſujets des actions d'Alexandre, traités ſi ſupérieurement par *le Brun*, celui où l'Artiſte a repréſenté ce héros, accompagné d'Epheſtion à l'entrée de la tente des femmes de Darius eſt le plus intéreſſant de tous: l'impreſſion que la préſence du vainqueur fait ſur les différentes perſonnes de la famille du Roi vaincu, eſt certainement ce qui fixe le plus longtems l'attention du ſpectateur.

Cependant je ne vois pas que le fracas des chevaux au milieu de la fureur des combatants dans une bataille, je ne vois pas qu'une tempête, un incendie & d'autres objets de la nature en mouvement, ſoient des choſes qui bleſſent abſolument notre imagination, ni qu'il ſoit à propos, à l'exemple de Saint-Real & de l'Abbé le Blanc, de reſtreindre ſi fort la diverſité des ſujet. Sans doute une bataille, une tempête n'a rien de plus choquant pour nous que la repréſentation d'un danſeur, qui dans l'action la plus vive reſte tout à coup immobile ſur un pied. Peut-être même dans le premier cas,

la

la dispersion des choses au milieu de cette multitude d'objets, ne déplaît point au spectateur. D'après ce principe l'on pouroit expliquer le fameux tableau du *Titien* représentant le Martyre de Saint Pierre morceau conservé dans l'Eglise de Saint Jean & de Saint Paul des Dominicains à Venise, les deux Anges illuminés par les éclairs sont des figures épisodiques. Appuyée par l'approbation universelle, l'entente admirable de la lumiere du tableau nous en dira bien plus que ne pouroit nous expliquer le Critique le plus subtil. A l'examen d'une fameuse composition l'observateur doit faire attention, qu'il est des cas où les objets ont exigé une sorte de licence, & où la beauté de l'exécution doit imposer silence sur de certaines parties. Il y faut examiner les motifs qui ont déterminé le Maître, & se bien garder surtout de mettre des entraves au génie. A cette occasion nous pouvons établir pour principe que l'observateur d'un ouvrage de l'art est mieux fondé en raison de voir la nature en repos dans une figure principale que dans une figure accessoire. J'espere, mon ami, que vous ferez l'application de ce principe à une fête de Moissonneurs de *Teniers*. Mais dans une figure plus isolée, dans une Atalante en pleine course, soit qu'elle domine dans un tableau, soit qu'elle paroisse subordonnée à Hippomene dans un grouppe de marbre, rien n'empêche l'observateur de ſentir clairement la contradiction d'un mouvement que la nature exécute en un inſtant & dont il n'exiſte plus rien l'inſtant d'après.

Au lieu de nous contenter de lire les obſervations des Littérateurs, il faut que nous apportions une attention particuliere à ce qui ſe paſſe en nous à l'examen réflechi des ouvrages de l'art; ce retour ſur nous-même eſt néceſſaire, ſi nous ne voulons pas avoir reçu inutilement le ſentiment du bon & du beau, ſi nous voulons porter un jugement ſain ſur les productions du goût. Nous ne parlons pas de ces Amateurs incapables de réflexions, à qui tout eſt égal, un Diſcopole ou un Socrate.

Les exemples ſuivants expliqueront mieux ce que les juges de l'art entendent ſous l'idée de la nature en repos. On range dans cette claſſe la fameuſe deſcente de croix de *Daniel Ricciarrelli*, dit *de Volterre*, ou celle *d'Annibal Carrache*. Cependant ces tableaux ſont pleins de mouvement, mais chaque figure, par la fermeté de ſa poſition, y peut montrer un inſtant de repos. Lucrece a beau paroître dans une attitude tranquille, ſi elle a le bras levé pour ſe frapper du poignard, elle fournit des armes à la critique. Le ſpectateur ſcrupuleux trouve de la contradiction dans la ſuſpenſion; tandis que cette ſuſpenſion lui plaît ſous l'image de la nature en repos, lorſqu'il voit dans le jugement de Salomon que le bras levé pour parapartager l'enfant contesté, est arrêté par la véritable mere. Qui pourtant poura refuser le mouvement à cette mere? Mais l'admiration tranquille est reservée aux autres personnages du tableau.

Hors cette opposition il ne faut pas interprêter à mal le sens de ces mots. Dans le plafond d'un grand salon les nuages ne sont pas là uniquement pour servir d'appui aux figures. C'est ici que la nature en plein mouvement a le champ libre. Le Messager des Dieux fend l'air, comme l'aigle qui porte Ganymede: le folâtre Amour, déployant ses ailes légeres, plane au haut des airs d'où il jette un regard moqueur sur le censeur trop sévere.

L'air de grandeur & de franchise que les Anciens ont imprimé au marbre pour exciter les sentiments nobles & doux en même tems, ou le caractere de modération & de dignité qu'ils ont su donner à chaque personnage dans les passions fortes, consiste dans le choix de l'expression ou dans l'expression elle-même. Pour le choix, il peut être expliqué par les idées de la convenance & de la bienséance en général; pour l'expression, on en peut rendre raison par le caractere des passions d'après les observations tirées de la nature. Les statues de marbre des Anciens nous fournissent les exemples les plus sublimes: elles ne remplissent pas néanmoins toute l'idée de la nature en repos.

Horace a raiſon de dire : *Que chaque genre doi conſerver la place qui lui eſt aſſignée & qui lui con vient* [f]. Ce principe eſt auſſi vrai par rapport au choix du ſujet & à ſon expreſſion, que par rappor à l'ordonnance ou à la diſtribution. Dans aucun cas, le Peintre ſenſé ne cherchera à diſpenſer les objets repréſentés en mouvement des loix de la convenance. Que nous en reviendroit-il ſi, l'eſprit imbu d'un goût d'excluſion, nous ne voulions recommander des règles générales & également néceſſaires que pour traiter la nature en repos ; ſi nous cherchions à former une claſſe particuliere des ſujets les plus tranquilles, ſi nous prétendions ſéparer les autres objets qui, bien qu'ils ſoient en action, nous offrent un inſtant de repos & que nous leur donnaſſions la dénomination arbitraire de la nature en mouvement ; enfin ſi nous venions jusqu'à conſidérer ces objets comme des choſes peu dignes d'être méditées ? Des idées confondues pêle-mele conduiroient inſenſiblement le diſciple dans un labyrinthe d'embarras. L'explication ſeule peut diminuer les difficultés qu'il rencontre, lorsque dans ces oppoſitions il trouve les choſes d'une moindre perfection déſignées par une qualité qui lui a été recommandée expreſſément pour toutes les figures quelconques. Je parle de

f *Singula quaeque locum teneant ſortita decenter.*
Hor. A. P. v. 92.

de ce mouvement qui communique la beauté & la naïveté à toutes les figures & qui renferme en général l'attitude la plus posée, celle-même que Lairesse veut qu'on observe, conformément à une bonne ordonnance, dans la représentation d'un corps mort. C'est ainsi que dans un tableau *d'Abraham Janssens*, on voit le corps encore frais d'Adonis couché sur le côté gauche, & le visage tellement tourné en avant que les os de l'omoplate sont saillants. Le corps couvre le bras droit, le bras gauche s'allonge sur un plan un peu plus enfoncé. Son épaule est élevée de ce côté-là, sa hanche l'est encore davantage; sa jambe gauche paroît en raccourci & tirée vers l'horizon qui est bas; sa jambe droite sous le corps est un peu étendue ou plutôt moins raccourcie. Une drapperie blanche n'entoure ses flancs qu'autant que la bienséance l'exige; un vêtement bleu placé sous la figure, s'étend tout du long & concourt à rompre agréablement l'inégalité de la scene du tableau. Le corps affaissé cache la plaie, car les blessures veulent être traités avec précaution; un peu de sang indique la place & rougit la terre. Cette attitude ne conviendroit pas au corps d'un Lazare. C'est un conseil à donner à bien des Artistes, lorsqu'ils ont à traiter des corps morts, de ne pas toujours suivre *Rembrant* dans sa maniere de représenter les jambes étendues parallelement au corps.

Telles sont mes pensées sur la nature en repos. Autre chose est l'idée du repos qui se manifeste dans le tableau, soit qu'il sépare & qu'il lie les grandes masses, soit qu'il répande & qu'il distribue une ombre claire sur les intervalles pour favoriser le passage de l'œil de la lumiere capitale à une lumiere subordonnée dans des parties distantes. Je crois avoir suffisamment discuté cette idée dans le Chapitre XXII.

Soit donc que l'Artiste représente la nature en repos ou en mouvement, le repos, suivant la signification que nous venons de donner de ce terme, est dans l'une & l'autre circonstance une loi également positive.

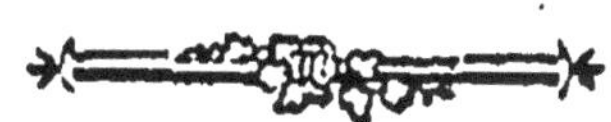

CHAPITRE XLIII.

De l'Expression des Passions, ou des goûts & des dégoûts des hommes.

Transportez-vous dans un cabinet de l'art. L'agréable effet de couleurs bien ordonnées vous appelle de loin auprès d'un tableau. Vous voyez que le sujet vous offre l'histoire de Didon mourante; vous êtes content de l'observation poëtique & pittoresque du costume; vous êtes satisfait de l'invention & de l'ordonnance. Le dessin est correct; le vol même d'Iris est léger & bien entendu. Mais les derniers regards de la Reine de Carthage sont ignobles. Les gestes forcés d'un desespoir bas, détruisent toute sa dignité. Nulle gradation ne distingue la douleur de la sœur de Didon de celle des femmes de sa cour. L'expression des passions manque aux personnages. Ce sont des corps sans ame. Le tableau ne vous touche pas: vous cherchez des yeux un *le Poussin*, un *le Sueur*.

Tandis que vous cherchez encore des yeux, un sujet bien différent vous attire tout d'un coup, un *Brouwer*, un *Teniers:* & ce sujet vous arrête peut-être plus que le premier. Tel est l'ascendant de l'expression de nos sentiments les plus intimes, surtout lorsque cette expreſſion eſt accompagnée de la magie des couleurs. Pour plaire à notre eſprit le manque de cette qualité a trop d'affinité avec l'inſipide. L'expreſſion en général montre chaque objet de maniere qu'il paroît ce qu'il doit paroître: alors l'expreſſion de l'ame parle à notre ame. C'eſt ainſi qu'un Daphnis dont l'air naïf nous dit le ſentiment de ſon cœur, eſt plus intéreſſant dans la Peinture, qu'un Céſar muet & ſans phyſionomie.

C'eſt d'après les qualités de l'expreſſion que les Anciens nous ont fait la deſcription de quelques tableaux qui leur retraçoient les actions de leurs héros. Nous ignorons pourtant ſi ces peintures, à l'exemple de celles du *Titien*, appelloient de loin les regards du ſpectateur. Dans le ſacrifice d'Iphigénie, Calchas a un air triſte, Uliſſe eſt encore plus triſte, Ajax s'exhale ouvertetement en plaintes, Ménélas qui éprouve une douleur plus concentrée, n'en paroît que plus affligé & ne peut étouffer ſes gémiſſements: après avoir épuiſé tous les caracteres de l'affliction, il ne reſte à l'Artiſte, pour donner une idée de la triſteſſe paternelle, que de repréſenter Agamemnon courbé par la douleur, la tête couverte, & de s'en rapporter à la ſenſibilité & à la réflexion du ſpectateur.

Mais, mon cher ami, quelle conſéquence tirer de cette exemple? L'Artiſte moderne, ſimple co-

piſte

piſte de cette penſée de *Timanthe*, dans laquelle le Peintre, ainſi que je l'ai fait voir plus haut, a ſuivi Euripide, ſe bornera-t-il ſans ceſſe à couvrir le viſage de ſon Agamemnon? Ceux qui propoſent toujours les mêmes modeles du beau pour les mêmes circonſtances, ne donnent pas moins d'entraves au génie, que ne font ceux qui conſidèrent les exemples les plus utiles des paſſions donnés par d'habiles gens, comme des choſes dont il n'eſt jamais permis de ſe départir. Nous devons les conſidérer comme des objets d'émulation, nous devons tâcher de trouver des modeles ſemblables dans les richeſſes de la beauté & dans la variété de la nature. Certainement *le Brun*, par ſon ouvrage des paſſions, ne s'eſt pas propoſé d'autre but. Son abattement eſt l'abattement de la femme de Darius; mais ſa colere, n'eſt pas la colere d'Achille, & ne doit pas l'être. Dans ces circonſtances c'eſt au jugement de l'Artiſte à caractériſer ſes perſonnages.

Ainſi *Timanthe* donne à l'Artiſte le précepte & l'exemple. Il lui permet de faire des remarques particulieres ſur l'expreſſion la plus convenable: 1) d'après le caractere particulier de l'ame; 2) d'après la dignité & la qualité en général du perſonnage; 3) d'après les relations extérieures avec l'objet principal par rapport au plaiſir ou à la peine. De ces maximes il réſulte néceſſairement que dans une composition de plusieurs figures, il faut observer de certains dégrés de passions. On suppose ici une connoissance générale des affections de l'ame & de leurs effets par rapport aux gestes & aux attitudes *.

Je crois que ces trois ou quatre points renferment l'essence de l'expression de l'ame, & le précis de ce que je me propose de dire sur cet article. Je regarderai comme des expédients accidentels, d'un côté l'opposition des caracteres, le cortege des plaisirs bruyants & le fracas des actions tumultueuses; de l'autre l'espece de solitude ou de silence, & tout ce que le *Carrache* & ses devanciers ont dit de la dignité & de la majesté d'un tableau modérément peuplé de figures. Ce que j'ai dit par rapport à l'invention en général, a également lieu par rapport à l'expression, comme la fin de toute l'économie du tableau.

Dès la premiere ébauche d'une figure le Peintre d'histoire médite le caractéristique de son sujet, c'est à dire l'ame qu'il veut revêtir de l'enveloppe du corps. Puis, comme Dessinateur, il place sa figure, il songe à la charpente des os qui existe déja dans sa pensée, & il l'entoure de muscles réels dont la fonction se trouve dans le plan de l'Artiste. C'est la position de ces muscles qui détermine les éléva-

* Les Artistes peuvent consulter sur ces objets les écrits de Lomazzo, de Felibien, de de Piles &c.

élévations & les pressions des chairs & de la peau, comme chaque mouvement décide l'ampleur & la légéreté de la drapperie. Tout se réunit avec les traits du visage pour annoncer la situation de l'ame. Soit que vous représentiez Jupiter écoutant gravement les discours de Cupidon qui prend la défense de Psyché, soit que, travesti en Diane, il prodigue des caresses à Calisto; soit enfin que ce Dieu, armé de la foudre, extermine les Titans, ou que, jettant des regards de compassion sur Semélé mourante & tenant le jeune Bacchus dans ses bras, il s'éloigne de cette infortunée: dans tous ces cas il faut que vos personnages parlent le langage du cœur.

Rien de plus intelligible que ce langage: mais quelle différence dans les caracteres & dans les humeurs, quelle variété dans leur mélange ou dans leur conflit avec l'expression des mêmes sortes de passions au moment qu'elles éclatent? Qui voudroit employer l'expression ordinaire pour nous peindre la feinte affabilité de l'ennemi de la société, de l'atrabilaire Timon, le sourire cruel & terrible d'Ajax fils de Telamon lorsqu'il s'avance pour combattre le vaillant Hector, ou ce rire éclatant & inextinguible des Dieux à la vue de la mal-adresse de Vulcain à servir le nectar? Pour rendre la douce satisfaction de l'ami de l'humanité à la vue du bonheur de ses semblables, vous le représenterez, la bienveillance siégeant sur ses levres & la sérénité

sur

ſur ſon front : deux qualités qui ſemblent tirer leur origine du Ciel & décéler l'ange parmi les mortels.

Autre choſe eſt l'action du deſeſpoir dans la fierté d'une Didon abandonnée, autre choſe dans la gravité d'une Lucrece deshonorée. Des mouvements bien différents accompagnent cette même paſſion, lorsque Thysbé croit ſe réunir avec ſon cher Pyrame dans les demeures délicieuſes de l'Eliſée.

Cléopâtre cherche le genre de mort qui lui cauſe le moins de douleur & qui ſoit ſemblable au ſommeil. Arrie ne ſuſpend pas longtems ſa réſolution; la mort eſt pour elle le moindre danger. Sa grandeur d'ame maîtriſe les ſenſations douloureuſes : elle acheve ſon deſtin & elle remet tranquillement le poignard à ſon cher Pétus, en lui diſant : *Tiens, cela ne fait point de mal.* Céſar dans le dernier période de ſa vie ſonge encore à la décence & à la dignité. Mais le Gladiateur mourant y ſonge auſſi. Quelle ſagacité ne faut-il pas à l'Artiſte pour rendre ces différentes affections avec leurs nuances.

Cependant ce ſont la dignité & la condition des perſonnages que les Modernes manquent le plus ſouvent. Chez les Anciens au contraire, dès que l'art ſorti de l'enfance, eut pris un ton mâle, ces deux objets furent les premiers ſoins des Artiſtes. Ce n'eſt guere qu'à l'enfance de l'art

que

que nous pouvons rapporter les figures de bois de *Dedale*, comparées aux ſtatues de marbre & d'airain de *Phidias*. „Ces anciennes figures, dit Pauſanias „à propos de l'explication d'un Hercule, n'offrent „rien d'attrayant à la vue, mais en revanche elles „indiquent de la force & expriment la majeſté „des Dieux [b]. "

Quelque célèbre que ſoit un *Timomachus* parmi les Anciens par rapport à l'expreſſion des mouvements de l'ame dans toute leur véhémence, il a été ſurpaſſé en célébrité par ceux qui l'ont ſuivi, & l'Artiſte moderne qui voudroit courir la même cariere, n'y ſauroit apporter trop de précautions. La premiere des loix, c'eſt la bienſéance. L'on ſait le changement que *van Dyk* fit dans un tableau du crucifiement, où Saint Jean mettoit la main ſur l'épaule de la Sainte Vierge. Qui eſt-ce qui ignore que c'eſt moins par l'expreſſion des paſſions violentes, que par le caractere de la noble ſimplicité en général & par le beau-faire en particulier, qu'un *Apelle*, qu'un *Raphaël*, s'eſt acquis une gloire immortelle, en imprimant un air de dignité à chaque objet?

Plus,

b *In Corinthiacis C. 4.* Cet Ecrivain préſume que toutes les ſtatues anciennes ſurtout celles que faiſoient les Egyptiens, étoient de bois. En conſultant l'hiſtoire de l'art, il paroît que l'expreſſion des paſſions a été connue plus tard par les Peintres que par les Sculpteurs.

Plus, pouroit-on dire, les paſſions ſont violentes, moins les geſtes ſont trompeurs: mais par-là le caractere & la dignité de votre perſonnage peuvent le devenir. Dans l'emportement de Saül contre David, vous trouvez plutôt le fils de Cis que le Roi d'Iſraël. Cependant ſi l'Artiſte repréſente ce Prince dans l'accès de ſa fureur, au moment qu'il lance ſa pique contre ſon gendre, il mérite plus d'indulgence, s'il manque le caractere de dignité du Monarque en donnant trop d'expreſſion à la colere de Saül, que lorsqu'il repréſente Salomon avec des traits qui ne diſent rien, & qui doivent pourtant exciter l'admiration de la Reine de Saba.

M. Winkelmann, qui recommande avec tant de force la nobleſſe & la bienſéance de l'expreſſion dans le goût des Anciens, deſaprouve avec raiſon toute repréſentation de la douleur qui va juſqu'à s'arracher les cheveux. J'y ſouſcris de bonne grace & la poſſeſſion même d'un beau tableau de ce genre, dans lequel on voit Adonis étendu mort, pleuré par Vénus qui, deſcendant d'un nuage, paroît s'arracher les cheveux, ne ſauroit me rendre partial ſur cet article. Mais le principal mouvement de la paſſion, eſt exprimé par l'élévation du bras droit, courbé ſur la plus belle tête, pendant que les regards ſont fixés ſur l'objet qui cauſe ſa douleur. L'horreur, l'accablement & les déchire-

ments

ments se trouvent réunis dans un assemblage qui n'ôte rien à la beauté des traits, quoique les sourcils se contractent fortement vers le front. La main gauche soutient la chevelure flotante telle que nous trouvons représentée sur des pierres gravées la Vénus *Anadyomene*, ou sortant de la mer. De grosses larmes roulent le long de ce visage formé pour l'amour & lui donnent cet air intéressant, dont on pouroit dire, ce qu'on a dit de Julie dans la *Coquette corrigée.*

Rien n'égale en pouvoir les pleurs de la beauté.
Je ne l'ai pas osé: mais j'ai pensé lui dire,
Quiconque pleure ainsi, devroit ne jamais rire.

Cette idée accessoire de faire relever la chevelure à la figure, est aussi connue qu'agréable & affoiblit peut-être la violence de l'expression; elle efface d'ailleurs le manque de convenance qu'on pouroit reprocher à l'Artiste. Gardons-nous seulement de faire un crime à *Janssens* [c], (c'est ainsi que s'appelle le Peintre) d'avoir représenté dans son tableau une situation, que les Poëtes de l'ancienne Rome [d] ont souvent peint dans leurs vers. Ovide, élevé

c Eclaircissements historiques &c. p. 52.

d Non seulement les Poëtes de Rome, mais aussi ceux de la Grece, ont représenté les femmes dans cet excès de douleur. On connoit les tableaux d'Homere, lorsque ce Poëte nous peint l'expression variée du desespoir d'Hecube,

élevé pour ainsi dire dans l'école de la cour & de la bienséance, n'emploie pas d'autre artifice ; soit pour exprimer la tristesse de Vénus lorsqu'elle trouve son cher Adonis baigné dans son sang, soit pour peindre l'affliction de Cérès *, lorsqu'ayant trouvé la ceinture de sa fille, elle apprend son enlevement? Il suffit que le goût de nos Critiques, à mesure qu'il s'épure, nous indique de bonne foi ce qui le choque & ce qui lui plaît. Si parmi les antiques nous trouvions un tableau qui représentât Vénus s'arrachant les cheveux, il se trouveroit sans doute des Ecrivains tout aussi disposés à admirer le goût de l'Artiste qu'ils le sont à nous vanter l'attitude de cette Déesse, dans laquelle *Apelle* immortalisa la belle Phryné qui, s'étant dépouillée de ses vêtements, entra nue dans la mer & servit de modele au Peintre. Les collections des pierres gravées d'un

d'Hecube, d'Andromaque & de Cassandre sur la mort d'Hector. — Aussi Cebès, Philosophe Grec, dans son tableau de la vie humaine, introduit le chagrin qui s'arrache les cheveux.

* Le Poëte dit de Vénus :

Pariterque, pariter capillos
Rupit et indignis percussit pectora palmis.
Metam. L. X. v. 722.

& de Cerès :

Inornatos laniavit Diva capillos
Et repetita suis percussit pectora palmis.
L. V. v. 471.

d'un Gravelle ou d'un Ogle pouroient peut-être prouver ce que j'avance.

M. Winkelmann, en faisant la description des grouppes de la Niobé & du Laocoon, met dans un beau jour l'observation sur la dignité & la fermeté de l'ame. Dans Virgile l'image du Laocoon montre infiniment plus de vehémence que dans le grouppe des savants Rhodiens. Richardson en donne une fort raison plausible; c'est que les Sculpteurs obligés de choisir un seul instant, ne purent pas graduer l'expression comme le Poëte [f]. Je ne dissuaderai point de lire ce que *Trivultio* & d'autres ont écrit sur ce fameux grouppe: mais ce qui est absolument nécessaire en considérant ce chef-d'œuvre, c'est de joindre le sentiment de l'ame à la finesse du tact. La compassion filiale ne, me paroît pas moins remarquable dans le fils ainé qui, au fort du sentiment de sa douleur, leve les yeux sur son pere, que la commisération paternelle de Laocoon qui en proie aux plus cruels déchirements semble détourner ses regards de ces tristes objets. Quant à l'avanture de Jephté & de sa fille, c'est peut-être un des cas, où il est très-vraisemblable de détourner les yeux de l'objet qui excite la pitié.

Comme on peut abuser de tout, on peut aussi le faire de l'avis qu'on donne de modérer le caractere des

[f] Traité de la Peinture, Tom. III. p. 514.

des passions, dont l'expression trop forte dégrade l'ame. Cette maniere de voir, au-lieu de conduire l'Artiste à cette grandeur paisible qui règne dans les ouvrages des Anciens, peut le jetter dans des écarts dangereux; en traitant les sujets les plus animés, elle peut le mener à cette expression foible & indécise qu'on blâme avec raison dans le tableau de l'enlevement d'Helene du *Guide*. Un Ecrivain[g] qui, après avoir pris la nature pour guide, a parcouru tout le champ des passions & qui a fixé leur caractere, fait la demande suivante: „Ne pouroit-„on pas sourire un instant sur cette prétention des „hommes civilisés, qui semblent aspirer moins à „secouer le joug pesant des passions, qu'à le porter „avec plus de grace que leurs semblables?" Qu'elle sera foible l'expression, si l'Artiste est obligé de s'astreindre à cette gêne?

J'avoue que ces considérations diverses augmentent les difficultés du Peintre & lui enjoignent expressément de se familiariser avec les caracteres des passions par l'étude la plus réfléchie des fameux ouvrages de l'antiquité. L'Artiste en saisissant l'expression de l'ame, doit se transformer pour ainsi dire dans la façon de penser de la nation que son pinceau ou son ciseau cherche à caractériser. Si toute la nation porte un masque, ce n'est pas la

faute

g M. Watelet, dans les réflexions qui accompagnent son *Poëme de l'art de peindre.*

faute s'il ne lui donne pas de physionomie : il la peint, comme on représente le Vénitien pendant le carnaval. Suivant les gestes extérieurs, la colere du Chinois sera moins vive, que la colere du François. L'expression variée des éclats de rire, dans laquelle un Artiste anglois nous a offert le tableau du Parterre de Londres [h], sera sans doute bannie de la représentation d'une société choisie. Dans les bonnes piéces de théatre l'Artiste trouvera une excellente école pour se former une idée de cette société. La sensibilité singuliere d'un orgueil blessé renfermée dans le mot du Comte de Tufiere, *Il me parle, je crois*, la frayeur extraordinaire dont paroît saisi Macbeth [i], lorsqu'il apperçoit l'ombre de Banquo assassiné par ses ordres, la magnanimité d'Auguste dans son entretien avec Cinna, & tout ce que Cibber nous rapporte des talents du grand Acteur Betterton, sont des modeles d'instruction. „Le talent de Betterton, dit Cibber, consistoit dans „l'art qu'il avoit d'entretenir l'attention des specta-„teurs plutôt par une vivacité modérée, que par un „feu outré, — & c'est là le comble de la perfection „de

h Il est question d'un estampe d'Hogarth, connue sous le titre : *A Pit of stage.*

i Le rôle de Macbeth est en quelque sorte le triomphe de Garrik. Le public qui aime à se retracer l'effet de cette représentation, a voulu avoir le portrait de cet Acteur Inimitable sous ce personnage.

„de l'Acteur." La comparaison de la scene du théâtre à celle du tableau est facile à faire [k].

Quoiqu'il en soit il ne sera pas difficile à un Artiste qui, joignant aux dispositions naturelles, la pureté des mœurs & la délicatesse des sentiments, d'embellir chaque expression. Bien loin de nous présenter des tableaux au détriment des mœurs, comme l'antiquité en accuse *Zeuxis*, il nous en offrira en faveur des mœurs: il nous présentera Pénélope dans toute sa dignité & dans toute sa modestie. C'est avec cette décence que Stratonice s'approche d'Antiochus malade. Cette Princesse paroît ainsi dans un grand tableau, conservé chez les Dominiquains à Francfort sur Mein. A l'air de modestie qu'elle a dans cette composition on oublie l'anecdote de cette Reine avec le Peintre Cleside qui, pour se vanger de son mépris, osa la représenter dans l'attitude la plus indécente, nue entre les bras d'un Pêcheur & qui ne désarma sa juste colere, que parce qu'il sut flatter son amour propre, en la peignant avec tous les charmes de son sexe.

k V. *Bibliothèque Britanique. Tom. XVI.* Cibber dit que les vrais suffrages qui puissent flatter l'Acteur, consistent dans un silence attentif de la part du spectateur. J'ajouterai que ce silence est aussi la marque la plus sure de l'approbation dans les ouvrages de l'art.

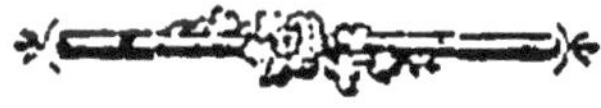

CHA-

CHAPITRE XLIV.

De l'Expression des Passions & de l'Intérêt, relativement à leurs dégrés.

Par quel artifice parviendrons-nous à ce mélange des mouvements de l'ame, à ce dégré de perfection d'un *Euphranor* qui, ayant fait le portrait de Pâris [a], offrit une physionomie dans laquelle on remarquoit l'arbitre des trois Déesses, l'amant d'Hélene & le meurtrier d'Achille? C'étoit beaucoup à la fois! s'écrie Junius: effectivement on peut en être surpris, & il sera permis à la curiosité de s'arrêter à cette surprise.

En admirant l'effet de ce chef-d'œuvre, il me sera permis d'examiner les moyens capables de produire un pareil effet. Peut-être y a-t-il de la témérité en moi de ne pas m'en tenir à l'admiration.

L'expression pathétique qu'on trouve dans les statues de marbre des Anciens nous fait présumer avec raison, que les tableaux produits dans le même tems, portoient le même caractere de perfection. Dans cette discussion, il est nécessaire de supposer que les grands Artistes n'ont jamais négligé d'observer l'homme & ses penchants avec un œil con-

 noisseur;

a *Plinius XXXIV. 8.*

noiſſeur; que lorsqu'ils remarquoient des figures avec des traits caractériſtiques, ils ne manquoient pas de les eſquiſſer ſur leurs tablettes. Tel a été le véritable uſage de ces phyſionomies de charge d'un *Leonard de Vinci*; & c'eſt dans la même vue que nos meilleurs Artiſtes deſſinent d'après nature les airs de têtes qu'ils ſe propoſent d'introduire dans leurs ſujets hiſtoriques. Vous connoiſſez, mon cher ami, un buſte de *van Dyk*? C'étoit une étude que le Peintre avoit faite pour un Saint Jean ou un Saint Sébaſtien: vous vous rappellez auſſi une tête de *Piazetta* [b], le Peintre s'en eſt ſervi enſuite pour ſon Saint Pierre, dans ſon tableau de l'Aſſomption. Tel modele convient pour une Madeleine dans un *Noli me tangere*, tel autre pour une femme Cananéenne: tous deux, portant le caractere de l'humilité & du reſpect, conviennent au mélange d'un chagrin adouci par la confiance. Un Solimene & d'autres Artiſtes modernes, qui ont traité ces ſujets, auroient-ils manqué de recourir à ces expédients? Je n'ai pas beſoin, mon ami, de vous rappeller les études pour l'expreſſion que nous avons vu faire au Comte de *Rotari*, Eleve de *Solimene*.

Il

b Ce tableau, gravé par *Joſeph Wagner* ſe voit dans l'Egliſe Teutonique de Sachſenhauſen près de Francfort. La tête en queſtion ſe trouve gravée dans la ſuite des Apôtres de Pitteri d'après Piazetta.

Il se peut qu'*Euphranor* ait trouvé dans la nature un beau jeune homme, en qui un vif penchant à la volupté, décéloit une certaine fausseté du cœur. Quand même l'Artiste se seroit trompé par rapport à l'explosion de ce penchant, comme ce Physionomiste s'étoit trompé par rapport aux traits du visage de Socrate, qui est-ce qui pouvoit l'empêcher de coucher sur ses tablettes les traits de cette nature pour caractériser son Pâris? Pour moi, je ne demande que l'assemblage de ces deux caracteres: le Peintre, par le stratagême de son art, peut animer les yeux de traits perçants, qui décelent le connoisseur des belles formes dans le portrait de Pâris. A cet égard, l'idéal de l'Artiste n'a pas tous les frais à faire; pour peu que le prestige existe, l'imagination de l'admirateur est disposée à suppléer ce qui manque. Du moins ce n'est pas peu de chose de trouver une différence sensible entre le juge de la beauté des trois Déesses, & l'amant de la plus belle des femmes, différence que le mélange des traits de l'art peut seul diminuer.

Telles sont mes conjectures sur les Anciens; je suis tout prêt de revenir sur mes pas, si l'on me montre un chemin plus commode pour atteindre la beauté de la nature dans l'expression des goûts & des dégoûts de l'homme. Les modeles les plus connus des modernes nous ramenent toujours à la

 nature;

nature; & ce ne ſera qu'en prenant cette nature pour guide, que votre Artiſte poura ſaiſir les principes que j'établis.

Lorsque différentes paſſions ſe rencontrent dans un caractere, faites y régner le penchant dominant, comme l'action principale dans un tableau.

La gravité romaine, qui forme le caractere du fondateur de la liberté de cette République, de Junius Brutus, ne ſouffre peut-être qu'un ſeul mélange de l'amour paternel dans le moment qu'il prend congé de ſes malheureux fils. Au contraire lorsque Abraham eſt ſur le point de ſacrifier Iſaac, il ne faut pas que l'abattement, que le doute vienne diminuer la confiance céleſte du Patriarche. Il faut que l'Artiſte cherche à le repréſenter, comme il ſe peint lui-même dans Metaſtaſe:

„Le pere & l'homme avoient diſparu en moi: „la grace avoit dompté la nature. Une lumiere „inconnue à la raiſon humaine vint éclairer mon „eſprit. Je ne croyois pas, que la promeſſe que „Dieu m'avoit faite, ſeroit ſans effet par la mort „de mon fils. La charité, la foi, & l'eſpérance „s'emparerent de mon cœur & y porterent une „ſainte flamme: le décret de Dieu paroiſſoit être „ma volonté.

„Déja mon fils incliné ſur l'Autel tendoit la „gorge: déja j'appuyois ma main gauche ſur ſa „tête:

„tête : les yeux attachés au ciel, je soulevois la main „droite armée du couteau — — le coup partoit [c].

Sous cette image on reconnoit l'expression qu'*André del Sarto* a donné à son Abraham dans le fameux tableau du sacrifice d'Isaac qui, de la galerie de Modene, a passé à celle de Dresde. Dans le tableau de *Coypel*, dont Durand nous a fait la description, on trouve bien le pere, mais on n'y trouve pas le pere des croyants. N'est-ce pas aussi quelquefois le cas d'Homere ? Le discours un peu long de Nestor [d], au moment que les Grecs fuyoient devant les Troyens & que Patrocle, qui venoit de lui être député, étoit trop pressé pour l'écou-

c — *Nè il padre*
Nè l'uomo era più in me. La Gracia avea
Vinto già la natura. Un lume ignoto
All' umano ragion, ne' miei pensieri
Con la morte del Figlio
Le divine promesse univa insieme.
D'Amor, di Fe, di Speme
Tutto ardeva il cor mio
E mi parea di ragionar con Dio
E già sul capo imposta
Del genuflesso Isacco
La sinistra io tenea : gia fisse in Cielo
Eran le mie pupille : alzata in atto
Stara già di ferir la destra armata :
Il colpo già cadea.
Dell' Isacco Parte II.

d V. L'Iliade Chant. XI.

l'écouter tranquillement, n'annonce-t-il pas & le partage de la vieilleſſe & le caractere de la ſageſſe?

Quel mélange d'une miſéricorde toute divine, ou d'une commiſération accompagnée du ſentiment de la Toute-Puiſſance, ne peut-on pas allier avec la phyſionomie du Sauveur, lorsqu'ému de pitié il dit à la veuve: *Femme, ne pleurez pas!* Quelle correſpondance de gravité, de longanimité céleſte dans le regard que l'homme Dieu jette ſur le Diſciple qui vient de le renier! Ceux-là ſe trompent aſſurément, qui oſent repréſenter le Sauveur ſans avoir élevé auparavant leur imagination à ce dégré de chaleur propre à tenter ces heureuſes combinaiſons. Lomazzo [e] nous dit d'avoir trouvé ce ſublime aſſemblage dans un Enfant Jeſus, fait en terre cuite par *Leonard de Vinci*. Celui qui ne ſait peindre qu'un enfant nud, ſera toujours quelque choſe de très-agréable, s'il le peint dans ſon caractere naïf & gracieux. Le *Guide*, qui s'eſt montré ſouvent un grand Maître dans l'expreſſion ſublime,

e *Anch'io mi trovo una teſticciola di terra, di un Chriſto, mentre ch'era fanciullo, di propria mano di Lionardo Avinci, nella quale ſi vede la ſemplicità, & purità del fanciullo, accompagnata da un certo che, che dimoſtra ſapienza, intelletto, & maeſtà & l'aria che pure è di fanciullo tenero, & pare haver' del vecchio, ſavio, coſa veramente eccellente. — Lomazzo, Trattato dell' arte della Pittura &c. L. II. C. 8. p. 127.*

ſublime, remplit ſon objet en peignant un enfant qui joue avec un oiſeau [f]. Quelle aimable franchiſe ne peut pas nous offrir un pareil ſujet! Mais les acceſſoires & les caracteres qui décelent une intention plus élevée de la part de l'Artiſte & qui ne le rempliſſent point, font un tort réel au tableau: la témérité de l'entrepriſe eſt humiliante pour l'Artiſte, lorsque l'exécution nous offre plus de préſomption que de génie.

L'Artiſte capable de prendre un vol plus haut, ſera bien de ſuivre le *Baroche*, ou *Laireſſe*. J'ai déja parlé des autres Maîtres de l'expreſſion des paſſions. De Piles, en ne donnant au *Baroche* que le dixieme dégré pour l'expreſſion, parle ſans doute de cette qualité en général. Dans une eſtampe fort connue de *Laireſſe* [g], nous croyons voir le Sauveur, lorsqu'il explique aux ſiens les ſouffrances qui l'attendent & les hauts décrets de ſon pere céleſte au ſujet de notre réconciliation. La tranquillité extérieure de ſa mere, ſa réſignation à la volonté divine ne fait que voiler ſon affliction maternelle. Les larmes d'une douleur religieuſe, coulent lentement le long de ſes joues -- On ſent avec elle le glaive de la douleur percer ſon cœur. Toute la phyſionomie

[f] Ce tableau ſe trouve à la galerie de Duſſeldorf.

[g] L'Eſtampe porte pour titre: *Sapientia unigena Dei maximi.*

nomie de Joſeph porte l'empreinte de l'attention & de l'admiration: d'une trempe plus ferme, ſon ame eſt élevée au-deſſus de l'affliction. La gravité divine du jeune Docteur, eſt analogue à la vérité qui en impoſe aux deux ſpectateurs & qui répand ſur la ſçene un ſilence ſolennel.

Votre Artiſte, mon ami, me ſaura gré, de ce que je cite ſi ſouvent des eſtampes au lieu de tableaux pour étayer mes remarques; dans la riche collection formée par vos ſoins, & deſtinée à ſon utilité, il poura éclaircir ſes doutes. Qu'il m'auroit été facile ſans cela de le promener dans les galeries! Un *Noli me tangere*, tableau eſtimable *du Baroche* de la même galerie dont j'ai rapporté le morceau en queſtion du *Guide*, m'auroit fourni un très-bon exemple pour développer mon idée.

Soit que la figure principale du tableau ſe trouve active ou paſſive, il faudra toujours que l'intérêt de celles qui l'entourent, ſoit différent & que l'Artiſte ait ſoin d'obſerver la diverſité dans l'expreſſion.

Dans la tente de Darius gravée par *Edelink* d'après *le Brun*, ainſi que dans l'Extrême-Onction rendue par *Peſne* d'après le *Pouſſin*, on voit clairement la diverſité de l'intérêt dans les perſonnages du tableaux. C'eſt ainſi que les grands Maîtres, quand il traitent le crucifiement, nous font diſcerner la douleur mêlée d'un amour céleſte du diſciple

disciple bien-aimé, de l'abattement des autres personnages: la douleur de Saint Jean ne céde qu'à l'affliction indicible de la mere du Sauveur. Au défaut des originaux, l'on poura consulter sur cet objet les meilleurs gravures faites d'après *Rubens* & *Gerard Seghers*.

Mais c'est dans le cœur, c'est dans la nature des choses, & non dans leur simple analogie, que l'Artiste cherche ses sujets pour l'expression; c'est d'après cet artifice qu'il économise les dégrés des passions. Un passage d'un Poëte tragique va suppléer aux traits d'un Peintre historique. Pour l'explication de mon précepte, il est indifférent dans quelle source je puise. Je citerai cette fois Suréna de l'aîné des Corneilles, piece qui d'ailleurs ne jouit pas de la plus grande réputation. Le Roi des Parthes ayant fait tuer ce général, annonce sa mort à Palmis sœur de Suréna, en présence d'Euridice son Amante. Palmis s'exhale en plaintes contre le tyran, & fait enfin ce reproche à Euridice:

Quoi! vous causez sa perte, & n'avez point de pleurs?

Euridice répond:

Non, je ne pleure point, Madame, mais je meurs.

Et on l'emporte mourante.

Dans un des fameux tableanx de *Rubens*, représentant le jugement dernier, le Peintre a observé des gradations d'un genre tout différent, tant pour l'exl'expreſſion en général que pour les paſſions en particulier.

L'Artiſte donne ſouvent un tout autre tour à ces gradations lorsqu'il caractériſe les affections des Puiſſances d'un ordre ſupérieur. Plus cette Puiſſance eſt grande, moins la force extérieure doit avoir de contention. Alors la vigueur du corps eſt ſubordonnée à celle de l'eſprit. Jupiter, relativement à l'homme, eſt abſolument diſpenſé de la force corporelle, pendant que le fils d'Alcmène, à qui le deſtin a donné en partage cette même force, ſoit qu'enfant encore il déchire les ſerpents; ſoit qu'homme fait il dompte les lions, a conſtamment beſoin de la contention des membres. Un Peintre, incapable d'atteindre au talent d'un *Lanfranc* pour le mouvement des figures, ne nous toucheroit guere s'il repréſentoit Hercule étouffant Anthée, ſans aucune tenſion des muſcles; quelque adreſſe qu'il employât pour dévoiler la vigueur du Héros & du demi-Dieu, il ne nous fera jamais accroire que moins ſon idéal déploira les organes du mouvement, plus ſa force devra nous frapper. *Glicon* a même pris la liberté de nous repréſenter ce Héros épuiſé de laſſitude. Car qu'eſt-ce autre choſe que l'Hercule Farneſe, que le corps le plus vigoureux dans l'état de repos après l'épuiſement.

Si Junon, chez Homere, ébranle l'Olympe par l'agitation de ſon corps, Jupiter n'a beſoin

que

que d'un ſigne de tête pour opérer la même choſe. „Il incline ſon front auguſte. Sa divine chevelure „s'agite ſur ſa tête immortelle; tout l'Olympe „s'émeut & tremble.“

C'eſt ainſi que *Phidias* & *Euphranor*, l'eſprit nourri de penſées ſublimes, conçurent l'idée de leur Jupiter Olympien, c'eſt ainſi que *Raphaël* & *le Guide*, l'ame remplie de grandes conceptions, procéderent dans l'exécution de leur Saint Michel [h]. Sujet dans lequel cet Archange, en exécutant les jugements divins, conſerve la ſérenité de ſon front auguſte; la colere ne dégrade aucun trait de ſa face.

Telle paroît être l'application la plus convenable de l'expreſſion, dont les Anciens nous ont laiſſé des modeles ſi ſublimes. On conçoit bien que rien n'eſt plus facile de réfroidir l'expreſſion que lorsque le ſujet contredit ouvertement la façon de penſer de l'Artiſte. Avec tout le génie d'un *Phidias*, nos Artiſtes réuſſiroient auſſi peu à ſaiſir l'idéal de ſon Jupiter, que nos Peintres réuſſiront à rendre cette attitude naïve, cette réſignation touchante qui caractériſe les Saints révérés dans l'Egliſe Romai-

h On ſait l'impreſſion ſinguliere que la figure de St. Michel fit ſur un Americain, à qui Louis XIV. avoit ſait montrer toutes les curioſités de Verſailles. Il avoit examiné tout en gardant un profond ſilence, mais a peine eut-il apperçu ce tableau, qu'il s'écria: Ah le beau ſauvage! ——

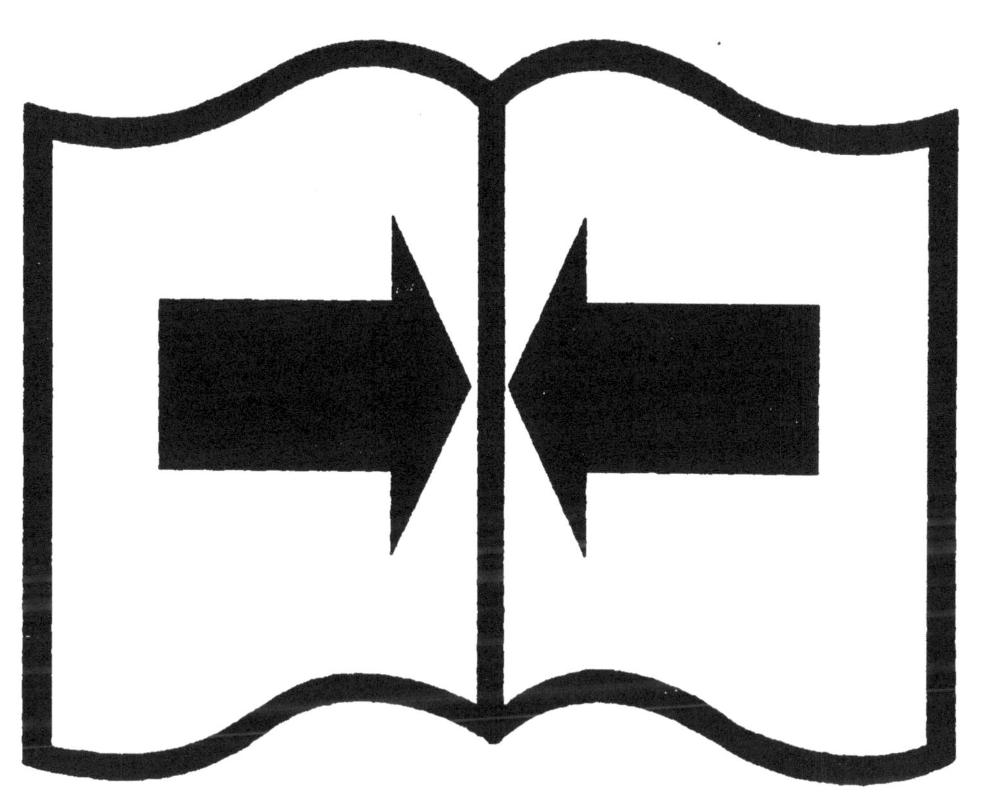

Reliure serrée

Romaine. En peignant les pieux fondateurs des ordres monaſtiques, ils ne parviendront jamais à leur donner cet air de recueillement, ou cette extaſe [i] que le *Baroche* a ſu donner à ſon ſaint François à genoux, compoſition gracieuſe qu'il a gravée à l'eau forte.

Nous ne pouvons renfermer ſous aucune forme humaine nos idées les plus hautes & les plus pures de la Divinité, quand même tous les conciles de l'Egliſe, ſelon de Piles, nous permetroient de repréſenter Dieu & les Anges avec les modifications néceſſaires pour le ſens ſymbolique [k]. Il s'agit bien moins ici de la permiſſion, que du pouvoir. Il eſt vrai, nous nous ſentons émus à la vue des conceptions ſublimes d'un *Guide*, lorsqu'il repréſente le Pere des miſéricordes deſcendu ſur une nuée, conſidérant ſon fils bien-aimé étendu mort ſur ſes genoux [l]; nous croyons avoir devant nos yeux le moment où s'accomplit notre grande réconciliation avec

i Dans les contemplations morales de Hervey, on trouve une deſcription d'Elie en priere, qui mériteroit de fournir le ſujet d'un tableau à quelque grand Peintre.

k Idée du Peintre parfait. Chap. 23.

l On a ce tableau du *Guide* gravé par *Jacques Frey*, dont l'œuvre eſt ſi recherchée par les vrais Connoiſſeurs. Il choiſiſſoit lui-même ſes originaux, & loin d'abaiſſer ſon eſprit au goût du ſiècle, il cherchoit à élever le goût du ſiècle à ſon eſprit.

avec la Divinité. L'Artiſte content d'avoir atteint ſon but, n'a pas voulu aller plus loin. Mais pour peu que nous revenions de l'illuſion dans laquelle l'Artiſte nous avoit agréablement jetté, nous voyons que nous avons contemplé l'image de l'homme dans ſa plus haute élévation, mais que nous avons abaiſſé l'idée infiniment plus haute de la Divinité en la repréſentant ſous une forme humaine. Quelle grandeur l'art ne peut-il pas combiner dans les traits, ſous lesquels l'Artiſte s'eſt repréſenté la majeſté divine, la gravité auguſte & la bonté céleſte de notre Médiateur! Pour cet effet notre eſprit ſi facile à perſuader livre à l'Artiſte un champ aſſez vaſte, mais il le lui conteſte, & cela comme je crois avec raiſon, dès qu'il veut encore l'étendre. On cite communément la viſion d'Ezechiël, ſujet traité par le génie d'un *Raphaël*, comme le terme des compoſitions pittoreſques. Mais ce même exemple, ſi l'on peut conclure d'une viſion à une heureuſe imitation, prouve peut-être plus en faveur de ce cas particulier, qu'en faveur de l'extenſion de l'exemple.

Il en eſt tout autrement des images de la Fable. En contemplant un ſujet fabuleux, nous ne déſirons que d'être agréablement ſéduits; nous ne demandons pas d'être entierement convaincu. Le Peintre ne trouve aucune difficulté, du moins dans les tableaux de chevalet, où l'œil peut ſuivre l'expreſſion diſtincte de certains muſcles délicats, de repréſenter quelques Divinités fabuleuſes en mouvement contre les Géants eſcaladant le Ciel; mais s'il a du ſens, il aura attention de nous offrir Jupiter ſous un aſpect plus majeſtueux que les autres Dieux, dans un profond ſilence, & de maniere qu'on puiſſe juger de ſon courroux par l'effet. Il tonne, & ſes carreaux mettent les montagnes en poudre: les inſenſés qui vouloient précipiter la Divinité, ſe débatent ſous les rochers qui leur ſervent de tombeau. — —

Je ne desaprouverai pourtant point un Artiſte qui, ayant à traiter le ſujet des Géants foudroyés dans un ſalon conſtruit pour cet objet, chercheroit à produire un plus grand effet par l'expreſſion, en donnant plus de mouvement à ſon Jupiter, ainſi qu'a fait *Jules Romain* dans ſon plafond du palais du T. Comme l'expreſſion délicate des traits qui caractériſent les natures divines, ſe perd en quelque ſorte à cauſe de la profondeur du plafond & de la diſtance des objets [m], il eſt permis d'exagérer un peu l'attitude d'un Jupiter vengeur & armé

[m] Perſonne n'a mieux connu ces ſtratagêmes que *Lanfranc*, dont les freſques ne font un ſi grand effet qu'à cauſe de la fierté & de la rudeſſe de ſon pinceau. Voyez Richardſon, Tom. III. p. 642. & notre Chap. XXI.

armé de la ſoudre. Mais en cela il faut que la modération & la bienſéance arrêtent à propos la main de l'Artiſte. Dans un ſujet, où *Jules Romain* a oſé repréſenter les Dieux effrayés à la vue de leurs ennemis, où il fait accourir Junon au ſecours de Jupiter, le Peintre nous offre un modele de la nature en mouvement. Il eſt peu de Peintres qui négligent les moyens de montrer cette fougue, lorsqu'ils peuvent juſtifier leur manœuvre par la mythologie.

Les caracteres tout oppoſés dans des ſujets divers, ſe ſoutiennent alternativement par le contraſte.

Conſtantin l'ame grande & élevé, paroît tranquille au milieu du fracas des vainqueurs & des vaincus. Son image ſemble être l'image de la Victoire elle-même. La ſécurité avec laquelle il agit, réunit dans le vainqueur les regards ſereins d'un eſpoir fondé, au ſang froid d'un Général expérimenté. Cependant nos yeux ſe promenant ſur le champ de bataille, trouvent Maxence culbuté dans le Tibre. Les chevaux échauffés & les naſeaux ouverts, ſe débatent autour de lui & fendent le courant, ou ſe précipitent du rivage ſur les corps palpitants des ſoldats : mais nos regards ſe fixent ſur Maxence. Il ramaſſe toutes les forces d'un Athlete, pour ſe relever avec ſon cheval, dont la tournure même fortifie le contraſte. Le revers

 qu'il

qu'il éprouve contracte les traits de son visage: toute la physionomie du Tyran décele la détresse de son ame. Saisi d'effroi, il semble moins sentir que les flots vont l'ensevelir, que regreter la perte qu'il fait par ce coup du sort.

Cette opposition releve le grand Constantin, comme la rusticité d'un vieux Silene distingue la beauté d'un jeune Bacchus. Raguenet a considéré sous un autre point de vue ce fameux tableau, que *Jules Romain* a exécuté sur les dessins de *Raphaël*. Il y a eu des Critiques qui ont trouvé à redire de ce que Constantin paroît dans la mêlée la tête nue. Quant à la tête de Maxence, *Gerard Audran* l'a trouvé digne d'accompagner ses mesures des figures antiques de marbre.

L'Artiste qui cherche à nous intéresser par le choix des sujets, remplit les devoirs d'un Inventeur judicieux: celui qui sait tirer parti des oppositions pour que le tableau fasse une vive impression, celui-là suit les principes d'un sage Ordonnateur; celui qui emploie des contours exacts & des mouvements harmonieux pour caractériser l'ame, celui-là acquiert la gloire d'un Dessinateur spirituel. Souvent c'est par les gestes les plus naïfs, & par les coups de pinceau les plus légers, donnés sur les parties du visage, que se manifestent les caracteres distinctifs des goûts & des dégoûts des hommes.

hommes. Pour cet effet toutes les parties de l'art, dont nous avons déja fait mention, se réunissent pour la perfection de l'ouvrage: la lumiere & la couleur n'y concourront-elles pas pour leur part?

Vainement sépareroit-on les idées dont la liaison est seule capable de porter le tableau jusqu'à la perfection, dont l'exécution séduisante produit le prestige ". *Teniers* peint d'une touche moëleuse les corps de ses villageois, ou, promenant sur la toile une main facile & ferme, il imprime à leur physionomie l'expression vraie de l'ame. Cette fonte des couleurs flatte l'œil, tandis qu'un pinceau maigre ne nous auroit offert qu'un dessin colorié. Des couleurs locales bien choisies complètent l'illusion. Tantôt elles fixent nos regards,

 attirés

" J'ai lu avec plaisir le discours prononcé à l'Académie Royale de Peinture de Paris par M. Dandré Bardon, à l'occasion du prix que le Comte de Caylus fonda pour l'expression d'une tête. Voici, si je ne me trompe, ce qu'il dit dans un endroit: „Sans les couleurs bien choisies, il n'y a point de véritable expression dans un tableau: sans le clair-obscur, l'expression n'a ni vigueur „ni vivacité, même dans un bas-relief: enfin sans les „repoussoirs & les reveillons, qui jettent du ragoût sur „le tableau, l'expression est fade & insipide dans tous les „ouvrages de l'art." V. *Bibliothek der schönen Wissenschaften, VII Band, 167 Seite.*

attirés par une lumiere d'une belle entente: tantôt des couleurs locales plus douces, nous invitent dans les contrées tranquilles des ombres.

Je crois, mon ami, entendre vos conseils. -- Je vais traiter du coloris, me renfermant à celui qui est confié au Dessinateur, c'est à dire, à celui où le pinceau est guidé par un dessin correct, où la touche savante offre aux yeux du Connoisseur des teintes également vraies, également harmonieuses. Et quel est le Connoisseur du coloris? L'ami & le confident de la nature.

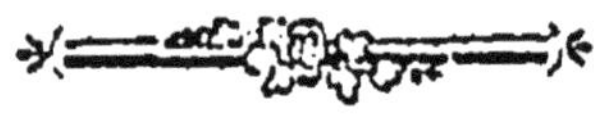

CHA-

LIVRE IV.

LE COLORIS.

SECTION I.

DU CLAIR-OBSCUR OU DE L'HARMONIE DES JOURS ET DES OMBRES, DES CLAIRS ET DES BRUNS.

CHAPITRE XLV.

Du Coloris, de l'intelligence du Clair-obſcur, & de la Lumiere & des Ombres en général.

Si l'Artiſte perdoit de vue la nature décorée de la lumiere & des couleurs, il ſeroit inutile de lui ouvrir un champ, ſur lequel les écoles de Veniſe & des Pays-Bas ont recueilli des beautés infinies. Il me ſemble que les proportions du corps humain nous ſont infiniment plus familieres que les phénomènes de la nature & les veſtiges d'une lumiere bienfaiſante relativement à la Peinture. On a prétendu qu'il eſt beaucoup plus facile de remarquer dans un tableau l'incorrection du deſſin & la dureté des contours, qu'il n'eſt aiſé de porter un œil pénétrant ſur toute l'économie des couleurs dans un chef d'œuvre de Peinture & de diſcerner la nature dans les ouvrages de l'art, afin de ſaiſir les aimables artifices qu'elle emploie pour plaire. Déja les Grecs, en traitant de la ſcience du coloris, ainſi que nos Modernes, partiſans de l'harmonie du tout-enſemble, ont parlé d'un *Ton*, dont la diſſonance peut détruire les graces d'un beau deſſin. En cherchant ce ton harmonieux dans la nature, nous ne craignons pas de nous égarer.

D'abord le mélange des couleurs du Peintre conduit à ce ton & à cette pompe harmonieuſe des teintes dont ſe pare la nature, ce modele inſtructif de tous les Artiſtes. Enſuite l'adouciſſement de l'éclat dans les parties ſubordonnées du tableau par rapport à la grande loi de l'unité, eſt le ſecond objet des ſoins du Peintre. Ces deux artifices lui ſuggèrent un choix éclairé des couleurs, qu'il emploie pour repréſenter au naturel les figures de ſon tableau, & tout ce qui les entoure. Plus il a l'art de nous tromper, plus nous vantons ſon induſtrie, & nous diſons de lui, qu'il a ſu élever le coloris jusqu'à la magie: dans le temple du goût nous plaçons les *Titien* à côté des *Raphaël.*

C'eſt avec cette eſpèce de généalogie des penſées du Peintre que je vous donne, mon cher ami, le précis de ce qui me reſte encore à diſcuter. Je ſuis prêt à promener avec vous mes regards ſur le ſpectacle raviſſant de la nature. Quelle richeſſe de lumiere, quelle variété de couleurs, quel charme nous offre l'ombre avec ſes clairs! Clairs, néceſſaires

pour

pour le repos de l'œil & raviſſants par l'aſſemblage de la lumiere réflechie! Remplis de ce principe, nous pouvons non ſeulement ſaiſir dans les objets particuliers les jours & les ombres, mais encore y trouver leur clarté & leur obſcurité eſſentielle. Comment ces parties s'adouciſſent-elles alternativement par rapport au tout-enſemble? Cette queſtion renferme toute la ſcience du clair-obſcur, ou l'intelligence des clairs & des bruns. Les demi-teintes, les reflets, les nuées ſuyantes & les autres accidents ſe combinent & ſe traitent reſpectivement pour la chaîne des parties. Pour peu que nous procédions par le moyen de l'expérience, nous trouverons que ces parties nous offrent très-ſouvent des modeles pour cette portion de l'art, de ſorte qu'à cet égard l'Artiſte ne peut guere ſe vanter de ſuppléer la nature. Je ſuppoſe toujours en lui un œil exercé, une ſage économie, un choix raiſonné de ce qu'il peut ſaiſir ſous un angle viſuel.

Si nous nous renſermions dans les limites de cet angle, que de tableaux harmonieux nous offriroit la nature! En vain les ſcenes les plus pittoresques appellent des yeux diſtraits: accoutumés à voltiger d'un objet à l'autre rien ne peut les fixer. Ils voient des arbres, & ils ne voient pas les ombres qu'ils forment; du moins ils ne remarquent pas ces objets comme ils devroient. Des regards avides voudroient ſaiſir toutes les ſcences qu'ils parcourent & les renfermer dans un tableau. Tel Artiſte paſſe à côté des richeſſes pittoresque ſans les appercevoir. Puis il ſe plaint de la pauvreté de la nature; il la corrige, il lui prouve ſes torts, &, au-lieu de ſe plaindre de ſes torts réels de lui avoir refuſé le don de la voir & de la ſentir, il s'endurcit & en conçoit presque de l'orgueil. Le don de bien voir eſt aſſurément auſſi équivoque chez pluſieurs, que l'eſt chez d'autres le talent de bien lire.

Pour étayer les préceptes, relatifs à l'harmonie de la lumiere & des couleurs, il ne m'importe pas peu de ſoutenir les prétentions de la nature ſur le viſuel des Artiſtes & des Amateurs; & je ne ſerois pas faché, mon ami, que vous vouluſſiez bien envisager cet eſſai ſur le coloris comme une apologie de cette prétention de la nature.

C'eſt la lumiere qui nous rend les corps viſibles, & ce ſont les variations de la lumiere qui alterent leur éclat. Les Payſagiſtes qui ſe ſont le plus familiariſés avec la nature, s'efforcent de repréſenter les différentes heures du *matin*, & les *gradations* du jour ſur ſon déclin. C'eſt ce que l'on voit dans les tableaux *d'Elzheimer*, de *Thoman*, du *Lorrain*, de *Pynacre* & d'autres. Les quatre parties du jour, dont les vers de Zacharie, nous offrent des tableaux ſi intéreſſants, gagnent ſous le pinceau d'un grand Maître,

Maître, ce qu'elle perdent ſous la main d'un Peintre novice dans l'inſpection de la belle nature.

Le ſoleil du matin dore la cime des montagnes; ſes rayons échappés par bandes ſont ſortir le penchants des côteaux du crépuſcule fuyant. La verdure des boſquets ſe détache pour ainſi dire des vapeurs étendues ſur les bords des eaux. Quand le ſoleil ſe cache derriere les nuages, la lumiere du jour [a], qu'on tient d'abord un peu foible, devient inſenſiblement univerſelle. Avec des rayons moins diſperſés que ceux qui nous annonçoient le matin, le ſoleil embellit les campagnes aux heures de la ſoirée. Sa lumiere déclinante, joue d'abord autour de la pointe des épis & ſe gliſſe le long de la tige des arbres. L'ombre prolongée trace pour l'œil, ainſi que pour le tableau, des repos entiers [b].

Peu

a On ne parle ici que des heures du jour néceſſaire à l'intelligence des différentes lumieres ; on n'a pas voulu entrer dans la ſécheresſe des diviſions.

a Ce n'eſt que ſous ces rapports qu'on appelle la couleur naturelle des corps, tel que le brun foncé, le gris clair &c. couleur locale. *Au fond c'eſt la même choſe.* Cependant vouloir expliquer la couleur locale ſans les rapports en queſtion, feroit une choſe non ſeulement inſuffiſante, mais encore fauſſe dans la pratique. Car par exemple, lorſqu'à une certaine diſtance la couleur aërienne ſe trouve mêlée avec le brun foncé de la drapperie d'une figure, l'obſcurité de la couleur conſerve bien ſes rapports relativement à un corps clair ſur le même fond;

mais

Peu de moment avant le coucher du ſoleil, cet aſtre répand ſur les objets un éclat que le *Lorrain* même n'a rendu qu'imparfaitement: il colore toujours les choſes d'une lumiere très-agréable, lumiere que la clarté d'un flambeau, ou celle d'un autre feu qui brille la nuit peut bien ſurpaſſer en rougeur & occaſionner des ombres plus tranchantes, mais qu'elle ne peut pas atteindre pour l'agrément. La couleur propre des corps change donc d'apparence, auſſi bien d'après la lumiere naturelle priſe pour le tableau, que d'après la lumiere artificielle opérée par le mélange des couleurs, ainſi que de ſes reflets divers. Ce n'eſt pas encore aſſez: au moyen de l'interpoſition de l'air & des dégrés de diſtance, le lieu qu'occupe le corps a une double influence ſur la détermination des couleurs, & le plus ou le moins d'amitié des couleurs voiſines décide le reſte.

Nous ne confondrons pas, comme ont fait pluſieurs, les clairs & les bruns qui tiennent aux corps, au moyen de leurs couleurs ſoit naturelles ſoit factices avec la lumiere même & avec l'ombre.

Les

mais les yeux perdent abſolument de vue la couleur brune qui, ſuivant cette explication, devroit ſe conſerver par tout. D'ailleurs ce ſeroit une abſurdité de recourir à la couleur locale, comme terme de l'art, lorsque la couleur naturelle explique tout le procédé.

c V. le Chapitre XXII.

Les ombres sont plus fortes ou plus foibles, selon le plus ou le moins d'accroissement de lumiere : mais elles laissent toujours discerner une sorte d'augmentation médiate de lumiere ou, ce qui est la même chose, elles indiquent les traces des reflets divers. L'absence totale de la lumiere, est l'obscurité. Elle exclut du domaine de la Peinture la visibilité des objets, par conséquent elle en exclut aussi la représentation. Par-là vous voyez, mon cher ami, quel cas nous devons faire d'un *Pietro Vecchia* & d'autres Peintres, qui ont affecté de peindre en noir, surtout du peuple des imitateurs. Soyons pourtant plus circonspects dans nos jugements sur quelques originaux qui ont poussé au noir contre l'intention de l'Artiste ; inférons seulement de-là, que le Peintre ne sauroit apporter trop de précaution dans le choix & l'emploi des couleurs [d].

Connoître cette amitié des couleurs, donner une teinte claire, obscure ou rompue à chaque objet pour le faire paroître avantageusement selon son point de distance & pour le détacher de son fond ; adoucir, rehausser, ou interrompre d'une maniere vraisemblable l'incidence de la lumiere, le jour qu'on a une fois pris, ou l'ombre qui lui est opposée : voilà ce qui nous attestera l'harmonie de la lumiere & des couleurs, voilà ce qui nous dévoilera

d V. Eclaircissements historiques &c. p. 125.

lera l'intelligence du clair-obſcur. Le clair-obſcur renferme la lumiere & l'ombre, comme le tout renferme la partie: ce n'eſt que ſous ce tout que j'entens avec de Piles * le *Clair-obſcur* dans le ſens le plus étendu. L'art qui, ſuivant les règles de cette ſcience & moyennant le mélange artificiel des teintes, repréſente la couleur naturelle des objets jusqu'à faire illuſion, eſt nommé le *coloris*. Et le coloris eſt la troiſieme partie eſſentielle de la Peinture.

Dans la variation de la lumiere & de l'ombre, la couleur naturelle fondamentale ſe ſoutient, jusqu'à ce qu'enfin elle ſe trouve pour ainſi dire abſorbée par l'interpoſition de l'air & par la relation des diſtances.

Un corps obſcur en vertu de ſa couleur primitive, fortifie ſon obſcurité par l'ombre & paroît toujours obſcur, quoiqu'un peu moins du côté lumineux. C'eſt avec toutes ces variations poſſibles du ſite qu'on appelle dans la peinture la couleur naturelle des corps la couleur locale.

Et reciproquement l'expérience nous apprend, que la couleur claire d'un corps ſe dégage d'elle-même de la région de l'ombre. *Au ſein de nos ſombres forêts, vous voyez briller l'écorce du bouleau frappée des rayons du ſoleil: vous diriez que ſa tige*

eſt

* Cours de Peinture &c.

est peinte d'une couleur d'argent? dit notre Brockes. Mais aussi sans être frappées des rayons du soleil, les écorces de ces arbres se détachent des ombres les plus fortes par leur couleur naturelle.

Ces deux observations peu importantes en apparence, ont une influence aussi marquée dans l'effet du tableau, que la lumiere & l'ombre. Il en est de même des demi-teintes, qui ne méritent pas moins nos recherches.

Quant à la connoissance des ombres que projettent les corps sous une lumiere donnée, nous pouvons l'acquérir par les Eléments de l'Optique & de la Perspective [f]. C'est aussi ce que de Piles a remarqué pour montrer la différence de l'incidence de la lumiere, & du clair-obscur. Et cependant il semble que quelques Ecrivains françois [g] de nos

f La lecture du *Traité de Perspective où sont contenus les fondemens de la Peinture du P. Lamy*, préparera l'Eleve à celle de Pozzo.

g M. l'Abbé de Marsy, Auteur du *Dictionnaire de Peinture & de Sculpture*, lui donne plus d'étendue & se conforme au sens de de Piles dans son Article *Clair-obscur.* Il suppose les idées générales des clairs & des bruns, & remarque les lumieres & les ombres comme les guides pour l'ordonnance des parties claires & des parties obscures. "C'est un seul mot, dit-il, il répond au *Chiaro-„scuro* des Italiens. On entend en général par Clair-„obscur, l'opposition & le contraste des parties claires „& des parties obscures du tableau. L'Artifice du *Clair-„obscur*

nos jours voudroient reſtreindre la ſignification du *Clair-obſcur*, à ce qui ne forme qu'une partie de ce que nous avons décrit ſous la dénomination de l'intelligence des lumieres & des ombres [h].

C'eſt la différence des choſes & non l'uſage varié des termes qui a le droit de fixer nos idées. Nous ne regardons pas toujours de ſi près dans l'emploi des mots; de ſorte que quand il eſt queſtion d'une lumiere bien tenue dans un tableau, nous donnons à cette expreſſion une ſignification plus étendue, en y comprenant les couleurs locales claires des parties de l'ombre. C'eſt dans ce ſens que nous diſons de quelques tableaux *d'Oſtade* qu'ils ſont d'un beau ton de lumiere. Or ce ton ne ſauroit s'entendre ſans les rapports qu'il a avec les maſſes d'ombres qui lui ſont oppoſées. Mais le Peintre iroit-il fort loin avec toutes ſes belles connoiſſances des lumieres & des ombres, s'il n'aſſignoit pas aux objets, au moyen d'un choix plus entendu, ce ton clair & obſcur, ou cette demi-teinte qui forme la baſe de la lumiere & de l'ombre ou de la demi-teinte d'ombre, & qui par des teintes

„*obſcur* conſiſte à diſtribuer ſçavamment les jours & les „ombres; à les faire contraſter agréablement, à choiſir „une lumiere avantageuſe à placer des grandes maſſes „d'ombres à côté des grandes maſſes de lumieres."

h C'eſt auſſi dans ce ſens que nous avons pris ce mot d'une expreſſion ſi étendue au Chapitre XVIII.

teintes réunies répand sur tout le tableau l'effet le plus agréable?

Qui est-ce qui ignore combien les grands Maîtres dans la gravure se sont élevés au-dessus de la simple succession de la lumiere & de l'ombre, & combien ils ont réussi à rendre les différents tons de la couleur par la seule combinaison du blanc & du noir? Les imitations de ces Maîtres, dont la vue nous enchante dans les estampes qui forment l'œuvre de *Rubens*, sont en même tems des imitations des parties claires & des parties obscures par rapport aux couleurs locales qui se trouvent dans chaque original. C'est la couleur locale, & non pas uniquement la lumiere & l'ombre, que néglige le Graveur manqué; c'est l'intelligence de cette sorte de clair-obscur qui forme le mérite des estampes d'un *Vorstermann*, d'un *Pontius*, d'un *Bolswert*, Graveurs dont *Rubens* prenoit plaisir à conduire les travaux. Ces Artistes se sont tellement distingués par leurs productions, que celui qui voudroit écrire une histoire de la gravure, pouroit commencer par ces chefs-d'œuvre une nouvelle époque dans l'art. N'est-il pas bien étrange que dans la Peinture qui renferme la source des couleurs locales, on confonde perpétuellement les notions des couleurs? Il faudra à la fin que le Graveur, qui n'a qu'une couleur pour rendre son expression, donne des leçons de coloris au Peintre.

Quel parti, mon cher ami, prendra votre Artiste? Les choses que nous décomposons par des idées claires, & que nous caractérisons par des dénominations particulieres, n'exigent pas moins d'être unies dans l'exécution. Je viens de parler de l'union des teintes; en effet l'emploi des lumieres & des ombres, & l'intelligence des couleurs devroient occuper également l'imagination de l'Artiste. Ici il cherchera dans la couleur locale qu'il suppose à volonté, l'accord de la lumiere, ou il tâchera de trouver avec la lumiere & l'ombre des ressources dans les circonstances infiniment plus rares où il est attaché à une certaine couleur. Là il disposera à son gré d'une ombre que la fiction lui a suggérée, & dont la nature lui a fourni pour ainsi dire le premier dessin. D'après ce plan nous allons discuter ces objets importants de l'art par quelques exemples.

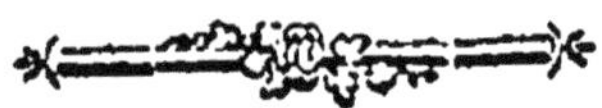

CHA-

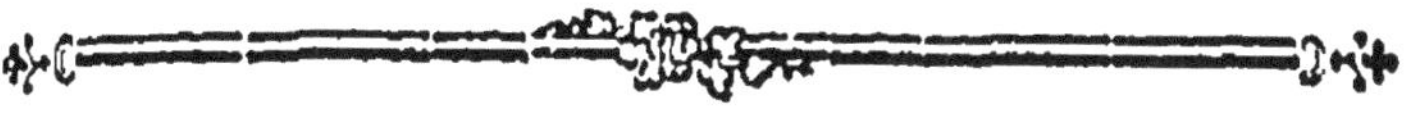

CHAPITRE XLVI.

De la maniere de rehauſſer & d'adoucir les Lumieres & les Ombres.

Les lumieres & les ombres, les couleurs claires & les couleurs obſcures ſe rehauſſent & s'adouciſſent tour-à-tour pour l'accord de l'enſemble. Tel eſt, mon cher ami, le principe ſur lequel nous continuerons de raiſonner.

L'Artiſte ne peut plus changer la lumiere qu'il a une fois adoptée: mais il peut l'interrompre par le contraſte des corps opaques, toutes les fois qu'il a beſoin d'ombres & qu'il eſt néceſſité de convertir en repos de certains endroits ou de certains grouppes. Qu'il vous ſera facile, partiſan de la vie champêtre, d'éprouver l'état délicieux dans lequel s'eſt trouvé Chaulieu, lorsqu'il fit ces vers:

> Quel plaiſir de voir ces troupeaux,
> Quand le midi brûle l'herbette,
> Rangés autour de la houlette,
> Chercher l'ombre ſous ces ormeaux.

Veut-on que les charmes de la Poëſie excitent la Peinture à faire naître en nous le même plaiſir par la magie des couleurs, il faudra que les ormeaux touffus arrêtent dans le tableau les rayons brûlants du ſoleil. Les ſeuls rayons qui auront trouvé un paſſage au moyen de l'agitation des rameaux, peindront l'image des feuilles ſur la toiſon des mou-tons repoſant à l'ombre & répandront à l'entou une lumiere plus tranchante.

Mais lorsque la lumiere large s'approprie l'action principale du tableau, il faut employer avec pré-caution cette adreſſe de l'ombre réelle. Dans ce cas on réuſſit en général beaucoup mieux à mo-dérer la lumiere par des couleurs locales qui braven même les tons des jours. Une lumiere reſſerrée peut être étendue par des couleurs locales claires.

La couleur blanche ne ſauroit nuire à Io, après ſa métamorphoſe, par rapport à la lumiere capitale dans un tableau. Rien de mieux au contraire, que ſi les rayons du ſoleil dorent les cornes de la belle géniſſe & rehauſſent l'éclat du blanc. Mais où es le Peintre qui puiſſe attrapper autrement cette blan-cheur lumineuſe, que la terre ne lui fournit pa avec le même éclat, qu'en adouciſſant les teinte & les nuances, & en modérant les ombres & les reflets? ou pour parler plus modeſtement, où el le Peintre, qui oſera ſeulement le tenter? Par le vert des arbres touffus il peut adoucir les carnation les moins lumineuſes des Nayades, ſœurs de cette Amante métamorphoſée de Jupiter; & lorsque le Fleuve Inachus [a] ſort des roſeaux pour préſente

d

[a] V. la Fable XIV. du Livre I. des Métamorphoſes d'Ovi J'ai pris exprès un autre point de cette hiſtoire, que cel qu

de l'herbe fraîche à sa fille changée en vache, la couleur tannée du demi-Dieu, concourt merveilleusement à l'harmonie du tableau. Aussi l'algue agitée & le jeune rejeton du peuplier argentin, fournissent à l'Artiste d'agréables reflets, lorsqu'il en a besoin pour varier ses teintes & pour arrondir ses figures. Pour peu que nous donnions carriere à l'imagination, les repos pratiqués dans la profondeur des ombres semblent nous inviter à y chercher la fraîcheur.

Mais sont-ce là les couleurs obscures qui bravent même les tons des jours? L'exemple que vous venez de citer, *n'éclaircit* pas les couleurs obscures. Et qu'elle est la Nayade, pouroit demander un Poëte, qui ne prît en mauvaise part, si le Peintre s'avisoit de tirer son coloris dans un endroit ombré? J'ai eu tort peut-être d'avoir rapporté un exemple qui renferme un autre précepte. Je veux dire qu'il faut que l'Artiste, sans passer d'une extrémité à l'autre ou sans opposer le brun d'un Iarbas à la blancheur d'une Didon, lorsqu'Enée suffit pour relever sa beauté, sache saisir des oppositions plus douces qui résultent de la simple amitié des couleurs. S'il ne falloit que de ces contrastes, rien ne seroit plus facile que d'opposer l'obscur au

 clair.

que choisissent ordinairement les Artistes. Un des plus communs est celui où Mercure endort Argus, avec celui où il le tue après l'avoir endormi.

clair. C'est un procédé que n'ignorent pas les plats imitateurs de *Rembrant* & de *Huisman*.

Cependant je serai obligé pour convaincre mon sceptique, de lui montrer les tableaux de *Pierre van Breda*, ou de parcourir avec lui les Peintures des Ecuries de *Wouwermans*. Là je lui ferai voir, que l'Artiste s'est presque toujours gardé d'associer à son cheval blanc, opposé à la lumiere capitale, des chevaux d'une couleur aussi brillante & disposés sur la même colonne de lumiere. Au contraire un cheval bai-brun ou noir, dont, comme j'ai dit, la couleur brave les tons des jours, un cheval qui n'adoucit que d'une maniere très-tranchante l'incidence de la lumiere principale, enfonceroit trop les parties ombrées du tableau. Un cheval d'une couleur claire placé à côté de ces parties produira, ainsi que l'écorce blanche du bouleau citée dans le chapitre précédent, un effet piquant & fournira les reflets des couleurs. Il résulte de cette combinaison qu'un cheval blanc liera & relevera aussi heureusement les grouppes disposés sur les sites enfoncés, qu'un cheval pie ou bis-colore placé sur un plan un peu plus approché, poura lier & relever, par une alternative des couleurs locales obscures & claires, les parties capitales éclairées d'un côté & ombrées de l'autre. Une attitude raisonnée, par exemple un cheval qui se cabre, est capable de seconder ce rehaut des couleurs. Un échappé de

lumiere,

umiere, qui frappe la croupe du cheval réveille l'attention & termine quelquefois la ſcene. Je n'ai pas beſoin d'avertir qu'en général les figures que l'ordonnance du tableau rend néceſſaires, peuvent ſuffiſamment contribuer à l'harmonie des tableaux par leurs attitudes ou par leur ajuſtement:

Le ſecret d'ennuyer eſt celüi de tout dire,

dit très-bien M. de Voltaire. Mais ce qui paroît ſuperflu au goût rafiné de certains lecteurs, perd ſouvent cette dénomination, quand la palette prend la place du livre dans la main d'un lecteur judicieux qui, loin de ſe laiſſer éblouir par les ſaillies du Poëte que nous venons de citer; continue de lire avec fruit ſon Felibien [b].

Cependant toutes ces deſcriptions ſont aſſez inutiles, ſi l'Artiſte ou l'Amateur ne cherche pas à pouſſer plus loin ſes études. Et qu'y a-t-il de plus capable d'étendre nos connoiſſances, que tant d'excellents tableaux de *Philippe Wouwermans* que nous offrent les galeries de Dreſde & de Caſſel? Le nombre des belles choſes rendant le choix difficile,

b L'Auteur qui conſeille la lecture de Felibien en veut à M. de Voltaire d'avoir dit dans ſon temple du goût:

Surtout fuyons le verbiage
De Monſieur de Felibien,
Qui noye éloquemment un rien
Dans un fatras de beau langage.

je me contenterai de vous citer un tableau de ce Maître qu'on voit à la galerie de Dresde & qui représente une Ecurie [c]; la lumiere que le Peintre y a introduite, est telle qu'elle semble vouloir l'emporter sur la nature. Je ne peux que décrire ce morceau, tandis que la main savante du Peintre le fait connoître.

Soit que nous promenions nos regards sur *Wouwermans* & *Ostade* ou sur les Paysagistes les plus célèbres, soit que nous les fixions sur les chefs-d'œuvres de *Rubens* ou de *Jordaens*, tous les Artistes qui ont su charmer & séduire les yeux par l'intelligence du clair-obscur, se sont servis plus ou moins de l'artifice des contrastes. Mais je ne sache point de Peintre qui se soit servi des oppositions avec plus de liberté que *Rembrant*, ni qui les ait moins employées pour l'ordinaire sur les devants de ses tableaux que *Teniers*. Aucun Peintre n'a su si bien tirer en avant le premier plan éclairé de sa composition comme ce même *Teniers*. *Rubens*

c Ce morceau se trouvoit autrefois dans le cabinet de la Comtesse de Verrue & forme le No. 15. de l'œuvre de *Wouwermans*, gravée par Moyreau. Bien des Amateurs desireroient sans doute, que les *Dankerts* ou les *Vischers* eussent pu donner ce morceau & y montrer leurs talents dans l'imitation des couleurs locales. Ces Graveurs flamands, ne méritent pas moins d'éloge dans leur genre, que les *Vorstermans*, les *Bolswert* & les *Pontius* dans le leur.

bens & *Jordaens* ont fait tous leurs efforts pour produire des reflets & pour porter jusqu'au transparent les objets qu'offrent les grappes de raifin dans les tableaux de fruit d'un *Jean van Huyfum.* Qu'il feroit facile d'appliquer ce principe à tous les objets de la Peinture [d]!

Dans les tableaux de ce grand Peintre de fleurs & de fruit, la grappe bleue accompagnée de la grappe blanche, peut nous donner un exemple de l'oppofition & de la variation par rapport à la diverfité. Ces riches fruits fourniffent des feuilles fraiches diverfement colorées pour l'union des parties. Un des plus beaux tableau de ce Maître confervé à Caffel & dénommé les Feuilles de Choux, offre un vert foncé & rompu qui répand un repos dans la compofition & fait naître l'admiration du fpectateur, lorsqu'il dirige fon attention de l'enfemble fur les parties. Un vert plus vif & plus brillant introduit dans d'autres tableaux de cet émule de la belle nature, fe marie avec les rofes & avec

d J'ai fait mention d'une compofition d'un ftyle plus élevé dans le Chapitre XIII. où il m'a fallu entamer cette matiere. J'ai été bien aife de prendre un autre objet d'invention pour chaque exemple, afin de faciliter à quelques lecteurs l'emploi du principe. Outre les tableaux de fleurs & de fruits de *Jean van Huyfum*, qui furpaffent pour ainfi dire la fraîcheur de la nature, on eftime auffi fes payfages. V. ce qui en a été dit au Chap. XXVIII.

d'autres fleurs, donne à chaque bouton une autre nuance & réunit toutes les parties au moyen d'une lumiere dominante. Vous admirez, comment la rose blanche dans ce tableau, comment le raisin blanc dans l'autre morceau de ce Maître a reçu la lumiere principale ou semble participer de cette lumiere, avec les pêches, fruit capital dans les compositions de ce genre.

Or dites-moi, mon ami : les tableaux que je viens de citer sont-ils éclairés, quant au point principal, d'après d'autres principes que ceux qui sont pratiqués dans les ouvrages de *Wouwermans*, & n'a-t-il pas fallu que les couleurs locales conservassent de certaines gradations pour l'accord du tout-ensemble, soit par rapport aux parties multipliées d'une grande composition, soit souvent par rapport à un seul grouppe? La différence accidentelle ne supprime pas le point de comparaison : & je ne veux pas aller au de là de ce point. La rose blanche de *van Huysum* & le cheval blanc de *Wouwerman*, ne sont dans les tableaux de ces Maîtres que les grains saillants, qui reçoivent la plus haute lumiere dans la grappe de raisin *du Titien*.

Puisqu'il s'agit d'apprécier la lumiere des grouppes particuliers, je ne puis me dispenser de revenir à cette fameuse grappe.

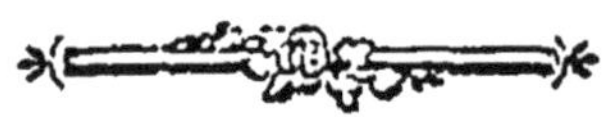

CHA-

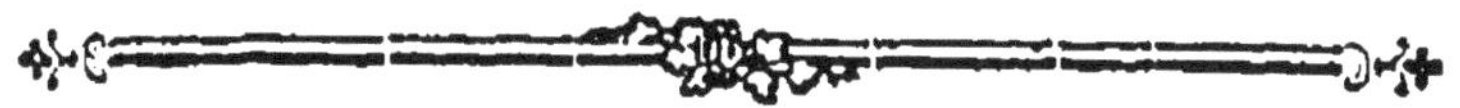

CHAPITRE XLVII.

Du beau Ton de lumiere d'un Grouppe simple & des Parties entieres dans leur liaison.

La grappe de raisin, & même un seul grain montre les rapports des masses claires & ombrées les unes avec les autres dans leur liaison; & les douces demi-teintes accompagnent & arrondissent les parties fuyantes du tableau. Vous trouvez tout cela, mon ami, dans les grains séparés comme dans la grappe entiere, seulement avec moins de variété: mais vous ne trouvez pas moins la plus belle subordination du côté où la grappe reçoit principalement la lumiere ou l'ombre. La variété réduite à l'unité, & l'effet agréable qu'elle produit pour la vue, est devenu aux yeux des critiques un type de toutes les figures assemblées dans un grouppe.

Mais ce n'est pas seulement pour le ton de lumiere, mais aussi pour l'assemblage des figures, ou pour la maniere de les groupper, que l'image de la grappe devint la règle dans l'ordonnance d'une composition. D'après ce que j'ai dit au chapitre des grouppes sur cette partie de l'art, vous vous rappellez encore, ce que le *Titien* a voulu faire entendre par cette comparaison judicieuse, & ce que

de

de Piles a si bien développé dans sa Traduction de du Fresnoy. „Cherchez, dit-il, à placer les om„bres autour des membres de vos figures. Pour „relever davantage les parties, prenez votre jour si „avantageux, qu'après de grandes lumieres vous „trouviez de grandes ombres. De-là vient que „c'est avec raison que l'on dit du *Titien*, qu'il „n'avoit pas de meilleure règle pour la distribution „des clairs & des bruns que la *Grappe de raisin* [a]."

Consultons par exemple les ouvrages de *Glauber* ou les Paysages du *Poussin:* autant de petits buissons touffus, autant de grappes de raisin. Considérons surtout les bois situés sur des hauteurs: nous voyons que la couronne de chaque arbre relativement à son voisin montre en quelque sorte les tons de lumiere des grains particuliers qui, sans nuire à l'harmonie de l'ensemble, sortent & se détachent de l'ombre des grains voisins fuyants. Effet que produisent les simples gravures d'un *Chatelain*, d'un *Vivarès*, d'un *Woods*, d'un *Wolletts* & d'autres, lorsqu'ils

exercent

a *Atque ita quaeretur Lux opportuna figuris,*
Ut late infusum Lumen lata Umbra sequatur:
Unde nec immerito fertur Titianus ubique
Lucis & Umbrarum Normam appellasse Racemum.
Du Fresnoy de Arte Graphica v. 327.

L'on peut consulter encore sur cet objet ce que de Piles dit dans sa remarque sur ce passage de du Fresnoy & dans son Cours de Peinture.

exercent leurs talent ſur les chefs-d'œuvres d'un Claude ou d'un *Gaſpre*, à plus forte raiſon la Peinture doit le produire encore plus facilement par l'intelligence des couleurs locales & par les teintes variées des différentes ſortes d'arbres. Conſidérez, mon ami, le feuillage des peupliers qui bordent la petite riviere de votre terre; ſous la même lumiere ou ſous le même ombre, il fait variété avec le vert frais du coudrier voiſin, & les teintes du tilleul contraſtent agréablement avec celles du chêne. L'Automne colore encore plus les feuilles, & conduit le Peintre à l'école de la nature. Et combien de fois n'y avez-vous pas envoyé l'Eleve que vous formez?

Eparpillez les grains de la grappe, vous aurez des figures ſans liaiſon: vous aurez une compoſition dans le goût d'un *Tſtramover* [b], où chaque figure perce avec un éclat égal & veut être vue la premiere. Cet Artiſte peignoit bien une grappe de raiſin iſolée: il ne lui a manqué que l'harmonie du tout & de voir dans ſa grappe la règle *du Titien.* Il eſt à préſumer que l'Angleterre lui a deſſillé les yeux & qu'il s'eſt corrigé dans cette partie, puiſque

b Peintre de fruit & de volaille, natif de Tranſilvanie & Eleve d'un aſſez bon Peintre dans ce genre nommé *Bogdani.* Il a demeuré aſſez longtems à Dreſde, d'où il s'eſt rendu en Angleterre.

que ses tableaux ont trouvé place dans la collection d'un connoisseur comme Richard Mead.

Voulez-vous des exemples plus illustres? N'exigez pas de ma circonspection de vous en citer ici. Visitez les cabinets de l'art, les connoissances que vous avez ne me font point craindre que vous preniez le change. Bologne une des villes les plus éclairées de l'Italie où le coloris a toujours été en vigueur, a produit un Peintre d'Histoire, *Joseph Crespi* dit *l'Espagnol*, Artiste estimable à bien des égards, qui a cherché à donner aux objets graves une certaine solennité par des ombres exagérées & excessivement noires. C'est là sans contredit pousser trop loin l'idéal. L'inconvénient qui en résulte, c'est que les jours qui sont encore restés en quelques parties des carnations, se trouvent éparpillés. L'œil du spectateur est incertain, sur quel objet il doit se porter le premier; & bientôt il remarque qu'à l'exception des têtes qui brillent par leur relief, il lui sera difficile de distinguer quelque chose. Le *Correge* & son tableau de Saint George, l'école des figures arrondies, ou plutôt de tout arrondissement & de toute saillie, ne dessilleront jamais les yeux d'un Artiste imbu de ces principes: parce que sans doute des modeles inférieurs avoient acquis le droit de les lui fermer. O nature! premiere institutrice! combien de fois n'avons-nous

pas

pas vu le génie s'égarer, lorsqu'il se met au-dessus des loix que tu prescris!

Mais, mon ami, que votre Artiste se mette plutôt au-dessus de toutes les règles que de s'en rendre l'esclave! Je lui abandonnerai même celle du Titien. — Oui, je lui permettrai de négliger, non la chose même, mais la comparaison en question, dès qu'il voudra y trouver plus qu'une comparaison. Que l'ami de la vérité se tienne sur ses gardes contre les règles arbitraires: qu'il ne suive que celles qui dérivent immédiatement de la nature! Sans m'astreindre à une seule comparaison, je viens de vous métamorphoser la grappe de raisin en collines couvertes d'arbrisseaux; ailleurs je vous l'ai représentée en pyramides & en triangles. Et ces touffes de bois que les François appellent bouquets d'arbres, qu'est-ce autre chose qu'une pareille partie isolée? Mais un petit esprit s'arrêtera à la comparaison & renoncera à cette franchise de la nature qui donne la convenance à toutes les parties. Quant aux doutes de Felibien par rapport à une seule grappe, j'y ai répondu à l'article des Grouppes. Que notre comparaison ne prouve qu'en faveur d'un seul grouppe: mais qu'elle prouve aussi en faveur de la permission de raisonner selon les règles de l'analogie. Que celui qui n'est pas capable de tirer une induction de son raisonnement, ait recours à l'image de la Grappe de Calebe, si fameuse

fameuse dans l'Ecriture. Il y trouvera assez de grappes ou de grouppes subordonnés pour former un tableau entier. C'est dans la subordination & dans la liaison des masses, & non dans les contours extérieurs qu'il faut chercher le point de comparaison; & ce que le grouppe particulier exige de ses parties, la machine entiere du tableau est en droit de l'exiger des siennes, c'est à dire la subordination pour l'unité du tout-ensemble.

Dès le commencement de cet ouvrage nous avons recherché les qualités d'un bon tableau, & la nature nous a indiqué la grande maxime de l'unité. Ensuite, pour produire cette unité, nous avons vu qu'il falloit combiner les différentes unités du tems, du lieu & de l'action, ou de la machine du tableau. Et c'est de l'artifice d'éclairer toute cette machine d'après les principes solides de l'unité qu'il est question ici.

Cet artifice consiste dans la liaison de plusieurs grouppes: la variété, partie si recommandable, piquera successivement l'attention de l'esprit, & fera desirer le repos de l'œil.

Pour cette fin le secours important qu'on tire & de l'intelligence du clair-obscur & de l'heureuse distribution des objets, est réciproque. Les idées du clair-obscur sont présentes à l'Artiste dès qu'il songe à la distribution. Son esprit dispose & peint

les

les objets en même tems. La correſpondance de la choſe ne m'a donc pas permis de parler de l'induſtrie de la diſtribution ſans faire mention de celle des tons de lumiere. Je ne répéterai pas ici ce que j'ai déja diſcuté plus haut [e].

L'inégalité des objets dont nous avons auſſi parlé ci-devant, n'a pas moins lieu par rapport à la lumiere. Et votre Artiſte ſait qu'il faut ordonner le clair au brun & réciproquement le brun au clair; il à étudié ſon Laireſſe ſur cet objet &, en faveur de l'importance des recherches, il a paſſé à l'Auteur le diffus de ſon ſtyle. La liaiſon des grouppes, dès qu'il eſt queſtion d'un grouppe, ſuppoſe néceſſairement ſon élévation, autant que le permet la place ſur laquelle il eſt diſpoſé. Cependant il ne faut pas que l'Eleve s'imagine que tout dépende de cette élévation & qu'il ſuffiſe que le Peintre, ſuivant la règle de la grappe en queſtion, ou de la lumiere dominante du milieu de chaque corps rond, faſſe ſortir ce grouppe & fuir les autres parties; il ne faut pas non plus qu'il croye que tout dépende d'un autre cas extraordinaire, c'eſt lorſque le ſite clair du fond veut que les figures du milieu d'un grouppe qui leur eſt oppoſé, ſoient plus obſcures, ou du moins tenues plus fortes que les figures placées aux extrémités. Ce ſont là d'excel-

e Chapitre XXI.

d'excellentes règles générales, lorsqu'elles conduisent à une belle marche d'un tout-ensemble. Il faut que trois choses concourent mutuellement à cette fin, le mouvement, le ton de lumiere & les couleurs rompues.

Un vêtement flottant, un accessoire, un vase, la branche d'un arbre, la croupe d'un cheval, chacune de ces parties peut contribuer par une lumiere glissante à l'union de la lumiere principale. Donnez du mouvement à la derniere figure d'un groupe accessoire, faites qu'elle montre quelque figure du groupe capital; le bras étendu de la premiere sera frappé d'une lumiere glissante propre à l'unir avec la lumiere principale. Par ce procédé vous opérez l'accord de la lumiere & du mouvement. Que manque-t-il encore? La couleur locale. Eh bien, pour compléter l'harmonie, la figure du groupe accessoire est ajustée d'une drapperie dont la couleur sympathique, en favorisant la lumiere glissante, favorise aussi le passage de la vue sur le groupe capital & sur la couleur qui y domine, ou plutôt qui y attire les yeux. C'est par des liaisons semblables qu'on remplit & qu'on raccorde le champ du tableau, soit à l'égard de la lumiere & des couleurs, soit par rapport au mouvement harmonieux des figures, & qu'on introduit un certain balancement, un certain équilibre dans toute la composition. Cependant pour parvenir à

ce

ce dégré de l'art, il faut des yeux capables de saisir les finesses renfermées dans les chefs-d'œuvres de l'école Flamande.

Les Maîtres de cette école, étant mes modeles, seront aussi mes interprètes. Chez eux nous trouvons réuni pour une seule & unique fin tout ce dont je viens de parler. Je ne ferai pas mention ici des différentes couleurs rompues & des reflets bien ménagés. Une connoissance parfaite des couleurs vous donnera aussi celle des reflets.

Que l'œil s'accoutume à voir ces chefs-d'œuvres pour apprendre à connoître une autre liaison artificielle. Qu'il distingue non seulement les parties claires d'avec les parties obscures d'un tableau: mais encore le clair d'avec le clair & l'obscur d'avec l'obscur. Nous reprendrons cette matiere au chapitre des reflets.

Je ne parle pas de l'opposition du clair au clair dans des figures particulieres, artifice qu'a pratiqué *Antoine Bellucci* [d] dans son tableau de la Vérité découverte par le Tems. Le Peintre, voulant relever la beauté éblouissante du corps de la Vérité s'est servi du linge étendu par la main du Tems pour faire son fond de derriere.

Non, je parle des parties ou des masses entieres. Par exemple un nuage fuyant tient ensemble, par

L 2 des

[d] V. page 473. ce qui a été dit de ce tableau.

des couleurs arries & ſous des ombres légeres, les campagnes de l'automne diverſement colorées, le chaume doré & le bled verdoyant qui commence à ſe lever de terre. Ici l'ombre poura interrompre la lumiere, qui d'ailleurs embraſſoit trop de terrein, & s'étendre autant qu'il en ſera beſoin pour l'avantage de la lumiere capitale. Enfin l'ombre peut procurer au tableau une partie toute auſſi néceſſaire pour le plan du milieu & ménager à l'œil un repos agréable. La lumiere qui ſe trouve derriere ſe retire à proportion & ſe range vers le lointain. Nous devons tous ces effets au nuage fuyant.

Dans d'autres circonſtances il n'eſt pas moins néceſſaire d'étendre la lumiere. Des rayons du ſoleil qui percent de ſombres nuages ſont alors à la diſpoſition de l'Artiſte, & s'il a beſoin de reflets, il arrête ces rayons par des rochers, des montagnes ſabloneuſes, des maſures, ou il introduit dans ſon tableau quelque autre lumiere acceſſoire. Les licences pittoresques jointes à la nature, ſont des traits de génie, ou ce ſont des libertés dans le ſens le plus vague: les licences poëtiques ſans la nature ne paſſeront jamais pour des beautés. Dans la Peinture les lumieres ou les ombres accidentelles, portent le nom *d'accidents*.

Ces accidents, ſans porter préjudice à la lumiere ou à l'ombre principale, ſervent à ſeconder ſucceſſivement une partie & à favoriſer la diſtance d'une d'une autre. Ils produiront aussi des réveillons, lorsque l'ombre veut trop dominer & trop cacher de certains objets. Les lumieres subordonnées dans les morceaux de nuit, dans les voutes & les percés des entrecolonnements d'un *Neef* ou d'un *Steenwyk*, ainsi que les reflets, nous rameneront assez souvent aux accidents.

Ce qui nous occupe maintenant ce sont les petites parties avec leurs variations piquantes. Nos yeux sont frappés par les parties mobiles éclairées. Dans les tableaux d'un *Adrien van den Velde* ou d'un *Jean Wynants*, ces parties nous attirent par leur clarté sur le plan ombré du milieu, plan que le troupeau éclairé sur le devant du tableau, semble vouloir reculer & éloigner de nos yeux. Il le recule en effet, mais seulement pour le tems que nous mettons à le contempler. Nous remarquons ensuite comment toutes ces petites parties, après avoir satisfait à la variété, participent les unes des autres sous une ombre ou une lumiere générale, & se laissent subordonner volontairement à la lumiere capitale suivant les loix de la distribution. J'ajouterois volontiers ici les glacis ou la derniere couche des couleurs transparentes.

Il n'y aura que l'Artiste qui saura traiter les tons des jours ou l'économie des clairs & des bruns avec toutes les parties comprises sous ces dénominations, de capable de combiner les grouppes &

 les

les figures pour le plaisir des yeux & de les distribuer sur le champ du tableau dans un beau désordre pittoresque. Sans cette industrie le désordre agréable du Festin [a] que les habitans de Benevent donnerent aux soldats de Tibérius Gracchus le jour de leur arrivée dans la ville, & que Gracchus fit peindre à son retour à Rome, n'a pu être représenté sans offrir à l'œil une confusion désagréable.

L'inégalité des objets vient fort bien à l'appui d'un pareil sujet. C'est par l'union des couleurs & par le stratagême des jours, qu'*Ambroise Frank* & *Jean Breughel* surmonterent les difficultés de ce genre. Le tumulte des escadrons dispersés dans les Batailles du *Bourguignon* ou des *Parrocels*, n'est pas susceptible de grouppes arrangés. Mais ici un nuage fuyant lie une partie pleine de fracas, & là

[a] *Beneventani omnes turba effusa, quum obviam ad portas exissent, complexi milites, gratulari, vocare in hospitium. Apparata convivia omnibus in propatulo aedium fuerant: ad ea invitabant, Gracchumque orabant, ut epulari permitteret militibus. Et Gracchus ita permisit, in publico epularentur omnes. Ante suas quibusque fores prolata omnia. Pileati, aut lana alba velatis capitibus volones epulati sunt; alii accubantes, alii stantes: qui simul ministrabant, vescebanturque. Digna res visa, ut simulacrum celebrati ejus diei Gracchus, postquam Romam rediit, pingi juberet in aede Libertatis, quam pater ejus in Aventino ex multaticia pecunia faciendam curavit dedicavitque.* Livius L. XXIV. Cap. 16.

& là une fumée bien ménagée en interrompt une autre. Plus loin encore la vapeur, se perdant dans les nues, nous voile l'aspect des murs détruits & des maisons en proie aux flammes. Quelques échappées du soleil entouré de nuages nous découvrent les fuyards. L'ombre d'une bute se répand sur le devant du tableau par dessus les chevaux renversés & les Cavaliers étendus, & chasse tout en arriere, à l'exception de l'éclat de quelques armures, de quelques casques ou cuirasses.

Si votre imagination est fatiguée, mon cher ami, je lui promets du repos dans les tableaux suivants. Il est des Artistes, tels qu'un *van der Meulen* & un *Huchtenbourg* qui, sans entendre l'intelligence des lumieres & des couleurs ni l'harmonie des tons, n'ont pas laissé d'être appellés pour immortaliser les exploits guerriers. La plus grande composition du premier (je ne parle pas de ses plans réguliers de quelques villes de guerre) ne vous offre qu'un champ également éclairé & vous permet de parcourir toute la scene du tableau; mais aussi la multiplicité des choses sous une même lumiere vous empêche de rien distinguer, à moins que vous ne passiez en revue tous les objets, & cette revue pouroit bien vous ennuyer. Des combattants innombrables,

travaillés avec soin
D'un pouce ou deux pour être vus de loin *,

 couvrent

* V. le Temple du goût de M. de Voltaire.

couvrent le champ de la composition du tableau. Le Peintre au-lieu d'avoir ménagé les ombres, y a prodigué les mêmes tons de lumiere, & sa composition dont le sujet avoient attiré l'attention de toute une Cour, se trouve confinée au bout de quelque tems dans les corridors d'un château; tandis qu'un petit tableau de *Broer* ou de *Michault* [g] dont la richesse des parties & l'entente des couleurs aëriennes, se maintient dans le droit d'occuper une place distinguée dans les cabinets des Connoisseurs.

Sans doute il y auroit un bon conseil à donner aux Peintres, qui laissent dominer dans leurs tableaux un rouge de brique, ou un gris monotone. Que ces Artistes passent à l'école l'un de l'autre: que le partisan des teintes monotones & grises, adoucisse les tableaux de celui qui donne dans la brique par ses tons sourds, & que l'ami des teintes rouges & tranchantes par reconnoissance releve les compositions du premier par des couleurs plus vigoureuses & plus rompues! Par-là ils s'en trouveront bien tous deux.

g Nous avons parlé de *Broer* & de *Michault* dans le Chapitre XXVIII. p. 380. Ces deux Peintres n'ont point fait de batailles, mais à l'exemple de *Bout* & de *Ferg*, ils ont peint des Fêtes de village & d'autres sujets, où ils faisoient entrer un grand nombre de figures qu'ils avoient soin de contraster & d'éclairer avantageusement. Les connoisseurs ne confondront pas *Broer* avec le fameux *Brouwer*. Là je n'avois pas besoin de mettre en opposition des tableaux du premier rang.

CHA-

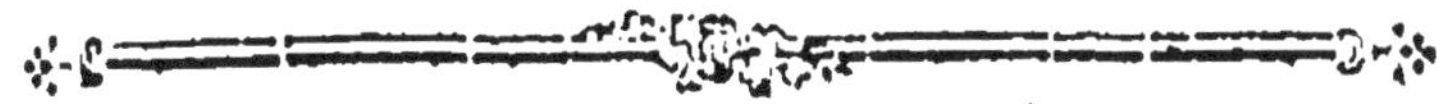

CHAPITRE XLVIII.

Des Demi-teintes en général.

Quand les yeux sont satisfaits de l'ensemble, ils passent à l'examen des parties. Celui qui commenceroit cet examen par les réflexions critiques sur les parties, affoibliroit le plan du tout.

Tâchons de pénétrer dans les mysteres des Flamands par rapport à l'économie des couleurs & à ce qu'on appelle la magie de leur clair-obscur. Il est agréable de pouvoir se rendre compte des plaisirs qu'on a sentis. Vous n'attendez pas de moi, mon ami, que je vous dévoile les secrets de coucher les couleurs sur la toile. Quoiqu'il en soit, quelle partie le Flamand recommande-t-il le premier sur ce sujet? La fonte des couleurs, & un certain glacis ou transparent. Pour juger ces glacis dans les tableaux flamands, il faut que nous ayons saisi les principes des demi-teintes & des reflets. Peut-être toute l'économie des demi-teintes nous donnera le TONON des Grecs. — —

Nous appellons demi-teinte le ton de couleur qui résulte de deux teintes qui passent l'une dans l'autre comme les couleurs de l'arc-en-ciel; & nous donnons ce nom à toute couleur rompue l'une dans l'autre & à toute teinte détachée qui favorise les passages.

Ce paſſage des couleurs eſt devenu néceſſaire pour la diminution ou pour l'affoibliſſement des couleurs fortes, ſoit dans les jours ſoit dans les ombres, ainſi que dans les cas que je vais indiquer.

On appelle ces demi-teintes, conſidérées comme des diminutions d'une couleur entiere, des *Mezzetintes*, ou, relativement aux couleurs dont elles ſont formées, couleurs rompues : hors ces cas on les nomme tout ſimplement *Teintes* [a]. Car dans un autre ſens, il faut que preſque toutes les couleurs de la palette que le Peintre emploie dans un tableau ſoient rompues. De-là on dit en mauvaiſe part d'un tableau, qu'il ſent la palette, lorſque les couleurs locales ſont fauſſes ou exagérées, & on dit au contraire en bonne part d'une Peinture qu'elle ne ſent pas la palette, lorſque le Peintre a ſu tirer un tel avantage du mélange des couleurs, qu'il nous offre les objets tels que nous les voyons dans la nature. Les lieux ne changent pas les propriétés des demi-teintes, mais les Littérateurs changent

a Ce terme eſt d'origine gothique ou germaine & a paſſé avec les vainqueurs en Italie & en Eſpagne où le mot de *Tinta* eſt uſité. Nous ne devons pas renoncer aux droits que nous avons ſur ce terme de l'art. Nous trouvons l'origine gothique d'une infinité de mots ſemblables dans les remarques de Jean Peringſkiœld, ſur l'ouvrage de Jean Cochleus, intitulé : *De vita Theodorici Oſtrogothorum Regis.*

gent leurs dénominations. La nuance entre la lumiere & l'ombre, appellée par les uns *demi-teinte d'ombre* & par les autres *couleur mitoyenne*, paroît avoir fait oublier à certains Ecrivains les demi-teintes les plus importantes dans la lumiere, ou l'on diroit qu'ils ne se la sont pas rappellée pour l'explication complette des demi-teintes. Laireſſe donne le nom de *ſeconde couleur* à la demi-teinte, placée ſur la partie claire du côté du contour, procédé qui fait fuir vers les fonds toutes les parties convexes des corps & qui leur donne de la rondeur. Mais combien de fois n'a-t-on pas confondu ces dénominations [b]!

La

b Rien de plus vrai que les remarques faites ſur ce ſujet par Déſargues ou plutôt par ſon Interprête, Abraham Boſſe, lorsqu'il dit: "Les Géométres, & les ouvriers de „pluſieurs Arts ne parlent pas ſouvent un meſme langage, „encore qu'ils ſoyent en un meſme pays & d'une meſme „nation." V. *Maniere Univerſelle de M. Deſargues pour pratiquer la Perſpective par pétit-pied, comme le géométral; enſemble les places & proportions des fortes & foibles touches, teintes ou couleurs, par A. Boſſe. (à Paris 1648. avec figures. in-8vo.)* Cet ouvrage eſt un des plus importants, & auſſi des plus étendus pour la Perſpective. Par les Principes de Deſargues, Boſſe s'eſt trouvé en état d'enſeigner cette ſcience aux Eleves de l'Académie Royale de Peinture & de Sculpture & d'en donner un Abrégé dans ſon *Traité des pratiques géometrales & perſpectives enſeignées dans l'Académie Royale &c. à Paris, 1665. in-8vo.*

La muſique nous fournit la fameuſe comparaiſon des *ſemi-tons*, avec cette différence ſeulement que les tons du coloris, en nous exprimant ſur les rapports reſpectifs des teintes comme les autres nations, ſont infiniment plus rompus.

Nous ne remarquons pas tant ici l'affinité que la chaine des couleurs qui ſont fondues dans le tableau & qui occaſionnent en même tems la dégradation inſenſible des teintes dans le paſſage, 1) par les limites de l'ombre & de la lumiere, comme une demi-teinte d'ombre, ou 2) par la colonne de lumiere jettée ſur des parties ombrées ou ombragées, & par le mélange des couleurs, comme un reflet, ou 3) par le moyen de la perſpective aërienne & par les loix des tons de dégradation dans toutes les parties fuyantes, éclairées ou ombrées, ou 4) par une lumiere gliſſante [c]. Toutes les demi-teintes d'ombre proprement dites ſe montrent par les demi-teintes: mais non pas réciproquement. Quant aux reflets nous ne pouvons pas à la vérité

les

c En conſéquence de ce principe, Teſtelin diviſe la lumiere en quatre ſortes de dégrés, qu'il nomme *Lumiere ſouveraine*, *lumiere gliſſante*, *lumiere diminuée*, & *lumiere réfléchie*. L'on prend ici la lumiere diminuée d'après les loix des tons de dégradation & de la perſpective aërienne: hormis ces cas, la lumiere gliſſante & la lumiere réfléchie ne ſauroient être regardées comme une diminution de la pleine lumiere.

les exclure des ombres : aussi n'est-il question ici que de ceux qui décélent le plus les traces de la lumiere.

Les mots de lumiere, d'ombres & de demi-teintes d'ombre déterminent très-bien les parties capitales des jours & de leurs oppositions. Gardons-nous seulement d'en exclure l'observation réfléchie des parties éclairées & leurs gradations particulieres. N'est-ce pas la rupture des couleurs les plus légeres qui embellit les ouvrages des Maitres Flamands ? Si cette industrie ne fait pas naître la réflexion en nous, ne nous vantons jamais d'entendre l'art du Peintre. Par exemple la lumiere souveraine, n'est pas la couleur propre de la portion éclairée des carnations. Cette lumiere se dégrade dans les parties fuyantes, vers le côté d'où l'on dérive le rayon de lumiere ; la couleur naturelle de ce même objet se réunit par d'autres couleurs rompues avec la demi-teinte d'ombre diminuée. L'ombre même est asservie aux plus ou moins d'accroissements des reflets. Comment sans le secours des ces nuances réfléchies, un corps ombré pouroit-il se détacher d'un fond obscur ?

Si nous trouvons la différence dont nous venons de parler dans les productions de la nature & dans les ouvrages de l'art, nous ne devons pas nous laisser dérouter par les Auteurs les plus acrédités, lorsqu'ils restreignent la demi-teinte à la demi-

teinte

teinte d'ombre. Ces Ecrivains auroient dû s'exprimer avec la circonspection d'un Felibien & d'un Abbé de Marsy, ou suivre un homme, qui a bien écrit sur l'art il y a plus d'un siècle & qui a défini[d] le terme de demi-teinte de maniere qu'il renferme toutes les especes de teintes, tant celles qui sont sous la lumiere que celles qui sont sous l'ombre.

Je doute du moins qu'un Amateur qui, placé vis-à-vis d'un *Gerard Dow* ou d'un *van der Werf*, & attaché uniquement aux notions ordinaires comprenne un autre Amateur qui, s'extasiant à la contemplation du même tableau, comme Horace à la vue d'une peinture de *Pausias*, admireroit certaines fraîcheurs & touches vierges dans les demi-teintes, & exprimeroit le plaisir qu'il éprouve tantôt par de profonds soupirs tantôt par des applaudissements éclatants. Le premier cherchera les charmes

d „Teinte & demie Teinte, doivent être entendues de la „diminution de force, ou affoiblissement d'une couleur „à une autre, tant de celles qui sont éclairées que des „ombrées & ombragées." Abraham Bosse, dans l'Avertissement qui est à la tête des *Sentiments sur la distinction des diverses manieres de Peinture &c.* explique tous ces termes de l'art & se plaint fortement de ceux qui, dès qu'ils ont attrappé quelques mots sur la Peinture, se font passer pour connoisseur. C'est contre cet abus que s'élevent Antoine Coypel, dans son Poëme adressé à son fils, & une infinité d'autres Ecrivains.

charmes de l'art jusque dans les limites de l'ombre, tandis que le second sera enchanté de voir le doux mélange de certaines couleurs rompues dans les tons de lumiere & le jeu agréable de certaines teintes, qui décélent à des yeux exercés l'emploi savant de l'outremer, par exemples dans les airs de tête d'une figure de jeunesse, tournée au jour & detachée du fond aërien. En général ils ont raison tous deux: il n'y a que cette différence, c'est que l'un sait mieux que l'autre, ce que c'est que de placer de la lumiere à côté de la lumiere.

„Bien des Artistes se trompent, dit Lairesse, „lorsqu'ils s'imaginent que la demi-teinte de lumiere, couchée vers le contour dans la partie „claire & nommée communément *demi-teinte*, soit „la même teinte que celle qu'on met entre la lumiere & l'ombre, & qui est connue sous le nom „de demi-teinte d'ombre. C'est une bévue grossiere de leur part: car la derniere est une teinte „entiere, & la premiere n'est qu'une demi-teinte. „La demi-teinte de lumiere n'est pas si large „que la demi-teinte d'ombre qui, se mêlant jusqu'à la moitié avec l'ombre, est d'un ton plus „bleu, quoiqu'il y ait des Artistes qui lui donnent une autre teinte à l'extrêmité du côté „clair, teinte qui ressemble plus à l'ombre qu'à „la couleur du nud."

Il

Il résulte de la proposition de Lairesse qu'il y a deux sortes de demi-teintes. Quant aux reflets, qui appartiennent aussi à cette classe, nous en parlerons ci-après. La seule chose nécessaire dans cette manœuvre, c'est de comparer les préceptes les plus importants de Lairesse, avec quelques morceaux achevés de l'art. Il n'y auroit qu'à chercher les teintes, dont parle Lairesse dans quelque belle figure de jeunesse d'un grand coloriste. Je trouve par exemple ces teintes dans un des portraits de *Manyoki*, où il a rendu la jeunesse avec les graces de la belle nature. On trouvera bientôt, que les demi-teintes bleuâtres, que les Peintres intelligens tirent de la couleur artificielle de l'outre-mer, arrondissent de la maniere la plus suave toutes les parties des carnations tant dans leurs mélanges que dans leurs rehauts. Je ne dirai qu'un mot, touchant la mixtion de l'outre-mer avec le cinabre pour former la demi-teinte d'ombre proprement dite; j'en ai parlé ailleurs [*]. Les extrémités du corps veulent les premieres être traitées avec ces teintes bleuâtres. Les demi-teintes de cette espece qui nous font appercevoir les objets par l'intermission de l'air, trompent agréablement la vue vers le contour de la figure. L'œil, comme je l'ai déja remarqué plus haut, est attiré au de là des limites du

* Eclaircissements historiques &c. p. 2[illegible]3.

du contour. Se prêtant à l'illusion, il suit ou croit suivre la marche de la figure peinte avec la même liberté, qu'il suit celle de l'ouvrage arrondi du Sculpteur.

Souvent cette derniere sorte de demi-teinte dérive en partie du reflet d'un ciel azuré [f]; car les reflets en participant de la lumiere, participent aussi de la couleur du corps éclairé par la lumiere primitive & communiquent, comme nous le dirons dans le chapitre suivant, aux objets sur lesquels ils font leur projection une couleur qui tient de celle des corps lumineux.

L'Artiste emprunte ses demi-teintes des mélanges variés répandus dans la nature. S'il sait les employer avec prudence, elles montrent bien plus heureusement que tous les clavecins de couleurs les dégrés des proportions harmoniques. Peut-être que l'ame sans le savoir compte les intervalles, dans l'économie du coloris comme dans celle de la Musique [g]. Et ce sont ces proportions qu'on a com-

f Traité de la Peinture, de Leonard de Vinci. Chapitre CCCXXVIII.

g Je crois que si la Peinture pouvoit retrouver la clef du stratagême d'un *Rubens* & d'un *Ostade*, elle pouroit se passer d'un Artiste qui traiteroit la Peinture comme Michel Carré traita la Musique. "Ce savant, dit M. de „Fontenelle, embrassa toute la Théorie du son. Il négli-„geoit la Musique entant qu'elle est la source d'un des „plus

comparées, non seulement à cause de ce calcul des couleurs, mais encore à cause de l'harmonie de l'ensemble, aux tons harmoniques de la musique. C'est là sans doute le TONOS, dont parle Pline dans le passage que je rapporte en note [h].

Qu'y a-t-il de plus naturel, que d'envisager les demi-teintes, tantôt d'après les principes de l'harmonie, comme des couleurs artistement rompues, également avantageuses à la liaison des parties & à l'élévation du tout; & que de les juger tantôt d'après la manœuvre mécanique, lorsqu'on a été

„plus grands plaisirs des sens, & s'y attachoit entant „qu'elle demande une infinité de recherches fort épineu„ses." — — Dans Leonard de Vinci, Chapitre CVII. l'on trouve des dimensions d'après la Perspective des couleurs. Ce n'est là que la Perspective aërienne, dont j'ai déja fait mention plusieurs fois. Cette Perspective est proprement au coloris, ce que la Perspective linéaire est au dessin. Un œil exercé juge d'abord si le ton de dégradation est bien observé dans une composition; si, dans un portrait par exemple, le côté fuyant du visage avance trop & représente un corps convexe trop saillant, auquel le ciseau du Sculpteur auroit ôté encore bien des choses.

h *Tandem se ars ipsa distinxit, & invenit LUMEN atque UMBRAS, differentia colorum alterna vice sese excitante. Deinde adiectus est SPLENDOR, alius hic, quam LUMEN: quem, quia inter hoc & umbram esset, appellaverunt TONON: commissuras vero colorum & transitus ARMOGEN. L. XXXV. c. 5.*

été satisfait par cette économie du tout, relativement à l'union & à la fonte des teintes voisines ainsi qu'à leur passage réciproque? Ce dernier procédé est donc le second dans l'ordre, & c'est ce que Pline appelle *commissuras colorum, & transitus*, pour expliquer le terme grec ARMOGEN.

Mais par ce milieu entre la lumiere & l'ombre ce grand Ecrivain n'a-t-il voulu parler que de ce qu'on appelle proprement la demi-teinte d'ombre, c'est à dire de la couleur mitoyenne de nos Peintres? Il se peut; mais alors il n'a pas été plus fondé en raison que quelques Auteurs modernes dont j'ai parlé plus haut. Plusieurs Savants ont confondu le clair-obscur, avec la lumiere & l'ombre. Cependant le clair & l'obscur ont des limites plus étendues.

Turnbull rend le *Tonon* par demi-teinte de lumiere, *(Middlelight)*. Pour Durand il s'est mis tellement à son aise avec Pline, qu'il a fondu dans la traduction de son Auteur ses explications particulieres souvent fort heureuses. Quoi qu'il en soit, la nature & l'art expliquent mieux les différentes sortes de demi-teintes, que les écrits de la plupart des Littérateurs.

Supposons donc que le *Tonos* ne soit que la demi-teinte d'ombre: prenons que Pline nous l'ait dit & admettons en preuve ce qui n'est qu'en question.

Mais Pline nous a dit tant de merveilles de l'effet des tableaux de *Zeuxis* & des autres Peintres grecs, qu'il faut, ou que nous révoquions en doute ce qu'il avance à ce ſujet, ou que nous croyions que les Anciens connoiſſoient certainement d'autres artifices de la Peinture & qu'ils y entendoient plus que les jours, les ombres & les demi-teintes d'ombres. Ils auroient indiqué les limites noyées les unes dans les autres des jours & des ombres ou du *penumbram* dans le ſens le plus reſtreint; mais ils n'auroient jamais atteint cette hauteur de l'art, déterminée par le terme de *Tonos*, & expliqué par le mot de *Splendor*.

Pour cet effet il faut que toutes les couleurs mitoyennes, en demi-teintes d'ombres & en reflets, & que tous les ménagements de la lumiere & de l'ombre, ſuivant la couleur aërienne & le ton de la dégradation, ſe prêtent mutuellement de l'appui. Je dis plus: quand toutes les eſpeces de demi-teintes accompagnent la lumiere & l'ombre, les convexités & les concavités, il arrive que les corps ombrés ſe trouvent détachés & élevés par un fond ombragé. Souvent cependant les loix de l'harmonie prévalent contre la chute ordinaire de la lumiere, & demandent les rehauts ſur la partie de relief la plus proche de notre œil [i]. Alors les objets ſortent pour

[i] Dans les Conférences de l'Académie Royale de Peinture & de Sculpture recueillies par Teſtelin, il s'étoit élevé une

pour ainsi dire de la toile, comme dans un tableau d'Apelle, la main d'Aléxandre armée de la foudre de Jupiter [k]. C'est alors qu'ils acquiérent cet éclat, cette splendeur [l], que les anciens ont tant vanté dans leur *Tonos*.

 Scheffer

une contestation à l'occasion d'une tête supérieurement bien peinte, ayant la face & les yeux élevés. Quelqu'un de la Compagnie trouva à redire sur ce que les rehauts du clair étoient au bas de la joue proche du menton, au lieu qu'ils devoient être, selon lui, sur le front, comme l'endroit le plus haut & le plus près de la lumiere. Mais on lui fit observer que cette tête étant renversée en arriere, le menton approchoit plus de l'œil du spectateur, & le front s'en éloignoit davantage. — Et voilà: *adjectus est splendor, alius hic, quam lumen.* — Au moyen d'un globe luisant on prouva l'assertion précédente & on termina la question suivante, savoir lequel du clair ou du brun est plus propre à faire avancer ou reculer les objets? Il fut décidé, que l'éclat des rehauts est plus propre à faire mouvoir & avancer les objets que les bruns; mais on demeura d'accord, que l'opposition de ces choses se sert mutuellement pour dégager les parties singulieres de leurs fonds.

k De là l'on a dit de *Nicias: Lumen & umbras custodivit, atque ut eminerent e tabulis picturae, maxime curavit.*

l *Splendor* ne peut être que l'effet des rehauts en question dans chaque couleur locale de l'objet. Cet artifice est une preuve du bon jugement & du beau faire du Maitre, soit que cet éclat de rehauts ait pour principe l'incidence ordinaire de la lumiere, ou la cause alleguée ci-devant dans la note tirée de Testelin. —

Scheffer explique cette ſplendeur par le mot de vigueur, de fraicheur, ce qui ne peut-être entendu que de cette vivacité qui règne dans un tableau fait avec chaleur & avec fierté.

C'eſt ainſi que *Zeuxis* a pu donner à ſes raiſins le ton de la dégradation, la rondeur & la clarté: c'eſt ainſi que le Flamand laborieux & exercé releve ſes tableaux par la ſuavité de ſes couleurs, par les avantages de ſes glacis & de ſes reflets, & qu'il y introduit ces tons transparents qu'on ne ſauroit trop recommander à tous les Peintres.

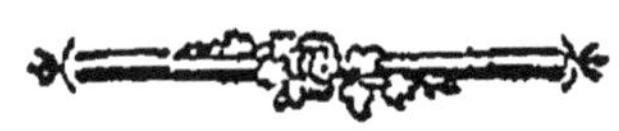

CHA-

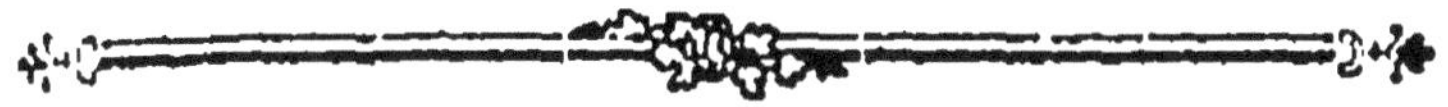

CHAPITRE XLIX.

Des Reflets en particulier.

La nature colorie avec grace par la variété des jours & des ombres; mais elle colorie avec plus de grace encore par celle des reflets. C'est aux reflets que l'ombre doit sa clarté & c'est aux reflets que notre œil doit son illusion la plus agréable dans les parties ombrées. C'est encore par les reflets qu'il se répand sur toutes les scenes de la nature & de l'art une douce lumiere, souvent plus feconde & plus gracieuse pour la variété que le rayon de lumiere primitive qui demande impérieusement notre attention.

Sans les reflets d'un objet éclairé par cette lumiere primitive, ou par quelque muraille blanche, les figures du tableau qui sont entierement à l'ombre, ne seroient guere apperçues de notre œil, & l'ombre qui règne sur les objets ressembleroit à la nuit. Plus loin le peuplier tremblotant jette son ombre sur la drapperie d'une figure: ombre accidentelle qui s'oppose pour ainsi dire à l'ombre qui domine sur toute l'étendue du Paysage, tandis que dans le premier cas la lumiere réfléchie se tourne vers la lumiere primitive. Un coup d'œil jetté sur les grands paysages *d'Herman Svanevelt*

gravés

gravés à l'eau forte par lui-même, éclaircira ce que j'avance.

Une circonstance si petite en apparence nous enseigne d'interrompre d'un côté les parties éclairées par des ombres, & de l'autre d'en emprunter d'agréables reflets pour les objets ombrés: c'est à dire, d'opposer les clairs aux clairs, & les obscurs aux obscurs. Sans cette alternative l'aspect d'un tableau produiroit sur nos sens le même ennui, que la lecture d'un poëme écrit d'un style prosaïque.

On ne nous a pas instruit, si certains tableaux composés il y a plus de cent ans, ont eu en effet cette vertu soporifique. Du moins cela devoit être, s'il est vrai, comme dit du Fresnoy, *que la Peinture & la Poësie sont deux sœurs* [a]. Lairesse [b], pour nous expliquer l'ordonnance du clair au clair, & de l'obscur à l'obscur, nous a indiqué quelques Peintres qui ont donné dans ce défaut. Ces Artistes qui ont fort bien su observer la succession des parties obscures & claires les unes derriere les autres, auroient-ils cru superflu de remarquer l'incidence des lumieres & des ombres les unes à côté des autres?

Ce

a *Similis Poesi*
Sit Pictura.
Du Fresnoy.

b Traité de la Peinture &c. Livre V. Chap. 5.

Ce n'est pas d'eux du moins que Ciceron [c], ou plutôt Lucullus, l'un de ses interlocuteurs, eut dit que les Peintres voyent dans les ombres & dans les clartés élevées une infinité de choses que nous ne voyons pas. Sans doute un homme tel que Lucius Mummius n'y verra rien. Mais pouvons-nous douter des connoissances d'un Ciceron & d'un Lucullus en fait de Peinture? Selon moi, ce passage peut très-bien s'adapter aux tableaux de la nature, quoiqu'on l'applique aux connoissances des peintures de l'art. Le don de voir & de sentir les beautés d'une composition pittoresque ne peut pas plus être refusé à un Curieux qui contemple les ouvrages de la nature & qui les compare avec ceux de l'art, qu'à un Artiste qui joint la théorie à la pratique. Dans chaque touche savante il pénètre la cause & l'effet, & il voit la nature qui domine agréablement le tout-ensemble.

La contemplation de la nature & de l'art nous devient plus facile & plus agréable, à mesure que nous augmentons nos connoissances dans les loix de la réflexion de la lumiere. Les Maîtres dans l'Optique disent pour cette fin, que l'angle de réflexion est égal à l'angle d'incidence. Si ces termes ne sont pas assez familiers à l'Artiste, il faura

c *Quam multa vident pictores in umbris, & in eminentia, quae nos non videmus! Acad. L. IV. c. 7.*

ce que c'est que le rejailliſſement ou le rebondiſſement d'une balle jettée ſur une ſuperficie platte. Lui-même il prie l'Amateur novice qui vient conſidérer ſa compoſition, de ne pas ſe placer trop loin ſur la droite du tableau; car le jour qui frappe la peinture du côté gauche, au-lieu de rendre les objets plus diſtincts, ne porte aux yeux que le luiſant des couleurs. Qu'eſt-ce autre choſe ſinon que l'Artiſte fait ſes remarques dans un cas particulier &, qu'agiſſant avec connoiſſance de cauſe, il établit ces remarques en principes pour tous les cas ſemblables? ſavoir que le rayon de lumiere eſt ſemblable au rebondiſſement de la balle, lorsqu'il forme un angle oblique avec la ſuperficie qu'il frappe &, dans le cas en queſtion, avec le tableau; & que, ſous un angle égal, il rejaillit ſur le côté oppoſé, en tombant d'un corps ſur le ſecond & du ſecond ſur un troiſieme &c.

De plus nous portons nos ſoins ſur la diminution de la lumiere continuée par les reflets, & ſur la communication alternative des couleurs. C'étoit le reflet qui nous avoit enſeigné le mélange du verd réſultant du bleu & du jaune, ainſi que des autres ruptures des couleurs. Le coloriſte voudroit-il méconnoître ſon maître?

D'où viendroit cette teinte dorée dont ſe colorent le matin la cime des montagnes, & le ſoir la ſurface des campagnes, ſi ce n'eſt de la réflexion

de

de l'air raréfié? D'où viendroient ces nuances des couleurs répandues sur ces mêmes campagnes, si ce n'est du mélange des différentes teintes des champs & des prairies avec l'effet des divers reflets sur les objets voisins? Quelles scenes la nature nous offre de toutes parts! Un coup de jour imprimé sur des nuages, éclaire toute une étendue de pays: nos yeux percent dans les profondeurs de ces corps aëriens, & la réflexion nous les renvoie sur le cristal des eaux.

La même couleur de l'objet qui fournit le reflet, appliquée sur l'objet qui reçoit le reflet, se fortifie sur celui-ci par des éclats de rehauts que l'art sait adoucir. Les Graces se tenant entrelacées, sont susceptibles de reflets plus piquants que Vénus seule, cherchant Adonis. Faut-il s'étonner que *Rubens* ait trouvé des avantages dans les reflets & dans les couleurs les plus éclatantes, lorsqu'on fait attention aux sujets qu'il a traités avec prédilection? C'est pour cette raison que Leonard de Vinci veut que le Peintre, curieux d'embellir la carnation, s'astreigne à peindre le portrait & le nud en général dans une chambre exposée à l'air, & dont les murailles auront été mises en couleur de carnation [d]. On sait que *Rubens* & quelques autres

[d] V. sur ces objets les Chapitres XXXVI. & LXXXVI. du Traité de la Peinture de Leonard de Vinci.

autres grands coloristes, se sont contentés d'un fond blanc.

Félibien, dans ses *Entretiens* [e], a très-bien discuté les différentes réflexions sur les corps dont la surface est polie & sur ceux où elle est matte; il a montré en même tems l'effet des reflets dans l'eau. De-là les Peintres qui ne consultent pas la nature, tombent dans de grands défauts, lorsqu'ils se contentent de représenter dans l'eau les apparences des corps qui s'y reflètent, sans savoir la raison de ces apparences, ni sans connoître la qualité de ces corps.

Que le témoignage des sens donne son approbation à l'esprit de recherche: qu'éclairé par les leçons d'un Félibien ou d'un Lairesse le Peintre descende avec le Poëte *dans la vallée mélancolique où, des masses de rochers s'inclinent sur la surface de l'étang, où le peuplier argentin se mire dans le cristal des eaux & semble frémir avec l'ombre* [f].

Remplis

[e] V. Cinquieme Entretien sur les Vies & les Ouvrages des Peintres &c. A l'ouvrage de Felibien, on peut ajouter le Chapitre VI. du livre intitulé: *Teorica della Pittura, d'Antonio Franchi* (in Lucca 1739.) La lecture de cet ouvrage ne sauroit être qu'utile à l'Artiste, quoique l'Auteur s'apésantisse un peu au commencement sur des objets peu essentiels.

[f] *Zachariae Tageszeiten.*

Remplis de ces idées réunies, l'Artiste & l'Amateur cherchent de ces scenes de la nature dans les tableaux d'un *Albert Meyering*. Ils y trouvent les préceptes que j'établis touchant les reflets, sans y rencontrer la sécheresse de mon élocution.

Quant aux reflets agréables sur le visage ombré d'une jeune personne tournée de côté & lisant une lettre sur laquelle porte la lumiere de dehors, il est facile d'en rendre raison. Je parle d'un tableau de *van der Werf*. Dans cette composition il falloit que l'esprit de l'Artiste pénétrât plus avant dans les rapports des demi-teintes, [le visage étant éclairé fortement par la blancheur du papier,] qu'il n'auroit eu besoin de le faire à l'égard d'un corps plus obscur qui réfléchit moins de rayons de lumiere. Je permets, mon cher ami, à votre imagination de chercher dans cette lettre les choses les plus agréables, & de trouver sur la physionomie de la jeune personne le contentement le plus parfait. Permettez-moi à votre tour, pour éclaircir l'exemple que j'ai cité plus haut, de retrouver sur ce papier les effets de la muraille blanche dont parle Leonard de Vinci, & de les rencontrer avec des reflets plus forts venant d'une surface plus polie; de voir enfin le vêtement du voyageur frappé de ces masses de reflets, & selon la nature & la couleur de l'étoffe, & selon les teintes & les caracteres des belles carnations.

Il

Il eſt auſſi facile d'imaginer les circonſtances pour former les reflets mixtes, qu'il eſt aiſé d'un autre côté d'appercevoir la multiplication des reflets ſur un ſeul objet dans la nature [g].

Rien de plus propre pour expliquer à un Amateur en voyage le procédé de ces reflets mixtes, que le tableau de Caliſto de *van der Werf* [h]: je ne parle pas de la Nymphe affligée, dont l'expreſſion pouroit être plus noble, je parle de la belle entente de lumieres & d'ombres. Quel charme répandu ſur toute la ſcene, par l'intelligence des reflets & par des clartés communiquées à tous les objets! En contemplant ce morceau précieux on croit ſentir tout ce qu'on ſentiroit, ſi, pendant les ardeurs d'un jour d'Eté, l'on étoit tranſporté dans ces demeures agréables de l'ombre. On y reſpire la fraicheur. On plaint la pauvre Caliſto, on la compare à la ſévere Diane & aux autres Nymphes: puis l'œil, oubliant inſenſiblement l'hiſtorique de la compoſition, ſe trouve attiré par le charme des objets champêtres & ſe perd dans les bouquets d'arbres qui bordent la rive, ou bien il ſe plonge

avec

g V. Diſſertation de M. Beguelin ſur les Ombres colorées, dans le Tome XXIII. des Mémoires de l'Académie Royale des Sciences & Belles-Lettres de Berlin.

h On voit ce tableau dans le cabinet Electoral de Manheim.

avec eux dans le cryſtal des eaux. Mais pourquoi m'arrêté-je ſi longtems à *van der Werf*? Il eſt des Connoiſſeurs qui dans cet intervalle auroient parcouru cinq tableaux & jugé au moins deux. De ce nombre eſt Liſidor.

Liſidor parle bien: il le ſait, de-là il parle haut & apprécie le mérite des tableaux avec le ton de la déciſion. A la vue d'une de ces compoſitions il hauſſe les épaules; il ne conçoit point pourquoi ces bouquets d'arbres, ces ombres flottantes, répandent des reflets verdoyants ſur les épaules de la Déeſſe en couroux & des Nymphes de ſa ſuite. Qu'en doit-on conclure? Rien, ſinon que Liſidor parle de gorges d'albâtre & de cous de cignes comme un perſonnage de roman. Et c'eſt ce qu'il eſt: dans un roman, Liſidor peut figurer comme un Connoiſſeur.

Les objets obſcurs dévorent les rayons de lumiere, qu'ils doivent renvoyer comme des reflets; ou du moins ils en renvoyent bien moins que les corps teints d'une couleur plus lumineuſe. D'un autre côté les reflets que reçoit un corps clair ne ſont pas ſi ſenſibles, que ceux qui frappent un corps d'une teinte obſcure [i].

D'après

i Traité de la Peinture de Leonard de Vinci, Chapitre LXXXVIII.

D'après ces maximes tirées de la nature pittoresque l'Artiste a la liberté de choisir son sujet & de disposer ses objets dans les clairs ou dans les bruns, pour produire le bel effet de son tableau. Tout ceci, mon cher ami, ne vous rappelle-t-il pas la combinaison nécessaire des deux idées, renfermées dans ma définition du *clair-obscur*?

La force inégale de l'ombre sur les objets qui occupent le même plan, est déterminée par le plus ou le moins de projections des reflets que produisent les corps voisins. La palette à la main, le Peintre juge pour ses teintes les dégrés de l'obscurité qu'il divise & qu'il calcule pour ainsi dire à son Eleve [k]. Alors l'Artiste a besoin d'autres termes, & lui qui se contentoit de chercher l'ombre sous des allées touffues, ne doit remarquer, quand il opere sur la toile, que celle que lui fournissent les arbres & les bosquets qui le garantissent immédiatement des rayons du soleil; il ne doit se trouver lui-même, ainsi que le gazon qu'il foule aux pieds, que dans ce qu'on appelle *l'ombre incidente*. De-là Abraham Bosse se servoit des mots d'ombre, & d'ombrage.

On veut que les reflets des objets dans l'eau soient tenus plus foible d'une teinte.

Mais

k Traité de Peinture de Lairesse. Livre V. Chap. 2.

Mais il ne me suffit pas de posséder la théorie des reflets, ni de savoir par expérience que lorsqu'un corps reçoit des reflets de différents objets, je puis les modérer dans un endroit par l'opposition de certains corps opaques. Il faut encore que je les modere réellement pour produire la vraisemblance mécanique, en y introduisant de ces sortes d'objets; ou il faut que je les indique légérement, lorsque je remarque, par les principes de l'harmonie des tons, que la lumiere réfléchissante a besoin d'être adoucie. Sans quoi je ressemble à un Peintre qui, sachant que l'art ne peut pas représenter la splendeur du soleil, a soin de le couvrir du voile des nuages & n'oublie rien, hormis la petite circonstance, de rendre dans son tableau l'ombre que projecte ce voile sur les campagnes voisines; ou je ressemble à un Artiste qui, aux heures les plus ardentes du jour, malgré le :

Nunc etiam pecudes umbras & frigora captant,

laisse languir de chaleur au sein même des forêts des troupeaux entiers, parce qu'il ne sait pas tirer parti des arbres par l'ordonnance des ombres racourcies, ni employer avantageusement les accidens des nuages.

Dans l'exemple que je viens de citer, il étoit question de tirer parti de certains accidents, que le

Peintre avoit heureusement imaginés. C'est ainsi qu'il faut savoir inventer des reflets. Si j'avois à traiter les combats des Grecs & des Troyens & que mon sujet eut besoin d'être détaché de son fond par les reflets, je ferois rejaillir des rayons de lumiere du bouclier d'Achille pour les répandre sur Hector placé à l'ombre. -- Mais le bouclier d'Achille n'étoit pas poli, me dit la critique, lisez Homere, Pope & -- La critique a raison. Eh bien, que l'Artiste prenne un bouclier plus poli & d'autres Héros: qu'elle m'accorde seulement que le Peintre a le droit de créer des reflets, lorsqu'il a la vraisemblance pour guide.

Quel Peintre a pris plus de liberté de créer des reflets que *Rubens?* Quel Artiste a été plus hardi pour la projection de ses ombres & pour l'effusion de sa lumiere qu'il répandoit par torrents que *Rembrant?* Je n'examinerai point, si le premier n'a pas poussé ses transparents trop loin, & si le second n'a pas répandu l'obscurité jusque sur ses sujets de gaieté. Je ne connois aucun Artiste capable de tomber dans le défaut du premier, & j'en connois bien peu en état de tomber dans celui du second.

Rembrant, pour attirer la vue sur ses reflets, se servoit de la lumiere particuliere du jour d'après laquelle il faisoit valoir les objets & les tiroit en

avant

vant. Il n'eſt pas queſtion de ſavoir ſi la lumiere niverſelle produit plus de reflets; il n'eſt queſtion ue de ſavoir dans quels endroits ils ſont le plus rand effet. C'eſt particulierement à l'effet que ire le coloriſte. Comment y réuſſira-t-il? C'eſt n diſpoſant les reflets ſur un champ obſcur, lui diſent la nature & de Vinci. J'ai indiqué dans un etit traité des reflets, ce que m'ont appris la ature & de Vinci [l].

Le Peintre qui traite les ſcenes libres de la naure, n'obſerve pas moins les règles de ces rejailiſſements réciproques; il raſſemble à ſon gré la umiere dans des limites bien amenées, parce que es accidents lui offrent des ombres & les murailles es reflets. C'eſt pour lui que l'air ſe charge de apeurs & de brouillards. Que veut-il de plus, 'il a la faculté de penſer? Car il faut que l'Artiſte oit penſeur, s'il veut ſe rendre maître de ſon ujet. La nature docile eſt à ſes ordres: ſeondé par elle, il ordonne & éclaire les objets e ſa compoſition.

Si le reflet ſe montre dans la nature comme ne lumiere empruntée & affoiblie, il ne faut as qu'elle faſſe tort à la lumiere primitive, ni

N 2 qu'elle

[l] V. Eclairciſſements hiſtoriques &c. p. 350.

qu'elle affoibliſſe l'ombre. Si les loix de la diſtribution exigent de la ſubordination dans les parties, les mêmes principes demandent auſſi l'adouciſſement des reflets. C'eſt ainſi que la nature & l'art concourent à nous offrir dans les reflets quelque choſe qui tienne des jours & des ombres. Le Peintre produit l'expreſſion de cet effet par une couleur rompue, ou par une teinte compoſée de deux ou de pluſieurs couleurs: j'ai donc été en droit de ranger les reflets parmi les demi-teintes.

LIVRE

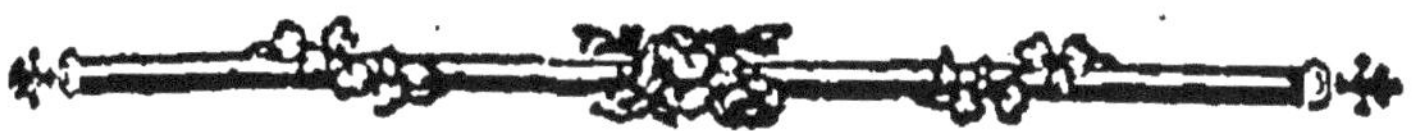

LIVRE IV.

SECTION II.

[D]U COLORIS ET L'EXECUTION EN PARTICULIER.

CHAPITRE I.

[D]es Teintes en général & des quatre Couleurs des Anciens.

L'amitié des couleurs & la vérité dominante des teintes dans la façon d'opérer, constituent le mérite du Coloriste & lui donnent ce titre : jusque là, distributeur des jours & des ombres, il n'étoit encore que l'ordonnateur du tableau. Les belles couleurs toutes seules ne forment pas le Coloriste. La nature lui enseigne l'art de les rompre & ses préceptes sont simples. Les fleurs montrent l'amitié des couleurs, les reflets offrent le mêlange des teintes : l'arc-en-ciel nous présente les couleurs & les teintes.

Rien ne nous oblige de prendre les sept couleurs de l'arc-en-ciel, mixtes en apparence, & d'en déduire autant de couleurs simples ou de couleurs capitales pour la Peinture. Ces dernieres sont le jaune, le rouge & le bleu qui, par l'addition du blanc, c'est à dire par la couleur d'un corps qui réfléchit indiſtinctement & avec autant de force que de vivacité tous les rayons de lumiere, prennent une teinte pâle & qui par le mélange du noir ou de la couleur d'un corps qui renvoie très-foiblement tous les rayons de lumiere, prennent une teinte obſcure. De-là quelques Ecrivains ont appellé ces deux teintes couleurs ſympatiques ou reproductives.

L'expérience nous apprend que ces couleurs, avec tous leurs mélanges qui forment enſemble les ſept couleurs de l'arc-en-ciel, ſe trouvent réunies dans le rayon blanc de lumiere. L'Artiſte qui cherche l'occaſion de ſe convaincre de ces expériences des Phyſiciens, trouve les éléments du mélange de ſes couleurs dans les peintures que ſe plaît à faire la nature. Mais avec toutes les expériences des Phyſiciens, la couleur blanche & la couleur noire, tant que le Peintre ne poura pas les produire ſur la palette par le mélange [a], ſeront-elles moins pour

[a] C'eſt d'après ce principe qu'on explique les couleurs primitives. L'on peut eſſayer, ainſi qu'a fait le Blon, ſi par le mélange du rouge, du jaune & du bleu, comme couleurs primitives, l'on pouroit produire le noir. Cet Artiſte appelle les couleurs primitives contenues dans les rayons du ſoleil couleurs impalpables, & les couleurs naturelles dont on ſe ſert pour la Peinture, couleurs matérielles. Il ſoutient qu'avec le mélange des premieres on peut produire le blanc & qu'avec le mélange des ſecondes on aura le noir. Voyez ſur cet objet l'ouvrage de

pour lui des couleurs simples ou des couleurs capitales que les trois couleurs primitives en question? Ainsi pour la sphere de la Peinture je prends sans difficulté cinq couleurs capitales, dont les changements divers que le Professeur Mayer de Gœttingue a essayé de calculer, se montent à 819.

Ces sortes de recherches, mon cher ami, méritent bien de piquer la curiosité de votre Artiste, étant d'expérience qu'un œil exercé est moins sujet à s'égarer dans l'application. Il est certain que la connoissance des couleurs terrestres ou des couleurs factices, si elles sont durables & si elles sympatisent avec d'autres couleurs, nous enseignent le plus ou le moins d'usage que nous en pouvons faire.

C'est par l'usage modéré du spalte ou du bitume de Judé, que *Manyocki* embellissoit ses tableaux,

de M. le Blon, livre devenu rare & imprimé à Londre il y a plus de quarante ans en Anglois & en François. Il a pour titre: *Il Coloritto, ou l'Harmonie du Coloris dans la Peinture, réduite à des principes infaillibles, & une pratique mécanique, avec des Figures imprimées en couleur pour en faciliter l'intelligence. Par Jacques Christophe le Blon: in-quarto, orné de cinq Planches.* Cette sorte de Gravure a été renouvellée & perfectionnée depuis. Quant à ce qui concerne ce genre, fort utile pour rendre les représentations anatomiques & physiques, je suis assez du sentiment de van Gool, qui ne l'approuve qu'avec beaucoup de restrictions. V. *Nederlantsche Schilders en Schilderessen.* Tom. I.

bleaux, & c'eſt par l'emploi du même ſpalte que *Joſeph Creſpi* préjudicioit aux ſiens. Le premier s'en ſervoit ſurtout dans les drapperies, dans les groſſes peliſſes, mais il ne l'employoit qu'avec ménagement dans les viſages, & il ne le faiſoit que pour répandre une ſorte de ragoût ſur les ſourcils noirs.

L'Ordonnateur connoît par les principes du coloris l'antipathie du bleu & du rouge à côté l'un de l'autre; & ſur ce point il a pour guide la nature dans ſa maniere de colorier les fleurs. Mais rien n'eſt plus ſympathique que le violet qui réſulte du mélange des couleurs analogues. Il n'y a que l'outre-mer & le cinnabre qui réſiſtent à ce mélange. De Piles nous dit, & l'expérience nous le confirme, que ces aſſociations produiſent une couleur terreſtre deſagréable. Je dis deſagréable, comparativement à l'éclat de chaque couleur ſimple; car elle ne l'eſt pas, ſitôt qu'un habile coloriſte ſait la tempérer & la ſubordonner aux objets. Le ſacrifice de ſa beauté primitive eſt très-bien réparé par la beauté eſſentielle, que la couleur temperée donne aux demi-teintes ſur le viſage & ſur le nud en général. L'outre-mer paroît communiquer cette propriété au cinnabre.

C'eſt dans cette adreſſe que conſiſtoit principalement le mélange des couleurs de *Manyoki* qui ne m'en faiſoit point un myſtere; & l'effet en paroiſ-

ſoit

foit dans les demi-teintes d'ombre des carnations. On remarque le même artifice dans les ouvrages d'un *Nogari* & dans ceux des autres bons coloristes. C'est sans doute aux mêmes procédés qu'il faut rapporter le trait de Santerre qui, à ce que rapporte M. d'Argenville, ne se servoit que de cinq couleurs [b] pour faire ses teintes.

„Mais, me dira-t-on, si ce Peintre qui avoit „un coloris vrai & tendre ne se servoit que de cinq „couleurs pour faire ses teintes, il avoit donc re„trouvé à peu près le secret des anciens qui n'en „employoient que quatre.“

Je sais à combien de restrictions a donné lieu le fameux passage [c] concernant le rouge, le jaune, le blanc & le noir de Pline, qui dans d'autres

N 5 occa-

b Ces cinq couleurs étoient l'outre-mer, le massico, le gros rouge-brun, du blanc de craie, du noir de Cologne. V. Abrégé de la Vie des plus fameux Peintres. Tome IV.

c *Quatuor coloribus solis immortalia opera illa fecere, ex albis Melino, ex silaceis Attico, & rubris sinopide Pontica, ex nigris atramento, Apelles, Echion, Melanthius, Nicomachus, clarissimi pictores, cum tabulae eorum singulae oppidorum venirent opibus. Nunc & purpuris in parietes migrantibus, & India conferente fluminum suorum limum & draconum & elephantorum saniem, nulla nobilis pictura est. Omnia ergo meliora tunc fuere cum minor copia. XXXV. 7.*

occasions n'a pas laissé de faire mention du bleu[d]. Les yeux bleus de Minerve & le jeu des veines sous une peau délicate, auroient dû nous faire supposer cette couleur, comme le mélange du bleu & du jaune auroit dû nous indiquer le vert, quand même l'on auroit pu révoquer en doute la nécessité de ces couleurs pour représenter une contrée champêtre, ou les soins des Anciens pour porter le coloris à sa perfection. Dans le mélange des couleurs, ainsi que dans tous les arts d'imitation on a été obligé d'abord de tâtoner, avant qu'on ait pu marcher avec sûreté.

Il est très-certain, me répondra-t-on, que les Anciens ont connu plus de quatre couleurs: mais il s'agit de savoir si les Artistes, de qui l'on nous dit expressément qu'ils n'employoient que quatre couleurs pour composer leurs immortels ouvrages, se sont servis d'un plus grand nombre de couleurs. La sagesse conduit toujours par le chemin le plus court, & ses Anciens guidés par elle suivoient ce chemin.

Il faut, dis-je, prendre ce passage dans son ensemble. Pline choqué de la multiplicité des couleurs, ou de la bigarrure qui régnoit dans la Peinture de son tems, avoit voulu ramener les Artistes,

d *Plinius* XXXIII. 11. 12. Les tableaux d'Herculanum prouvent, que les Anciens ont fait usage du vert & du bleu.

tistes, par ses observations judicieuses, à la simplicité primitive. Considérées sous ce point de vue, les peintures des beaux siècles de la Grece qui existoient de son tems, venoient à l'appui de ses raisonnements & montroient la sage modération des anciens Artistes par rapport à l'emploi des couleurs. Mais quiconque voudroit trouver, dans les paroles même des Anciens, de fideles mémoires jusqu'au siècle de Pline, quiconque voudroit y trouver une décision pour toutes les circonstances, ressembleroit à ceux qui par la nature de leurs yeux voyent fort bien de loin & fort mal de près. Je ne prens le témoignage des plus grands Artistes que pour une indication des couleurs les plus nécessaires pour peindre les carnations des figures. Je ne le prens enfin que comme la déclaration de *Santerre*, ou comme la réponse ordinaire des Peintres, qui, interrogés sur leurs couleurs, nous nomment préférablement celles dont l'expérience leur a fait reconnoitre l'utilité. Rarement ils vous nommeront plus de quatre couleurs, ils suppriment les autres tels que le blanc & le noir, comme des couleurs qui se supposent d'elles-mêmes, ce qu'ils font peut-être sans y entendre finesse. Et quand ils y mettroient du mystere, cela ne prouveroit rien contre ma thése; car souvent l'Artiste, la palette à la main, peint avec un si grand feu qu'il seroit bien embarrassé de détailler le mélange de ses couleurs.

Aussi de Piles, dans ses Réflexions sur les ouvrages du *Giorgion*, dit de ce grand Peintre, qu'il ne se servoit pour ses carnations que de quatre couleurs capitales, dont le judicieux mélange faisoit toute la différence des âges & des sexes [e].

La dénomination des couleurs se fait d'après l'essentiel qui est le nud dans les tableaux des Grecs [f]. Cela supposé, nous nous arrêterons aux quatre couleurs indiquées par Pline.

Par exemple le rouge-brun ou quelque autre rouge durable, (j'y ajouterois le cinnabre si son instabilité n'exigeoit pas tant d'adoucissement) l'ochre, & le blanc de Venise ou de Cremnitz, ne sont-ce pas encore aujourd'hui les mêmes couleurs que le Peintre d'histoire nous indiquera préférablement pour ses carnations claires? Nous célera-t-il le mélange des feuilles de vigne brûlées, le noir des noyaux de pêches, ou de quelque autre noir pour faire les ombres & les demi-teintes d'ombre? Et voilà les quatre couleurs de Pline. La nature & les principes du coloris nous conduisent à ce premier éclaircissement. Mais les Peintres auroient-ils renoncé pour cela à l'emploi des autres couleurs, par exemple à l'ochre foncé, à l'outremer, & à quelques

e V. Abrégé de la Vie des Peintres, avec des Réflexions sur leurs ouvrages, par M. de Piles &c.

f *Graeca res est nihil velare. Plin. XXXIV. 5.*

quelques autres couleurs propres pour les glacis, ou pour les adouciſſements des teintes [g]? Les Payſagiſtes pour faire leurs ciels & pour rendre le vert, ont-ils jamais pu ſe paſſer de la couleur bleue? L'un eſt douteux, l'autre eſt impoſſible. Au reſte comme il eſt queſtion ici de modération, je voudrois bien auſſi interdire l'emploi immodéré de la couleur blanche qui fait donner tant de Peintres dans la farine.

Cependant l'on permettra auſſi à un Artiſte qui connoît la bonté & l'effet de ſes couleurs d'être indifférent ſur leur nombre, pourvu qu'il puiſſe atteindre au mélange des diverſes couleurs & à l'entente des teintes vierges d'un *Titien*, d'un *van Dyk*, d'un *Gerard Dow*, ou plutôt de la nature elle-même. C'eſt là le nœud qu'il s'agit de défaire; l'Artiſte

g De Piles interprête ce paſſage de Pline d'une autre maniere: il prétend que les anciens n'employoient les quatre couleurs en queſtion que pour préparer les fonds, ſur leſquels ils couchoient enſuite les couleurs qui donnent à un ouvrage de Peinture la fraîcheur, la vivacité & l'ame. — Je ne ſais ſi cette explication feroit beaucoup d'honneur à Pline: il en réſulteroit que ce juge de l'art n'auroit parlé que des couleurs qui compoſent les fonds du tableau, qu'il auroit paſſé ſous ſilence celles qui donnent l'ame à la compoſition, & qu'il auroit cependant attribué à ces couleurs les effets qui ont imprimé le ſceau de l'immortalité aux compoſitions pittoreſques des Anciens.

l'Artiste en est-il venu à bout, nous ne lui cher-cherons point chicane sur les moyens qu'il a employés.

Qui est-ce qui ne blâmeroit pas les Peintres de portrait, de fruit & de paysage si, contents du parti qu'ils tirent de l'usage de l'ochre, ils s'interdisoient le jaune de Naples, lorsqu'il est décidé que cette couleur conviendroit parfaitement bien au premier pour certaines teintes du visage & pour les demi-teintes d'ombre du front, au second pour rendre les pêches & les raisins blancs, & au troisieme pour faire ses ciels & ses lointains? Ces Artistes se seroient-il donnés gratuitement des entraves & auroient-ils cherché leur gloire dans l'emploi de l'ochre, quand même cette couleur garderoit sa dénomination comme claire ou comme brune, comme brûlée ou non brûlée, pour qu'un Pline moderne instruise la postérité de l'usage économe des couleurs & qu'il vienne un Commentateur qui, sans connoître la nature ni l'économie des couleurs, entende finesse sur tout & leur fasse dire ce qu'il n'ont jamais pensé? C'est bien là le cas de cette savante ignorance dont parle Montaigne [h]; & souvent

h „Il se peut dire avec apparence, qu'il y a ignorance „abécédaire, qui va devant la science: une autre doctorale, qui vient après la science: ignorance que la science „fait & engendre, tout ainsi comme elle défait & destruit „la premiere." Essais de Montaigne. L. I. Chap. 54.

ſouvent un Erudit court riſque d'y tomber, lorſqu'il commente d'anciens Ecrivains, & qu'il oublie de ſe familiariſer avec l'art auquel ſe rapporte ſon commentaire.

Mais les objets de la Peinture dont l'Artiſte fait choix, nous conduiſent d'eux-mêmes à des modifications, ſans faire violence à la nature & ſans prêter à l'art de vaines ſubtilités. Le Payſagiſte ne ſe ſert qu'avec circonſpection du cinnabre, dont l'emploi modéré rend des ſervices utiles aux Peintres d'hiſtoire & de portrait. Le vieux *Brand* s'étoit interdit entierement le minium, le ſtil de grain & l'orpin; il ne rejettoit pas tout-à-fait la terre d'ombre, quoique j'aye remarqué que d'autres Payſagiſtes ont pour maxime de n'étaler jamais cette couleur ſur leur palette, à cauſe de ſon peu de ſolidité, & *Manyoki* ne s'en ſervoit jamais. J'ai parlé ailleurs de l'inconvénient qu'il y a d'employer la terre d'ombre dans les demi-teintes & dans les ombres des carnations. Et je ſuis fort tenté de croire que l'obſcurité qui règne dans quelques tableaux de *Michel-Ange de Caravage* [i] doit être attribuée à la terre d'ombre ſujete à pouſſer au noir. Comment concilier autrement cette crudité qu'on remarque dans ſes compoſitions avec cette vérité que ſes contemporains y ont tant louée? Felibien

[i] Eclairciſſements hiſtoriques &c. p. 261.

Felibien dit de cet Artiſte qu'il poſſédoit parfaitement l'art de peindre, & qu'il exprimoit heureuſement les objets de la nature qu'il avoit devant les yeux. Il traitoit ſi bien les carnations qu'à cet égard il ſurpaſſoit le *Pouſſin*, infiniment plus noble dans le choix de ſes ſujets.

Pour les parties du nud, l'outremer, l'ochre en général & le brun-rouge commun, ſoutiendroient leur rang parmi les couleurs les plus eſſentielles, ſi la choſe avoit beſoin de modification. *Denner* qui a pouſſé le plus loin le fini des carnations, a cru la lacque qu'il préparoit lui-même indiſpenſable pour rendre ces parties. Mais ce Peintre condamnoit ſans doute l'emploi de la même pâte dans les Artiſtes qui, méconnoiſſant ſur cet article la ſage modération d'un *Manyoki*, décélent par des portraits diſpoſés à noircir que leur talent ſe borne à peindre des viſages gelés. Sans vouloir abuſer de cette métaphore on peut avancer hardiment que la lacque répand toujours un froid de glace ſur les carnations. Vous ſavez, mon ami, ce qu'on entend, lorsqu'on dit qu'un tableau eſt chaud de couleur. Le mieux ſera de réſerver la lacque pour l'embelliſſement des drapperies. Cette épargne ſera plus à ſa place, que quand l'Artiſte emploie par un vil intérêt cette couleur au-lieu de l'outremer qui coute davantage. Inſenſible à la gloire de paſſer pour un heureux coloriſte, il eſt indifférent

aux

aux éloges des vrais connoiſſeurs, & il s'embarraſſe peu de la durée des couleurs pourvû qu'il reçoive un prix conſidérable de ſon travail. Il nous ſera permis de lui rappeller, que c'eſt par l'intelligence de la lumiere, des ombres & des teintes, qu'*Apollodore* a mérité le titre de grand coloriſte. Auſſi l'antiquité a dit de ce Maître que ſes tableaux appelloient le ſpectateur & arrêtoient ſes regards.

Tout Artiſte qui, avec un deſſin correct, néglige l'entente des lumieres & des ombres, l'empâtement du tableau, la fonte des teintes, & qui veut cependant peindre, doit ſe renfermer au talent de Deſſinateur. Ce titre ſera plus glorieux pour lui que celui de Peintre.

C'eſt le coloris, partie auſſi eſſentielle de la Peinture que le deſſin, qui diſtingue le Peintre du Deſſinateur, comme l'art de nuancer un parterre & de conſerver la belle verdure, ainſi que la connoiſſance du clair-obſcur dans les aſſortiments des fleurs, & dans les plants des arbres & des boccages [k], diſtingue proprement le Jardinier de l'Ordo-

k „Les différents arbres nous donnent différentes teintes „de vert. Quoi de plus riant & de plus gracieux, que „de combiner judicieuſement ces teintes, de maniere „que le clair-obſcur y fut presque auſſi exact & auſſi „ſéduiſant que dans un beau tableau? Il faudroit qu'un „Jardi-

l'Ordonateur du jardin. Mais quand le Jardinier auroit tracé lui-même le plan du jardin, quand il y auroit épuisé tout l'art de l'Architecte, s'il a négligé dans son ordonnance une sorte de coloris, s'il laisse appercevoir de tous côtés une verdure triste & monotone, poura-t-il s'excuser sur le peu d'importance de ces objets? Qu'il dessine des plans, mais qu'il se garde de planter.

„Jardinier fût un excellent Peintre, ou du moins qu'il „possédât éminemment cette partie de la Peinture qui „consiste à bien connoître la sympathie des couleurs diffé„rentes, & les différents tons de la même couleur: „alors il assortiroit la verdure de maniere à causer des „surprises, & à nous faire goûter des plaisirs extraordi„naires.“ Laugier, Essai sur l'Architecture.

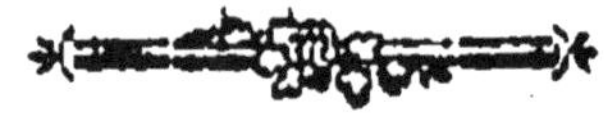

CHA-

CHAPITRE LI.

Supplément à l'Histoire critique du Coloris.

Ce n'est point la nature, c'est l'incapacité de l'Artiste de rendre cette même nature dans toute sa fraîcheur, qui a suggéré à quelques Peintres modernes l'artifice d'introduire de l'or dans la Peinture. Le mauvais goût s'applaudissoit de cette belle découverte, & en imposoit au bon goût par l'autorité & par le ton de la décision. Les Peintres qui sont venus depuis, surtout les Paysagistes, n'ont conservé de cet ancien usage de rendre avec de l'or les rayons du soleil sur les feuilles des arbres, que le nom des tons dorés qu'ils employent pour les derniers rehauts de leurs tableaux.

Par la mixtion de l'argent & du bronze les Anciens ont tenté d'exprimer la pâleur d'une Jocaste expirante, comme ils ont tâché, par le mélange d'autres métaux, de rendre la couleur des draperies [a]. Dans les tems modernes on a donné des

O 2 éloges

a Edmund Figrelius *de statuis illustrium Romanorum* &c. p. 124. cite plusieurs passages, qui prouvent que les Anciens se servoient du mélange des métaux pour exprimer la couleur du naturel; il rapporte surtout d'après Plutarque *Sympos. V. 1.* l'exemple de Jocaste mourante.

éloges à l'imitation des dessins à deux couleurs [b], que *Daccio Sanese* a inventés en marbre & que *François di Simone*, autre Sculpteur a heureusement rendus dans une figure de marbre blanc & gris pour un tombeau [c]. Nouvelle preuve combien on a toujours cru relever l'expression du tout par l'expression de la couleur propre, ou par l'imitation la

b Quand on se sert du papier colorié pour la demi-teinte, & qu'on prend le blanc pour le rehaut de lumiere, & le brun pour l'ombre & pour l'enfoncement de l'ombre, on aura la sorte de dessin qu'on nommoit originairement *Chiaro-scuro*, Clair-obscur. C'est par cette dénomination qu'Armenini, L. I. c. 7. p. 34. distingue cette maniere de dessiner des autres manieres: *accio che quelli* (*lumi*) *si apparisceno, prima si tinge la carta di qualche colore, il qual non habbia corpo.* C'est ainsi que pense aussi Borghini dans son *Riposo L. II. p. 140.*, lorsqu'il explique le Clair-obscur ou la Grisaille, peinture pratiquée sur les murs dans la maniere de *Polidore de Caravage*, quoique les galeries, surtout celle de Dusseldorf nous offrent aussi de très-beaux tableaux de chevalet dans ce genre. C'est dans ce dernier sens que Vasari, Chap. 25. de son Introduction, explique l'une & l'autre maniere. Comme quelques Ecrivains ont étendu la signification de ce mot jusqu'aux planches gravées en maniere noire, il ne sera pas superflu sans doute de ramener les Lecteurs au sens primitif des anciens juges de l'art. Voyez sur cet objet les articles *Clair-obscur* & *Camayeux* du Dictionnaire portatif de Peinture, de Sculpture & de Gravure, par Dom Pernetti, ouvrage utile aux Artistes & aux Amateurs.

c Vasari, Parte II. p. 255.

la plus approchante de cette couleur. Historien fidele, je rapporte les révolutions arrivées dans l'empire du goût, sans les justifier. J'avouerai pourtant, qu'accoutumé comme je le suis à l'uniformité de couleurs dans les marbres & dans les métaux, je préfererai toujours les ouvrages de Sculpture avec leur couleurs naturelles dans toutes les parties.

Je laisse à décider aux Antiquaires si les cheveux dorés de quelques statues antiques de marbre ont favorisé l'illusion que se propose l'imitation de la nature. Du moins mon doute s'accorde avec le jugement sensé du Connoisseur romain au sujet de l'Aléxandre de *Lysippe*. Je vais raconter ce trait fort connu dans les Annales de l'art.

Néron ayant fait dorer la statue du Conquérant de l'Asie, ensevélit les graces piquantes de l'art, sous la pesanteur maussade de ce métal. Par la suite des tems, on regratta la statue &, malgré les cicatrices qui lui resterent de cette opération, elle parut infiniment plus précieuse aux yeux des Connoisseurs [d].

Quiconque voudroit examiner sans partialité la filiation du luxe & de la magnificence mal-entendue, trouveroit l'influence du premier souvent utile; mais il remarqueroit que ce luxe allié avec

 cette

d Plinius XXXIV. 8.

cette magnificence eſt toujours nuiſible aux arts. Dès-lors les demandes que la nature eſt en droit de faire à l'art, ne ſont plus écoutées; l'Artiſte, en perdant de vue l'eſſence des beaux-arts, ne reçoit l'impulſion que du mauvais goût de ſon ſiècle. Auſſi les Goths, chargés des dépouilles de l'univers, étoient-ils devenus inſenſibles à la noble ſimplicité qui règne dans les ouvrages des Anciens: les yeux éblouis d'une vaine pompe, ils n'avoient garde de renoncer à cette richeſſe arbitraire dont leurs édifices ſont ſurchargés. Tel homme qui ſent le prix de la noble ſimplicité, ſe gardera bien de la recommander & de l'oppoſer au goût dominant qui le fait vivre dans l'oppulence. L'Artiſte qui conſidere une fois plus le lucre que l'honneur perd le ſentiment du beau. Il ſacrifie l'élégance à l'ornement, la ſimplicité à la richeſſe, la nature à la magnificence. Et la nature une fois étouffée, on tombe dans ces écarts non ſeulement dans la Peinture, mais auſſi dans l'ordonnance des jardins *. L'or qui

* „Si la richeſſe des bronzes & des marbres, ſi la nature „étouffée, enſevelie ſous un appareil outré de ſymétrie „& de magnificence, ſi le ſingulier, l'extraordinaire, le „guindé, l'empoulé ſont la beauté d'un jardin, Ver„ſailles mérite d'être préferé à tout. Mais jugeons-en „par ſentiment: que trouvons-nous en nous promenant „dans ces ſuperbes jardins? De l'étonnement & de l'admiration d'abord, & bientôt après de la triſteſſe & „de

qui brilloit dans les compoſitions de *Coſimo Roſelli*, faiſoit ſans doute un auſſi bel effet qu'en font aujourd'hui les porcelaines caſſées dans les parterres de quelques uns de nos jardins.

Coſimo Roſelli eut le ſuccès de Pan dans ſon défi avec Apollon.

Par les Peintures qu'il fit dans la Chapelle du Pape Sixte IV, il l'emporta ſur un *Alexandre Boticelli*, un *Dominique Ghirlandi*, un *Luc de Cortone*, un *Pietre Perugin*, qui peignoient en concurrence avec lui dans le même endroit. Inférieur en talent à ces Maîtres, il eut recours à un ſtratagême; connoiſſant le mauvais goût du Pape, il employa dans ſes compoſitions l'azur le plus excellent, qu'il rehauſſa encore par l'éclat de l'or, bien perſuadé que ſes travaux ne ſeroient appréciés que d'après le luſtre & la vivacité des couleurs. Il pouvoit être ſtérile en invention & incorrect de deſſin, mais il n'étoit pas mal-adroit: convaincu de la ſupériorité

„de l'ennui." M. l'Abbé Laugier, Prédicateur du Roi, dans le VI *Chapitre de ſes Eſſais ſur l'Architecture*, diſcute ces exemples d'une ſubordination bleſſée relativement aux jardins où la nature devroit être l'objet principal. Il faut que le bon goût ait encore bien des partiſans dans un pays, où chaque particulier peut dire ſon avis ſur les monuments de l'art; cette liberté qui y règne, eſt un excellent moyen d'empêcher la corruption de faire des progrès.

de ſes concurrents & de l'ignorance de ſes juges, pouvoit-il agir plus prudemment? Borghini qui rapporte auſſi cette hiſtoire, donne à ce Peintre le nom de *ragionevole pittore.*

Cependant je ne croirai point aveuglement le récit d'un Armenini [f] qui raconte amplement l'hiſtoire

[f] *Il quale (Roſelli) per eſſer men buono degli altri in tal opera, et conoſcendo il ſuo diffetto; fece in modo ch'egli con aſtutia prevalſe à tutti: conciosia che ridotto ch'egli hebbe la ſua iſtoria in freſco al meglio che ſeppe, ſi diſpoſe poi con nuov' arte à ritornarvi ſopra, per il che ſi diede a ricoprirla quaſi tutta con finiſſimi azurri oltramarini, et con belliſſime lacche di grana e con fiammeggianti cenabri, e coſi fece a i verdi, et a gialli, et appreſſo; perche il ſuo aviſo riuſciſſe meglio, diede i lumi ancora a tutta l'iſtoria con oro finiſſimo macinato, e tutto cio ch'egli adoprò in cotal guiſa, lo fece confidatoſi nella poca intelligenza di chi doveva dare il premio, et fare il giudicio qual di eſſi foſſe migliore, et certo ch'egli toccò nel berſaglio: Percioche venuto il giorno, ch'ogni Maeſtro dovea ſcoprir la ſua opera, coſi egli ancora ſcoperſe la ſua, et non ſenza riſa degli altri Maeſtri ſchernendolo molto di coſi vil goffezza; ma andati à veder "quelli, a cui toccava fare il giudizio", et dar la vittoria, col mezzo del predetto premio al più valente: giunti che furono a quella di Coſimo gli azurri, e l'oro, et gli altri fini colori, gli abagliorno gli occhi in un ſubito, talmente, che ne ricevette il premio promeſſo, come miglior maeſtro degli altri, e coſi fù poi commandato à Pietro Perugino et agl' altri, che doveſſero coprir le loro opre di migliori azurri, et le doveſſero toccar con oro, com'era quella di Coſimo, accioche correſpondeſſero tutte*

l'histoire de *Roselli* & qui prétend que si le Pape Jules II, plus connoisseur que son prédécesseur, n'eut pas chargé *Michel-Ange* de couvrir de couleurs terrestres le plafond de cette chapelle, ce goût dépravé se seroit perpétué jusqu' au tems de cet Ecrivain. On sait il est vrai que le goût d'un seul homme, est souvent le goût de tout un siècle. Mais pour cela il faut des *Spranger*, des *Watteau*, des *Boucher*, & non pas des *Roselli*.

Quoiqu' il en soit, *Michel-Ange* jouit de la gloire d'avoir opposé ses ouvrages mâles à ce goût mesquin & d'avoir expulsé de Rome cette barbarie, sous laquelle le bon *Perugin* auroit succombé.

 A Venise

tutte in un modo, dove che i poveri Pittori mezzi disperati, si misero à ingoffir, tutto quel bicono, che vi era dentro di lor mano. E per certo io' stimo, che se non fosse stato il grand lume c' havea la felice memoria di Giulio II. di queste professioni, à far che fosse la volta di detta Capella dipinta per mano di Michel Angelo Buonarrotti, nel modo, che si vede colorita con semplice terre, e senza oro, si terrebbe forsi fin qui il costume di far quei fantocci con quei coprimenti, e ritoccamenti di colori, che si non detti; ma è certo, ch' egli per quella volta cosi mirabile levò, la benda, ch' era di tenebre piena &c. Veri Precetti della Pittura, p. 126. Cet exemple & le témoignage irrécusable de l'histoire devroient rendre plus circonspects dans leurs décisions ceux qui par leur autorité sont capables d'étouffer le sentiment de la nature & d'introduire le goût des petites choses.

A Venise le *Giorgion* pouvoit suivre son instinct pour la nature; moins asservi au goût particulier, il pouvoit se livrer à son génie, devenir le premier coloriste de son tems & préparer les voies au *Titien*.

Les révolutions de l'histoire des arts d'imitation, sont des mémoires pour celles de l'histoire de l'esprit humain. Le premier sentiment de la nature pittoresque, les premiers essais de l'Artiste observateur, les pas encore incertains, les obstacles imprévus, les difficultés vaincues, l'essor du génie, & le point de perfection, enfin les nouveaux écarts de ce point ainsi que de la nature, se montrent de toutes parts. D'abord des rafinements, enfantés par l'esprit de singularité, ménacent les arts d'une décadence prochaine; ensuite le goût des Amateurs pour les inventions bizarres assure pour un tems, aux productions les plus extravagantes un succès presque universel. Peut-être cet exemple emprunté de l'histoire de l'art, fera-t-il tirer des inductions & faire des réflexions au Poëte & au Philosophe; peut-être trouveront-ils, chacun dans sa sphere, de quoi confirmer leurs conjectures: des *Roselli* qui éblouissent par des couleurs; des *Bellin* qui offrent des travaux péniblement soignés; des *Giorgion* qui, avançant d'un pas de Géant, trouvent la vérité; des *Titien* qui, dociles à la nature, embellissent les découvertes des autres.

Lorsque

Lorsque je me représente un *Cosimo Roselli* qui sort de la nature en jouant avec des couleurs brillantes, je me figure voir les Poëtes latins de notre nation, jouant avec des vers léonins, ou nos Lohenstein, prodiguant le diamant, le rubis & l'émeraude dans leurs rimes vides de sens. *Jean Bellin* ouvre les yeux; il voit la nature &, armé d'une patience à toute épreuve, il la copie fidelement. Depuis le tour des cheveux de ses figures, jusqu'à la tige d'une herbe qui borde le chemin, il veut tout exprimer; & il manque de donner à ses compositions ce velouté apparant, ce poudreux qui couvre la superficie de tous les corps & qui donne aux contours ce moëleux qui nous charme. Il veut montrer plus que la nature ne permet d'appercevoir à une certaine distance, & ses travaux peinés le font tomber dans la dureté [g]. Avec les avantages essentiels qu'il possédoit dans la partie du coloris, un plus haut dégré de perfection lui auroit couté moins de peines & auroit préservé ses tableaux de cette sécheresse qui les dépare.

Le

g *Vero è, che questa sopprabbondante diligenza ha causato, che col paragone dell' opere de suoi derivanti paiono un poco durette, e manco morbide: ma in ogni modo con l'accuratezza sua, vi si vede lo spirito nelle Idée, il moto negli attegiamenti, e l'armonioso concerto nelle Histoire.* Ainsi s'exprime Marcus Boschini dans l'Avertissment de son *Ricche Minere.*

Le *Giorgion*, ſon Eleve, apperçoit ce défaut. Savant obſervateur de la nature, il porte des regards perçants ſur tous les objets; ſon goût s'agrandit à meſure qu'il avance dans la carriere & qu'il ſent la néceſſité de mettre les nuances en harmonie. Il connoît les qualités des couleurs, il ſait que c'eſt de leur mélange & de leur emploi que dépend la durée de ſes ouvrages. Avec ce ſoin qui n'avilit point le génie, il commence ſes travaux d'une main plus ſûre, il prévient les ſuites qui peuvent dégrader ſes tableaux & les faire pouſſer au noir. Sa touche ſpirituelle renfermoit ce moëleux qu'on trouve rarement dans les compoſitions de *Jean Bellin*. Inventeur du beau ton de couleur, le *Giorgion*, à ce ſoigné inſipide & à cette manœuvre ſeche, apporta toute ſon attention à la partie du clair-obſcur, en traitant ſavamment les demi-teintes & en donnant du ſaillant aux objets. Il ne manquoit point de conſulter le miroir.

Le *Titien*, ſon Eleve & ſon premier imitateur, avoit peut-être beſoin d'un génie comme le *Giorgion* pour réveiller les facultés de ſon ame. Docile à ſuivre la nature, ſon eſprit tranquille auroit ſans doute découvert plus tard ces puiſſantes reſſources qui donnent de la rondeur aux objets & qui les détachent du champ du tableau. Il n'adoptoit pas tous les procédés de ſon Maître; il croyoit que le mélange libre de ſes couleurs étoit quelquefois exagéré.

exagéré. Les limites de la liberté & de l'exagération se touchent : le fini & le soigné dégénèrent souvent en dureté & en sécheresse.

Le *Titien*, en portant ce jugement sur quelques ouvrages de son devancier, n'avoit sans doute pas tort : mais je l'aurois, moi, si je faisois un crime au génie du *Giorgion* d'une chose qui dans son excès même a été capable d'éclairer un *Titien*.

Peintre de la vérité, le *Titien* étoit digne de rendre la nature & d'atteindre à la perfection de son art ; il ne se pardonnoit rien, il parcouroit son esquisse, ou ses premieres pensées couchées sur la toile, avec la pénétration d'un ennemi & d'un envieux, pour avoir la satisfaction, le tableau fini, de charmer les yeux d'un ami & d'un connoisseur. Poëtes, soyez des Titien ! juges séveres de vos propres ouvrages, ne vous pardonnez rien. Mais je laisse les Poëtes & je reviens aux Peintres.

Cependant ce *Titien*, cet émule de la nature s'est attiré la censure par son indifférence pour l'Antique & pour le costume. Il avoit d'ailleurs un bon goût de dessin ; sa Vénus couchée, qu'on voit à la galerie de Dresde, tableau admirable pour le coloris, ne manque pas de correction. En considérant cet Artiste, placé sur le plus haut dégré de l'art pour le coloris, & en le comparant avec ses devanciers, voici quels seroient à peu près les

rapports

rapports dans lesquels il se trouveroit relativement à ses contemporains.

Cosimo Roselli. Sentiment de sa propre foiblesse. Peines prises pour en imposer à l'ignorance & pour donner du brillant à la place de la vérité. Germe du mauvais goût.

Jean Bellin. Sentiment du vrai. Heureuse expression de la vérité. Affectation de montrer tout, au-lieu de tendre à la perfection. Fini exagéré dans les petites choses. Dureté dans le contour & sécheresse dans le pinceau.

Le Giorgion. Génie supérieur. Regards savants jettés sur les objets de la nature & sur l'essence de l'art. Correction de la dureté: fonte des couleurs. Liberté originale même en suivant la nature.

Le Titien. Pénétration dans la nature, comme elle peint les objets, non comme elle excite les passions. Avantages apperçus dans les ouvrages de ses devanciers. Résolution prise de chercher l'expression vraie de la nature en repos & d'être sévere à lui-même. Succès dans ses recherches: la nature rendue avec vérité. Négligence du costume.

Votre Artiste, mon cher ami, trouvera peut-être dans cette analyse une indication pour savoir sous quel point de vue il faut envisager tout ce qu'on qu'on nous rapporte du caractere distinctif des plus grands Maîtres. L'histoire la plus utile de l'art pour les jeunes Artistes, seroit sans doute celle qui fixeroit l'attention du Lecteur sur les obstacles qui ont empêché tel ou tel Maître d'atteindre le point de perfection; celle qui feroit la dissection & le parallele des qualités & des talents qu'on remarque dans les ouvrages antérieurs.

Dans les ouvrages d'un *André Montegna*, d'un *Pietre Perugin*, d'un *Michel-Ange* & d'un *Raphaël*, vous remarquez les progrès successifs du dessin; dans les compositions d'un *Lanfranc* disciple des *Carraches* vous voyez déja la décadence de cette portion essentielle de l'art. — Sans oublier par rapport à cette partie les productions de quelques Allemands & surtout d'un *Martin Schœn*, après les estampes duquel *Michel-Ange* à dessiné dans sa jeunesse. — C'est par une exécution gracieuse que vous parviendrez à rendre sensibles les dégrés dans l'expression de la grace: mais gardez-vous d'en détruire la vérité par des embellissements hors de saison, sans quoi vous broncherez d'abord & vous tomberez ensuite. Je rapporterai une petite histoire de trois fameux Peintres, que Hooghstraeten [h] nous a con-

h Voyez, *Hooge Schole de Schilderkonst*, dans Houbraken. &c. & voyez aussi la vie des Peintres Flamands, &c. de M. Descamps. T. I. p. 421.

conſervée, & qui mérite l'attention des Artiſtes par rapport à l'invention.

Un jour *Knipberghen*, *van Goyen*, tous deux Payſagiſtes, & *Percellis* Peintre de Marine firent une gageure à qui feroit mieux un tableau dans la journée, & cela en préſence d'autres Artiſtes leurs amis. *Kipberghen* prit une grande toile pour faire ſon payſage. Il ſembloit qu'il prenoit ſur ſa palette des ciels, des lointains, des rochers, des ruiſſeaux & des arbres tous faits, & qu'il ne faiſoit que les appliquer ſur la toile: ce bon tableau fut fini avant le tems. *Van Goyen* prit ſon panneau & ſans deſſiner deſſus, il appliqua partout du clair, du brun plus ou moins, en ſorte qu'on ne ſavoit ce que cela produiroit. Alors on le vit retourner ſur ſes pas; on voyoit ſortir de ce cahos un ciel léger, des lointains, avec des hameux: un reſte de fortification s'offroit ſur le ſecond plan, avec une porte d'eau qui laiſſoit voir près de-là une chute conſidérable, une riviere avec des vaiſſeaux, des bateaux pleins de petites figures; & ſur le devant du tableau, des maſſes larges & ombrées qui donnoient la perfection à ce tableau, heurté avec eſprit & d'une excellente couleur. Mais *Percellis* démonta ceux qui le virent commencer. Il prit ſa palette & ſes pinceaux, & reſta longtems devant ſa toile à réflechir ſur ce qu'il alloit faire; il paroiſſoit que ce Peintre ne finiroit jamais, lorſque tout d'un coup

coup il commença avec une extrême viteſſe. Il finit ſon tableau pour le tems; c'étoit une Marine qui enleva tous les ſuffrages. Ce tableau étoit produit avec réflexion; l'Auteur l'avoit conçu avant de le faire, pendant que les autres n'avoient penſé qu'en faiſant. Les morceaux de *Knipberghen* & de *van Goyen* étoit faits avec eſprit & ſe trouvoient plus riches de compoſition; mais le tableau de *Percellis* avoit pour lui toutes les parties, & de plus la vérité d'une étude d'après la nature. Celui-ci ne dût donc l'avantage qu'à la réflexion. Je laiſſe l'application de ce fait aux jeunes Artiſtes: ils en tireront la conſéquence, qu'il faut penſer avant que d'opérer. —

Si je faiſois l'hiſtoire du génie, je commencerois par faire paroître un *Cimabué* & un *Giotto;* mais je ne ferois pas comme Boniface VIII. [i], je ne regarderois pas comme la marque d'un grand eſprit, cet O, ou ce cercle tant vanté en Italie, que le *Giotto* fit d'un ſeul trait & à la pointe du pinceau, & qu'il envoya à ce Pape pour lui donner une idée de ſon ſavoir faire. — Je reviens aux Peintres venitiens.

J'ai

i Baldinucci prouve que ce fait eſt arrivé ſous ce Pape, & non pas ſous Benoît IX, comme le rapporte Vaſari, & après lui Malvaſia.

J'ai tâché, mon cher ami, de donner à votre Artiste les caractères distinctifs de ces Maîtres. D'après les idées les plus hautes de la perfection de l'art, quelles sont les parties qu'il cherchera vainement dans leurs ouvrages? L'expression des passions; l'élégance du dessin, & l'union de cette élégance avec le charme du coloris. — C'est ainsi que pensoit le *Pontorme*, lorsqu'il fit son tableau de Vénus d'après un carton de *Michel-Ange*, exemple que j'ai déja cité plus haut. Mais nous n'avons pas besoin de nous mettre l'esprit si fort à la gêne.

Il est plus naturel que votre Artiste, à l'exemple du *Tintoret*, doute d'abord, & qu'il prenne son parti ensuite. Rien de plus judicieux que ce procédé; il est le résultat d'un jugement solide. Cette façon de voir, jointe à d'autres qualités, constitueroit les succès des arts. Elle est confirmée par l'expérience relativement aux progrès de l'école de Venise: peut-être d'un autre côté prouve-t-elle aussi une infinité d'obstacles. Ce sont ces objets qui me fourniront la matiere du chapitre suivant.

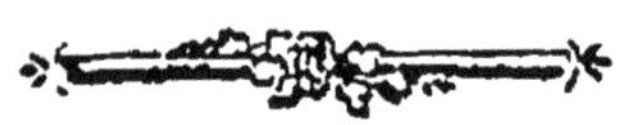

CHA-

CHAPITRE LII.

Réflexions sur les Coloristes relativement à l'Histoire.

Le *Tintoret* peut prétendre à juste titre à une place distinguée dans chaque classe de l'Histoire de l'art. Frappé du coloris de son Maître jaloux, il vit d'abord qu'il y manquoit encore quelque chose; il sentit la nécessité de combiner la correction du dessin de *Micael-Ange*, avec la beauté du coloris du *Titien*. De la réunion de ces deux qualités, il se forma ce fameux précepte: *Il disegno di Michel-Angelo, ed il colorito di Tiziano.* En ajoutant *la grazia degli Antichi*, nous ne croyons pas nous éloigner du sens du *Tintoret*.

Ses compositions allument un feu poëtique dans l'ame de l'Artiste. Chaque trait de son pinceau décèle la fécondité de son génie. La réputation qu'il s'étoit faite par ses talents est un nouvel aiguillon pour celui qui court la même carriere. Mais le *Tintoret* est inégal. Vous savez, mon ami, la remarque d'*Annibal Carrache* sur les ouvrages de ce Peintre: il écrivit à son cousin *Louis*, qu'il avoit trouvé le *Tintoret* souvent égal au *Titien*, & aussi souvent très-au dessous de lui-même. Horace dit que le bon Homere sommeille quelquefois; on peut dire aussi que le *Tintoret* s'est souvent négligé. Tantôt emporté par la fougue de son génie, il a donné des mouvements trop violents à ses figures, tantôt obligé de travailler pour vivre, il a produit des tableaux qui se ressentent de la précipation. De nos jours nous avons vu de bons Artistes qui, sans avoir les mêmes motifs, sont tombés dans les mêmes défauts : plongés dans un sommeil léthargique, ils ont mis au jour des ouvrages pleins d'incorrections. Je m'abstiens d'en rapporter les noms, mais non pas d'avertir les Artistes d'éviter les mêmes écueils.

J'ai déja parlé de trois Peintres classiques de l'école de Venise, du *Giorgion*, du *Titien* & du *Tintoret* : il me reste à parler d'un quatrieme qui ne laisse pas que d'avoir aussi ses inégalités, de *Paul Veronese*, que la galerie de Dresde nous fait connoître dans toute sa force. Dans les ouvrages de ce Maître, la richesse de l'ordonnance recommande l'horizon bas ; & l'ordre des plis avec les rehauts & les coups de jour, ouvrent une grande école à ceux qui connoissent l'élégance des contours par des études antérieures & qui ont appris la fonte séduisante des couleurs sur les figures arrondies & gracieuses du *Correge*. Ici il faut que l'école de Lombardie, vienne au secours de celle de Venise : & l'Artiste allemand qui n'a pas l'esprit préoccupé, étudie ses modeles relativement à ses forces.

Ce

Ce n'est pas toujours chez *Paul Verouese* qu'il faut chercher ce vaporeux, ce *sfumato* des Italiens, & encore moins le costume. Vous le trouverez dans la maniere suave du *Guide*; les touches gracieuses de ce Maître, en comparaison des coups de pinceaux de *Paul Verouese* donnés les uns près des autres, sont des touches dans le sens le plus propre. J'ajouterois que ces sortes de touches rendent très-bien les apparences des muscles & toutes les parties arrondies du corps, si cette vérité n'étoit pas déja connue de tous les Peintres.

L'expression du pinceau n'est autre chose que l'expression des membres & des organes du mouvement sous une peau délicate. Que votre muscle soit indiqué légèrement : que votre contour soit coulant comme l'ondulation des eaux! Le relief des touches savantes de *Paul Verouese* fait son effet à une certaine distance : c'est pour cela que l'Artiste qui prévoyoit que ses tableaux seroient placés à quelque hauteur, avoit choisi l'horison un peu bas!

Le caractéristique de l'ordonnance des plis de ce Maître & de l'essor de ses figures portées en l'air, partie dans laquelle le *Correge* s'est distingué le premier, demande toute notre attention à plus d'un titre.

A cette occasion l'histoire nous rappelle le mérite d'*Albert Durer*, dont l'ordre des plis avoit

 telle-

tellement attiré l'attention de *Paul Veronese*, ainsi que nous l'avons dit plus haut, qu'il s'étoit attaché à les imiter & à les embellir. Si les plis de *Durer* semblent déceler quelquefois le papier ou le linge mouillé, dont quelques Artistes ont revêtu leur manequin ou leur modele, on a le plaisir de voir des plis d'un meilleur goût, des drapperies traitées d'une maniere plus large, dans le bas-relief de métal représentant le tombeau de l'Electeur Frederic le sage à la chapelle du château de Wittenberg. Relativement à cette partie importante de l'art, cet ouvrage de *Pierre Fischer* [a] Fondeur célèbre du commencement du seizieme siècle, mérite une attention particuliere de la part des Artistes, & une place distinguée dans l'histoire de l'art des Allemands par rapport à l'époque [b]. Je me suis trop peu étendu jusqu'ici sur les drapperies, pour qu'on dût trouver déplacé cette digression sur l'ordre des plis.

Et ne seroit-ce pas une injustice envers notre patrie commune si, dans l'histoire du coloris, nous passions sous silence l'ingénieux *Jean van Eyk* & ses premiers Eleves; si nous négligions de relever le mélange pur des couleurs de *Jean Holbein*, de *Lucas* [c] *Cranach*

a La vie de cet Artiste se trouve dans Sandrart.

b V. *Antonio Franchi Teorica della Pittura.*

c V. *Eclaircissements historiques* &c. p. 139. Et voyez aussi: *Historisch-kritische Abhandlung über das Leben und die Kunst-*

Cranach & de ſon fils. Quant à certains portraits qu'on donne pour être de *Cranach* le pere, l'on me permettra de n'en rien croire & d'y faire quelques objections.

Qu'on examine les tableaux originaux de *Cranach* ſans ſe préoccuper l'eſprit par la ſécheresſſe qui règne dans quelques acceſſoires! On y trouvera des teintes admirables dans les carnations [d]. Une touche pure, qui porte une couleur vierge & qui donne à l'ouvrage une durée capable de braver le tems, renferme tout ce qu'il faut pour exciter l'Artiſte à l'imitation. Les fonds blancs de ces Maitres dont les avantages ſont reconnus, n'ont pas été non plus négligés par *Rubens* ni par les autres grands coloriſtes. Dans les traits du viſage, dans les pau-

Kunſtwerke des berühmten deutſchen Mahlers, Lucas von Cranach, von Herrn Hofrath Reimer in Aurich. Hamburg und Leipzig 1761. in-8vo. L'on trouvera un extrait raiſonné de cet ouvrage avec des notes critiques de M. Mariette, dans le *Journal étranger, Août 1762.*

d Dans l'Egliſe de Wieſenbourg à quatre lieues de Wittenberg on voit un tableau qui eſt placé au deſſus du tombeau de Margueritte de Dieſkau, épouſe de Frederic Brand de Lindau & morte en couche en 1568. & qui paroît renfermer toutes les qualités que je viens de donner au pinceau de *Cranach.* Cette peinture, qui ſert d'épitaphe, repréſente une mere mourante qui recommande ſon enfant à ſes plus proches parents. Je crois ce morceau de *Cranach* le jeune.

pieres & la bouche de leurs figures vous remarquez souvent une fonte de teintes, une franchise de pinceau, que vous cherchez envain dans les ouvrages admirés de tant de Peintres modernes à qui des succès précoces & la possibilité de produire beaucoup en peu de tems, a inspiré une sécurité dangereuse.

La section de l'œil le plus beau, s'il est tranché d'une maniere trop nette, & le contour le plus exact de la bouche, si elle n'est coloriée que comme les cartes géographiques, ne s'accordent jamais avec cette molesse, qui n'est le produit que d'un pinceau gras & onctueux. A la fin cette maniere vicieuse devient dominante, les imitateurs se multiplient & le suffrage de ces sortes d'ouvrages est l'avant-coureur de la décadence des arts.

Les écoles de Venise & de Bologne se sont maintenues longtems. Elles ont eu une suite de bons coloristes. Le Chevalier *Liberi* appartient à l'école de Venise.

Sans doute il ne faut pas prendre à la lettre ce que Baldinucci dit des Peintres venitiens en général [c], venus depuis le siècle du *Titien*, & *Liberi* mérite bien une exception. Il remarque: „ Que ces Ar„ tistes ont bien donné le caractere de la vérité aux „ carnations de leurs tableaux; mais toujours avec „ cette

c Dec. II. Sec. IV. p. 187.

„cette différence que leurs carnations, comparées „à celles d'un *Titien*, d'un *Correge* & d'un *Paul* „*Veronese*, conservent il est vrai la couleur de la „chair, au-lieu que les parties nues de ces grands „Maîtres, semblent nous mettre sous les yeux le „naturel même." La raison de cette différence est facile à trouver.

Tout Artiste qui, au-lieu de procéder comme le *Titien* & de s'efforcer à rendre la nature dans toute sa vérité, n'étudiera que ce pere de la couleur, restera toujours loin de la nature & du *Titien*. Maxime que je crois avoir prouvé dans le Chapitre VIII. C'est sur les rades, c'est sur les côtes de la mer où le soleil dissipe les brouillards, où la vue se promene tour-à-tour sur le sommet grisâtre des montagnes & sur la vaste pleine des eaux, que *Joseph Vernet* a pu atteindre ces grands effets de la nature qu'on voit dans les ouvrage de *Claude le Lorrain*; mais c'est à l'école du *Carrache* qu'il a appris à surpasser ce fameux Paysagiste, par des figures d'un dessin correct & d'un caractere spirituel.

L'original du coloris du *Titien* se trouve plus souvent & du moins plus facilement dans la nature, que l'original de la Vénus de Médicis. Un certain Artiste & Ecrivain anglois que je ne connois que par la *Bibliotheque britannique*, est fort étonné de voir que ses compatriotes, à portée de contempler la beauté des femmes angloises, & la vérité des

P 5 tableaux

tableaux du *Titien* & de *van Dyk*, ayent toujours la fureur de courir en Italie pour y étudier d'après les ſtatues antiques. Nous ſommes bien éloignés de porter la moindre atteinte aux modeles qu'il propoſe à l'imitation des Artiſtes de ſon pays; mais il nous ſemble qu'en cela il a plus ſongé aux avantages du coloris dans les ſimples portraits, qu'aux beautés des formes dans les études académiques d'après l'Antique.

Pour les prérogatives que la nature s'eſt reſervées, Félibien [f] a eu ſoin de les rapporter & de les confirmer par l'expérience. La nature ſeule a le droit de nous conſeiller dans la diſtribution des couleurs. A force égale dans le coloris, celui des Artiſtes qui ſe peint dans ſa tête un objet diſpoſé avec tous les avantages de la lumiere & qui détourne ſon eſprit de tout ce qui pouroit le diſtraire, a un avantage infini ſur celui, qui ne ſe propoſe pour but que l'imitation d'un autre grand Artiſte & qui

[f] V. Entretien V. Voulez-vous d'autres maximes pour juger la nature & pour vous faire ſentir jusqu'à quel point vous pouvez atteindre la rondeur des objets par le coloris, conſultez Leonard de Vinci, Chapitre 341. Cet Ecrivain établit que l'art eſt dans l'impuiſſance de rendre le relief du naturel; mais je crois qu'il peut y ſuppléer par ce *ſfumato*, par ce vaporeux du contour, dont le preſtige eſt tel que vous croyez voir plus qu'il n'y a, & dont on peut dire: *Plus intelligitur, quam pingitur.*

qui ne considere les objets de la nature que sous ce point de vue. Celui-ci cherchera les teintes de *Rubens*, ou de *Rembrant*, mais celui-là tâchera de trouver & de représenter dans les objets le naturel tel qu'il paroît à ses yeux. Je m'étendrai davantage sur ce sujet ci-après.

Les meilleurs tableaux de *Pietro Liberi*, sans nous frapper par cette nature vigoureuse & renforcée d'un *Titien* & d'un *Rubens* [g], nous offrent pour les carnations le naturel dans sa vérité & dans sa beauté. Aussi quelle variété charmante la nature ne nous offre-t-elle pas, non seulement dans les carnations de plusieurs figures, mais encore dans les chairs des membres d'un seul corps! Or si nous nous décidions pour une seule sorte de coloris, ou si nous n'accoutumions nos yeux qu'au mélange des couleurs de tel ou tel Maître, nous nous priverions du plaisir de sentir le beau dans les productions où un autre Artiste auroit été obligé d'observer un coloris de chair, relatif à l'influence du climat. Car on sait que la nature de l'air influe sur la couleur des hommes, & que les habitants des

[g] Jean Caspar Fuessli, Auteur des Vies des Peintres suisses, croit trouver cette nature renforcée dans les tableaux de *Jean Kupetzky*, Peintre hongrois, mort à Nuremberg en 1740. Je pense qu'on pouroit ajouter à cet Artiste, *Carle Loth*, Peintre originaire de Munich & mort à Venise en 1698.

des climats temperés sont d'une plus belle constitution que ceux qui habitent les zones. La nature a singulierement favorisé la Grece par rapport à la beauté; mais elle n'a pas donné la même couleur aux Grecques & à leurs voisines. Elien [h], dans son discours sur Atalante, nous dit que cette fameuse beauté étoit fille de Jasus, & il nous la représente un peu brune de peau, tandis qu'Ovide l'appelle fille de Schœnée, & nous la décrit d'une blancheur éblouissante. Dans la course d'Atalante avec Hippomene, Ovide [i] qui se plaît tant à peindre, dit que les cheveux flottants de cette beauté jouoient sur ses épaules plus blanches que l'yvoire, & qu'à force de courir il s'étoit répandu sur ce beau corps un rouge qui formoit la même nuance qu'un voile couleur de pourpre jetté sur un marbre blanc: c'est ainsi que le Poëte conduit le Peintre sur le chemin de la variété. Cette mixtion de rouge & de blanc étoit la couleur favorite de *Pierre Strudel* [k], Artiste qui mérite l'estime des Connoisseurs. Cependant une couleur capable d'interrompre l'uniformité des

h *Var. hist. XIII. c.* i *Metam. L. X.*

k V. Eclaircissements historiques, p. 168. Dans la description de la galerie de Dusseldorf on appelle ce Peintre allemand le Chevalier *Strubi;* on aura peine à le reconnoître sous cette dénomination. *Strudel* étoit premier Directeur de l'Académie de Peinture de Vienne établie par l'Empereur Joseph en 1705.

des tons, quand l'Artiste l'emploie partout comme une couleur favorite, peut conduire à une uniformité opposée de tons. C'est peut-être là le cas de quelques Bacchanales d'enfants de ce Maître. Quoique rien ne soit mieux que ce mélange des teintes pour bien rendre les corps des enfants, il n'est pas moins vrai que l'Artiste en consultant la nature sur cet objet, trouvera toujours que ses tons sont variés.

C'est aux yeux à voir & à se décider; mais sur quels objets faut-il que les yeux se portent? Sur les phénomenes de la nature. Faites, mon cher ami, l'application de ce que nous venons de dire à ce que *Simon Vouet* observoit avec une attention singuliere, à la vérité des reflets, partie que cet Artiste a très-bien traitée & dans laquelle Lairesse lui rend justice. On a toujours passé trop légérement sur le mérite de ce Peintre françois à l'égard de cette partie; on n'a pas été assez attentif à ces effets séduisants que produit le retour de la lumiere.

S'il nous est nécessaire, pour apprécier un tableau, d'avoir une imagination exercée qui offre à notre esprit des images empruntées de la belle nature, il n'est pas moins nécessaire à l'Artiste & à l'Amateur d'avoir un jugement solide, qui leur fasse contempler comme un tableau les objets de la nature. Dans ce tableau instructif & agréable, il il faut obſerver avec une attention particuliere & indépendemment du deſſin, l'incidence de la lumiere & de l'ombre, l'élévation de l'une & l'enfoncement de l'autre, avec le mélange des reflets.

Vous n'aurez pas contemplé longtems les tableaux de la nature, que votre imagination ne vous mette ſous les yeux la reſſemblance de certains objets. Ici vous appercevrez un tableau de converſation *d'Eglon van der Neer*, là une paſtorale de *Karle du Jardin*, ailleurs un payſage du *Bamboche* où des bêtes de ſomme gravitlent une montagne; une fois vous remarquerez des jours griſâtres, comme ceux qu'on voit dans les compoſitions champêtres *d'Agricola* ou de *Jacques Ruiſdael*, une autrefois vous obſerverez après la pluie une couleur aërienne d'un rouge varié, ou des reflets de lumiere au milieu des vapeurs répandues ſur les prairies, comme ceux qu'on voit dans les tableaux de *Bremberg*, de *Schellinks* &c. C'eſt ainſi qu'une ſeule vue dans la campagne, comme j'ai eu occaſion de l'obſerver une fois en compagnie *d'Alexandre Thiele*, nous offre dans l'eſpace de quelques heures vers le déclin du jour les différentes manieres des Payſagiſtes. Ces ſortes d'obſervations nous familiariſent avec les cauſes du mélange des couleurs de ces Maîtres, ainſi qu'avec la nature elle-même. Chercher & découvrir la nature dans la

couleur

couleur & réciproquement la couleur dans la nature, eſt un exercice qui procure aux Artiſtes & aux Amateurs une étude auſſi utile qu'amuſante, & qui leur fournit la preuve de la juſteſſe de leur jugement.

Illuſion pour illuſion je crois certainement cette pratique, qui nous fait parcourir ſucceſſivement une galerie de tableaux, plus feconde pour le coloris, que le moyen que propoſe Leonard de Vinci de regarder de vieilles murailles couvertes de pouſſieres pour inventer des payſages. A l'égard de la belle carnation nous apprenons par cette étude à juger plus ſainement de la nature & de ſes imitations, ſelon la lumiere univerſelle & particulière du jour [l].

Enfin *Rubens* parut & fit briller une nouvelle lumiere. Pour la vigueur du coloris & la nature forte

[l] C'eſt d'après ces tons de la lumiere & du coloris qu'on peut examiner les jugements de ceux qui ont pris différents partis par rapport aux deux tableaux de *Nogari* dont j'ai parlé dans mes *Eclairciſſements hiſtoriques*, p. 28.; les uns ſe ſont déclarés partiſans de la couleur ſereine dans le morceau de Vertumne & Pomone, les autres partiſans de la couleur éclatante dans celui de la Charité romaine. Le ſujet du premier morceau eſt gai, & le champ offre un payſage; celui du ſecond eſt triſte, & la ſcene repréſente une priſon, où le Peintre a pu pratiquer des coups de jours plus forts. Ici les tableaux ſont éclairés rélativement à leurs ſujets.

ſorte il fut le *Giorgion* de ſon pays, & pour la majeſté de la compoſition il ſervit de modele à tous les Peintres. Dans le coloris & dans l'expreſſion il avoit pour émule *Janſſens*, *Crayer*, *Gerard Seghers* & *Hondhorſt*. Si nous ne voulons point épouſer un goût excluſif, il ne faut pas paſſer ſous ſilence ces Maîtres, ni ces hommes célèbres ſortis de ſon Ecole, un *van Dyk*, un *Jordaens*, un *Corneille Schutt*. Je penſe qu'il eſt plus utile pour l'art de relever le mérite de ce dernier Artiſte par un tableau gracieux, qui repréſente le triomphe de Flore & qu'on voit à la galerie de Dreſde, que de l'abaiſſer par la répétition de ſa jalouſie inconſidérée contre *Rubens*. Je n'ai rien vu de *Raveſtein* [m], mais d'après

m Le Cabinet de M. Winkler renferme un morceau précieux de ce Peintre. C'eſt un tableau de converſation, compoſé de trois figures peintes jusqu'aux genoux & de grandeur naturelle. *Raveſtein* s'eſt peint lui-même, le chapeau ſur la tête & habillé de noir; par ſon action il ſemble dire à ſon fils, qui eſt aſſis à une table d'étude, de quitter les livres pour prendre la palette. Le jeune homme plein d'attention au diſcours de ſon pere, paroît goûter ſes conſeils. Un Eleve placé derriere la figure principale apporte tout ce qu'il faut pour peindre. *Van Dyk* même, venu après *Raveſtein*, n'a jamais ſurpaſſé la vérité de l'expreſſion & la fraîcheur du coloris qu'on remarque dans ce tableau. Ici la beauté des détails eſt bien capable d'attirer les regards de certains Curieux & de leur faire négliger les travaux principaux.

d'après le témoignage authentique de van Gool, ce Maître ainſi que *Langhenjan* & d'autres Artiſtes de l'école de *van Dyk*, mérite l'attention des vrais Connoiſſeurs.

Le fameux tableau de *de Crayer* qui eſt à *Duſſeldorf* & qui repréſente la Vierge aſſiſe ſur un trône, tenant l'enfant Jeſus & pluſieurs Saints l'adorant, son Saint Sepulcre qu'on voit à Gand chez M. Schamps, & l'Adoration des Mages de *Langhenjan*, à Roſendael près de Bruxelles, ſont des morceaux capables de faire revenir certains Curieux de leur préventions contre ces Maſtres. Jamais *Rubens* n'a montré plus de vérité, pas même lorſqu'il peignit ſes enfants, que *de Crayer* dans ce monument de ſa force. A Duſſeldorf j'ai été témoin qu'un Artiſte, grand Connoiſſeur du beau, fut frappé à la premiere inſpection du grand tableau de *de Crayer*, & qu'il le jugea être de *Rubens*. Cette petite méprise ne faiſoit tort ni au Connoiſſeur, ni à *Rubens*: & l'expreſſion ſubite du ſentiment du beau, répandue ſur la phyſionomie de cet Artiſte, étoit pour moi un ſecond tableau. Dans une ſituation ſemblable il ſuffit de ſentir la beauté du tableau ſans qu'il ſoit beſoin d'en connoître l'Auteur. Qui eſt plus en état, mon cher ami, de nommer les Maſtres que vous? mais celui qui prend cet inſtant pour vous en demander le nom, n'a jamais rien ſenti. Je parle du beau, qui ſeul eſt en droit de captiver en silence notre attention: on nomme les Maîtres d'un rang inférieur & on se donne leurs tableaux de main en main. Les Maîtres de *Rubens* ont aussi composé des tableaux, surtout des portraits, qui auroient fait honneur à l'Eleve dans son meilleur tems. Quelle vigueur de coloris, quelle force d'expression dans les compositions de *Gerard Seghers!*

Pourquoi ne nous propose-t-on pas plus souvent l'étude de ces Maîtres? *Rubens* & *van Dyk* seroient-ils des personnages symboliques pour les Peintres, comme Aristarque en est un pour les Critiques? — Il se pouroit. Il est vrai, en citant les modeles les plus fameux, le Critique se rend d'abord intelligible. Mais veut-on par-là circonscrire des bornes à nos connoissances? Ceux qui ne s'arrêtent qu'à considérer ces modeles découvrent souvent, ou que leurs yeux se sont plus exercés à parcourir de certains livres dans lesquels les Littérateurs citent les plus grands noms pour faire étalage de leurs connoissances, qu'à contempler les cabinets de l'art; ou qu'ils voudroient bien faire entendre qu'ils ont véritablement cette finesse de tact, cette délicatesse de goût, qu'ils ne tiennent que de l'écho de ces noms. Un Eleve de *van Dyk* pouroit peut-être les charmer [n], mais, instruits du nom

[n] Nous supposons toujours des tableaux capables de faire honneur à leurs Auteurs: car du reste rien n'est plus vrai

nom du Maître, ils rougiroient du plaisir qu'ils auroient éprouvé. Plaignons-les.

Au-milieu de ces astres de l'école de *Rubens*, *Rembrant* paroît comme une comète qui a son propre mouvement. Il est des Amateurs qui, pour observer son cours, épuisent une partie de leur revenus. Tant qu'ils n'amassent que des *Rembrant*, ils sont indifférents au mérite des autres Artistes: s'ils avoient fait collection de *Callot*, ils auroient été également insensibles à la gentillesse du travail d'un *La Belle*, & à tous ces effets de lumiere qu'ils vantent tant aujourd'hui. Faut-il que le desordre pittoresque de *Rembrant* efface de notre mémoire les essais de *Jean Pinas* & de *Pierre Lastmann*? Du moins pas de celle de l'Historien de l'art. Vraisemblablement *Rembrant*, ainsi que *Bramer*, puisa sa maniere d'éclairer ou son clair-obscur dans les

Q 2 ouvra-

vrai que ce que dit Richardson dans son *Traité de la Peinture*, *Tome II*. p. 16. "C'est avec beaucoup d'étonnement que j'ai remarqué le plaisir que certains Connoisseurs prenoient à considérer ce que d'autres ne regardoient que fort indiféremment, pour ne pas dire avec mépris; jusqu'à ce que j'ai su que les uns ne connoissoient pas si bien que les autres les ouvrages des plus excellents Maitres: ce qui en est une raison suffisante." Que les Artistes s'examinent quelquefois, s'ils n'appartiennent pas à la classe de ceux à qui l'Abbé du Bos a adressé la Section XXV. du Tome II.

ouvrages du *Correge* & du *Baſſan*, & la beauté de ſes teintes dans ceux du *Titien*, ou plutôt, à l'exemple de ces Maitres, il interrogea à ſon tour la nature, pour en tirer ces grands effets que nous admirons dans ſes compoſitions. Cependant dans ces parties même, *Laſtman* & *Pinas* avoient été ſes Maîtres, comme *Elzheimer* avoit été le devancier du premier [o].

Une des qualités d'un bon tableau eſt d'appeller le ſpectateur de loin, & puis de captiver ſon attention par la vérité de l'expreſſion. Donner cette qualité à ſes ouvrages, c'étoit l'intention de notre Artiſte & celle de ſon école [p]. Mais pour arriver à cette fin, il réuniſſoit les avantages des clairs & des bruns, de la lumiere & de l'ombre: fidele obſervateur des préceptes qui concouroient à lui faire produire des effets pittoresques, il donnoit tous ſes ſoins à l'imitation de la nature vivante & vigoureuſe. Hardi dans l'exécution, il ne tendoit qu'aux effets frappants & ſe ſoucioit peu de repréſenter la nature dans un aimable fini. Pour cela, il faiſoit entrer dans ſes compoſitions des maſſes de lumieres, d'ombres & de reflets: il faiſoit comme certains Hiſtoriens qui, ſe ſouciant peu de

o Eclairciſſements hiſtoriques. p. 145. &c.

p Dans les *Eclairciſſements hiſtoriques*, p. 65. on entre dans une ample diſcuſſion ſur les qualités de l'Ecole de *Rembrant*.

de la vérité, relevent leur narration par des aventures brillantes? — Qu'eſt-ce qui nous fait fermer les yeux ſur leurs défauts? — Ce qui nous les fait fermer ſur ceux de l'Arioſte. La Poëſie du ſtyle.

C'eſt l'expreſſion qui, dans le ſens le plus propre, donne le caractere diſtinctif à la repréſentation de chaque objet, c'eſt cette expreſſion qui s'emparant de notre imagination y imprime le type de l'original; c'eſt elle que les Critiques ont comparé à la Poëſie du ſtyle [9].

L'expreſſion gagna dès que le Peintre conſulta la nature ſous l'inſpection ſévere de l'œil, dès que *Gerard Dow*, ce diſciple de *Rembrant*, préféra l'imitation de la nature dans ſa ſérénité, à celle dans ſon obſcurité. Les jugements que j'ai déja portés ſur ces Artiſtes des Pays-Bas, auroient pu terminer ici cet article de l'Hiſtoire du coloris. J'ai déja touché un mot de l'exactitude de l'expreſſion, je vais m'étendre un peu plus ſur cette matiere.

[9] „L'expreſſion me paroît dans un tableau ce que la poëſie „du ſtyle eſt dans un poëme." Du Bos, Réflexions Critiques &c. Tom. I. S. XXXIV.

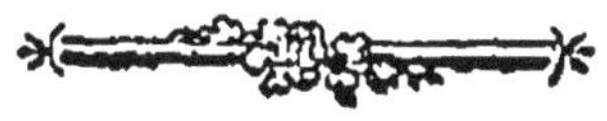

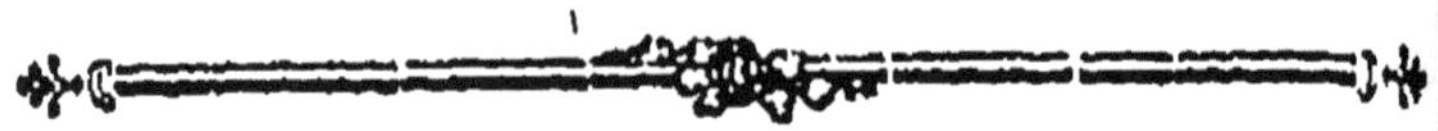

CHAPITRE LIII.

De l'Expreſſion en général & de l'Exécution en particulier.

La Peinture eſt en général une expreſſion qui revêt l'ame d'un corps, & qui prête l'illuſion aux objets inanimés. Ici *Zeuxis* porte la main ſur le rideau peint par *Parrhaſius*, là on croit entendre la ſenſible Didon s'exhaler en plaintes contre l'ingratitude d'Enée: on eſt tenté, comme dit Canitz, de vanger ſon injure ſur les Troyens.

C'eſt là l'expreſſion des paſſions. Nous avons examiné l'expreſſion par rapport aux traits de la phyſionomie, aux attitudes & aux mouvemens dans les parties du deſſin, ſans lui ôter pour cela ſes droits au coloris. L'expreſſion eſt l'art de communiquer aux objets, non ſeulement ſuivant leurs contours, mais auſſi ſuivant la nature de leur ſurface & de leur couleur locale, tous les caracteres diſtinctifs, leur brut & leur poli, leur concavité & leur convéxité. Si l'expreſſion des paſſions ſaiſit le cœur, celle des objets ne flatte pas moins le ſentiment; & ſans le caractere harmonieux de la configuration, la paſſion rendue ſeroit dénuée de convenance. Petrarque réunit l'une & l'autre, lorsqu'il nous fait le tableau de ſa chere Laure.

A la maniere facile de coucher les couleurs & de les rendre transparentes, nous connoissons la feuille légere des pavots; dans un joli tableau de fleurs, elle semble céder à l'impression de notre haleine. Des couleurs plus fondues & plus grasses nous peignent le velours de l'œillet d'Inde; c'est ainsi que la nature des feuilles, soit brillantes soit veloutées, déterminent les coups de pinceau dans la main facile du Peintre.

L'expression plus ou moins heureuse de certains objets devient en quelque sorte le caractéristique de l'Artiste. Les roches & les fonds couverts de mousse d'un *Dietrich*, les terrasses & les montagnes sabloneuses d'un *Huisman*, ainsi que les accidents de lumiere & les effets des vapeurs d'un *Vernet*, piqueront toujours vivement nos sens, lors même que les autres parties de leur art auront déja fait sur nous toute leur impression.

L'accord des parties dans l'expression décide la sagacité de l'Artiste & le sort de la composition. Le jugement de votre Artiste, mon cher ami, trouveroit ici des motifs, si les préceptes de l'art ne renfermoient pas déja ces motifs.

Dans la premiere piéce de la galerie de Dusseldorf il y a deux tableaux à peu près d'égale grandeur qui frappent singulierement la vue & qui offrent des objets de comparaison; le premier est le morceau de *de Crayer* dont nous avons parlé ci-dessus, la Vierge assise sur un trône, le second est une Assomption de *Felix Cignani*. Sans refuser les éloges que mérite le tableau du *Cignani*, dont la composition paroitroit plus spirituelle aux partisans de la nature en mouvement dans un simple dessin, je n'ai vu personne qui n'ait donné la préférence au morceau de *de Crayer* sur celui de *Cignani* & sur plusieurs Peintures reconnues pour belles. „On peut parvenir, dit M. Cochin [a], à „dessiner correctement, à composer avec esprit, à „rendre les couleurs avec vérité, à juger avec justesse „des effets de la lumiere, enfin on peut parvenir „à ne point faire de fautes palpables, sans toutefois „s'élever au-dessus de cette médiocrité qui „n'échauffe jamais le spectateur.“

Considéré sous ce point de vue, le beau-faire n'est pas une partie purement mécanique. Le beau-faire est, si j'ose m'exprimer ainsi, le dessin raisonné des surfaces.

Dans un dessin spirituel, chaque trait atteste la hardiesse & la facilité de la main. Mais cette facilité à manier le crayon, secondera-t-elle aussi l'Artiste à manier le pinceau?

L'esprit qui règne dans le dessin & l'expression produite par les teintes, nous donnent d'autant plus exactement le point de comparaison, que ces teintes,

[a] V. Chapitre XL.

teintes, dans la derniere exécution, prennent la place du contour dessiné, & qu'elles sont noyées enfin les unes dans les autres [b]. On parvient à former de beaux contours en se familiarisant avec les maximes des grands Maîtres, en les amenant de loin, & en leur donnant de la grandeur, de façon pourtant qu'ils ne deviennent ni durs ni manierés.

Dès le commencement de cet ouvrage [c] j'ai décrit l'exécution du tableau en général comme le fruit de l'invention agissante, pour fixer d'abord l'attention de l'Artiste sur cette partie intéressante de l'art. L'esprit qui a opéré en formant les traits d'un dessin spirituel, guide aussi la main lorsqu'elle revêt de couleurs les objets élevés & enfoncés, empruntés de la nature. Cet esprit, en activité jusqu'alors, cessera-t-il sa fonction au moment de la derniere exécution, où tout doit avoir un caractere décidé, où tout doit intéresser & faire illusion, où le moindre détail doit occuper sa place & concourir à l'effet du tout-ensemble? Non, mon cher ami. L'Artiste qui a exprimé la fureur des Titans par des traits qui caractérisent l'audace de l'ame, n'oubliera point d'accompagner d'une touche fiere le tour des muscles dans le bras tendu, dont la main saisit des roches énormes; il

b V. les Chapitres XXXVIII. & XLVIII.

c V. Chapitre XII.

rendra les rochers escarpés par des couleurs brutes, & il se rappellera que la Peinture ne doit être qu'une expression & qu'elle doit soutenir ce caractere dans les parties & dans le tout.

Ce caractere est par conséquent renfermé dans la vérité des contours & dans la vérité des teintes: l'union de ces deux vérités opere le prestige. Dans le tableau de *Parrhasius* qui représentoit un rideau l'expression de la nature de l'étoffe toute seule n'auroit jamais pu tromper *Zeuxis*, si l'ordre des plis n'y avoit pas été naturel. De même le jet le plus exact des plis n'auroit jamais pu persuader l'œil, si ces plis n'avoient pas porté le vrai caractere de l'étoffe. Il faut que les traits, destinés à nous offrir cette illusion des teintes, s'accordent avec le rude & le poli [d], avec la molesse & la dureté, le tendre & le transparent des corps [e], ainsi qu'avec

d *Charles Ruthard*, bon Peintre de chasses & partisan d'une maniere très-finie, imitoit les parties rudes, comme les soies du sanglier, avec la hampe du pinceau. Je doute que la pratique constante de cette maniere d'opérer l'emporte jamais sur les traits finis de *Jean Baptiste Weeninx* ni sur la facilité de la main de *François Snyders*. L'expédient de *Ruthard* n'est bon que pour traiter certains accessoires, pour faire jouer, par exemple, les jours au travers des dentelles: méthode que nous ne devons pas envier à un *Pietre Quast* & à un *Quirin Brekelekamp*.

e Dans le stratagême des glacis, les Peintres font quelquefois paroître les fonds derriere les objets, comme a fait *Huysmans*

qu'avec leurs formes. C'est à dire, il faut que le dessin, le coloris & la manœuvre soient dans un bel accord. Le jugement de l'œil décide, quelles parties l'on doit abandonner à la facilité de la main dans l'exécution.

De-là rien de plus judicieux lorsque dans les batailles, on fait autant de cas des traits hardis & du style brusque [f] d'un *Bourguignon* [g], que de la touche

Huysman dans ses premiers plans, ou *Art van der Neer* dans ses clairs de lune. Celui-ci dans un de ses Paysages a tâché de produire ce ton lumineux des demeures rustiques éclairées par la lune, au moyen du fond vague des planches sous un glacis léger. Rendre la nature doit être toujours l'objet principal. —

f „En général, si le caractere du tableau est la fierté, le „terrible, ou le sauvage, comme sont les Batailles, les „Brigandages, les Sortileges, les Apparitions, ou même „les Portraits des hommes d'un tel caractere; alors il „faut se servir d'un pinceau rude & hardi. Au con„traire, si le caractere de la Piéce est la grace, la beauté, „l'Amour, l'innocence, &c. il faut alors un pinceau „plus délicat & qui finisse davantage." Richardson Tom. I. p. 133.

g *Dietrich* dans sa jeunesse, s'amusoit à imiter le *Bourguignon*. Il réussissoit si bien, qu'ayant repeint entierement deux Batailles de ce Maître qu'on avoit fait venir d'Italie & qui s'étoient gâtées totalement en chemin, les connoisseurs les prirent pour des *Bourguignons*. Nous avons vu un étranger, qui faisoit peu de cas de *Dietrich*, étudier ces Bourguignons, & en vanter la touche inimitable.

touche moëleuse & de la fonte des teintes d'un *Wouwermans*, lorsque dans les tableaux de Haltes l'Artiste nous offre des Guerriers joyeux qui se rafraîchissent au sein d'un lieu champêtre. Dans des vers imitatifs, M. Zacharie, grand Peintre de la nature, retrace à nos oreilles, "le bruit confus de „mille voix discordantes, entremêlées du hénissement perçant des chevaux *h*." Un autre de nos Poëtes, M. le D. Müller, nous peint avec les traits les plus délicats les charmes de la beauté, tels que l'*Albano* nous les auroit rendus en peignant les attraits de son Epouse. "Les graces répandues sur „les joues de Doris sont comme les roses naissantes, „lorsqu'au lever de l'aurore elles brillent de la rosée „du matin. Zephir qui folâtre autour d'elle, agite „son vêtement léger. De son haleine il rafraîchit „le sein de la belle, & tâche d'en écarter un ruban „jaloux."

Ici la Poësie du style nous rappelle de nouveau la comparaison de du Bos. Le Peintre céderoit-il le pas au Poëte dans l'harmonie imitative? Si le Poëte partage la gloire qui lui en revient du son musical

h A ce tableau plein de vivacité, nous en opposerons un d'un caractere plus doux de Petrarque:

L'aura serena, che fra verdi fronde
Mormorando à ferir nel volto viemme:
Fammi risouvenir &c.

P. I. Son. 164.

musical de ses vers avec la langue dans laquelle il écrit, le Peintre de son côté détermine par des coups arbitraires du pinceau la langue dans laquelle il parle à nos yeux. Le Peintre a en son pouvoir l'expression: il jouit de la gloire qui accompagne la beauté de l'expression.

Avec la vérité des teintes & des traits, il ne faut pas blesser la convenance. Un ciel de *Sachtleven* peut égayer avec raison une Fête de village; mais il ne seroit pas si convenable dans un tableau qui offriroit les horreurs de la guerre. Un orage, peint par *Tempesta* poura sans doute troubler cette Fête; mais l'Artiste se gardera bien de laisser le joyeux villageois continuer la danse. Le précepte d'Horace qui dit: *Qu'un sujet comique ne doit pas être narré en vers tragiques* [1], n'est rien moins qu'un paradoxe; & en l'appliquant à la convenance de l'expression il n'égarera jamais le Peintre.

Cependant en quoi consistera l'harmonie imitative du Graveur? En ceci, qu'il faudra nécessairement qu'il apporte tous ses soins à saisir le caractere de son original, & qu'il ne se contente pas, comme font plusieurs Graveurs, de nous donner une planche, distinguée par des tailles savantes, mais entierement

1 *Versibus exponi tragicis res comica non vult.*
Hor. Arte Poet.

rement éloignée du caractere du tableau. Dès lors un *Rembrant* cesse d'être *Rembrant*, quand il paroîtroit avec l'élégance & la propreté du burin d'un *Mellan* & d'un *Thurneisen.* Pour cela il faut un *Schmidt* ou un de *Marcenay*.

Cette fléxibilité de l'esprit, ainsi que l'adresse à manier l'outil, nous annonce le grand Graveur, lorsqu'il prend sur lui de nous rendre l'esprit d'un tableau.

Ce que je viens de dire est relatif. D'autres Graveurs, tels que les *Mellan*, les *Thurneisen*, les *Pitteri*, qui se sont attachés à une maniere particuliere & constante, se maintiendront dans leur réputation, tant qu'ils ne voudront point rendre d'autres tableaux que ceux qui conviennent à leur maniere. C'est ainsi que la main savante de *Mellan* donna du relief aux statues de marbre; & c'est ainsi que la maniere piquante de *Goudt*, & de *Madelaine de Passe*, nous a perpétué les tableaux précieux d'*Elzheimer*. Changez ici les sujets & les manieres propres au burin de ces Artistes, (le cas est arrivé plus d'une fois) dans quel embarras ne les mettez-vous pas? "Je vous peindrai un lion," dit un Peintre de fleurs à un Amateur, qui vouloit avoir ce Roi des animaux de sa main, „qui ressem-„blera à une rose comme deux gouttes d'eau."

Le Graveur reglera sa maniere selon l'étendue de connoissances qu'il a de la Peinture qu'il veut imiter.

imiter. Lorsque le ton du Peintre sera chaud, il ne faut pas que la maniere du Graveur soit froide [a].

Wille est *Rigaud* avec Rigaud, *Netscher* avec Netscher: la beauté de son burin, rend le précieux de leur pinceau, parce que le Graveur a parfaitement saisi les règles générales de son art & l'idéal de la beauté qui a guidé le Peintre. Une connoissance réfléchie de l'art règle la sage facilité de la main. Ce que j'ai encore à dire de particulier sur cet article, concerne l'expression du Graveur. Comme je traite de l'expression de la Peinture, j'espere qu'on ne trouvera pas hors de propos si je touche un mot de celle de la gravure.

Il faut que nous conservions une vive impression de la magie des couleurs des Flamands & du stratagême de produire cette vérité des objets qui paroissent dans leurs tableaux, comme les figures de la nature dans un miroir, si nous voulons découvrir les travaux raisonnés de *Wille* & voir les détails que son burin a rendus dans la Cléopâtre de *Netscher*,

a Les Amateurs ne font tant de cas des morceaux gravés par les Peintres, que parce que ceux-ci savent saisir parfaitement l'esprit de l'original. "On s'apperçoit aisé-„ment que le Graveur est Peintre," m'écrivit feu M. le Comte de Vence, au sujet d'une petite planche, gravée à l'eau forte en 1756. par *Friedrich Oeser* d'après un tableau de mon cabinet *d'Eckhout*, représentant la Circoncision.

Netſcher, ainſi que dans les autres morceaux précieux des Maîtres des Pays-Bas. La fonte des couleurs, la touche moëleuſe de *Netſcher*, de *Terbourg* & de *Dow*, doit encore occuper notre imagination dans l'Eſtampe.

Celui qui cherche le ſoigné du Peintre dans le brillant du tableau, arrêtera auſſi les yeux ſur ces parties dans les gravures de *Wille*, & verra à peine des beautés plus eſſentielles. Ces beautés conſiſtent en ce que tous les objets, repréſentés avec ces tons de dégradation & de jours qui ſemblent le diſputer à la nature, paroiſſent à leur place; & en ce que chaque objet particulier offre les caracteres de ſes ſurfaces [1] d'une maniere auſſi exacte que l'exige la repréſentation de la nature & l'économie de la manœuvre de l'Artiſte. On retrouve tout cela dans la copie du Graveur; on y remarque en même tems la force d'un artifice pittoreſque qui n'a en ſa diſpoſition que le noir & le blanc, & en apparence, que la lumiere & l'ombre. L'imitation de ces choſes eſt facile proportionnément à l'accord des clairs & des bruns avec le caractere des objets mêmes, avec l'expreſſion des étoffes & avec

1 Les eſtampes qui nous offrent ces caracteres ſont, les Manchons, & le Lievre pendu par la patte de *Hollar*, ainſi que quelques portraits de *Blooteling* gravés en maniere noire d'après *Jean Mieris*.

avec les autres difficultés ſurmontées par l'Artiſte. Qu'on faſſe l'application de ce que je dis ici, à l'eſtampe de M. *Wille*, faite d'après la Cléopâtre de *Netſcher*.

Outre les avantages de la figure principale & de ſa drapperie ſéduiſante, opérée par des tailles tantôt longues & unies, tantôt courtes & méplates, vous remarquez dans le tapis, dans les fruits & les moindres acceſſoires, ce brut pittoreſque que les François déſignent auſſi par le terme de *Grignotis*. La vérité de l'objet règne dans toutes les parties, ſurtout dans ce ſatin qui attire les yeux de loin & qui arrête agréablement le Connoiſſeur. Dans chaque ſujet, *Wille* ſait offrir de nouvelles beautés à l'Amateur initié dans les principes de l'art.

C'eſt ainſi que dans le *Magnificat* d'après *Jouvenet*, *Larmeſſin* nous montre juſqu'aux couleurs appliquées d'un pinceau plus gras dans les rehauts des drapperies. Mais rien ne ſurpaſſe les effets pittoreſques des Graveurs flamands. Auſſi l'étude des couleurs locales, étoit-il le principal objets de ces Artiſtes qui ont travaillé ſous les yeux de *Rubens*, ainſi qu'il a été dit ci-deſſus [m]. *Balechon* nous fait connoître les jolies petites figures de *Vernet* dans le goût de celles du *Carrache*, ainſi que ſes vues piquantes. Le Graveur trouveroit peut-

m V. la fin du Chapitre XLV.

peut-être encore plus de difficulté de rendre l'harmonie imitative du *Bourguignon*, que celle de *Wouwermans*. *Moyreau*, & avant lui *Vischer* & *Dankerts*, ont exercé leurs talents sur les tableaux de *Wouwermans*: les ouvrages de ces Graveurs étant connus, je n'ai pas besoin de faire de nouvelles comparaisons pour savoir lequel de ces Artistes a le mieux réussi à rendre l'harmonie de l'original. Par rapport à cette harmonie il est tems de quitter le cabinet du Graveur pour retourner à l'attelier du Peintre.

Les sujets gais de *Wouwermans* arrêtent d'abord nos regards; nous les promenons ensuite sur les batailles & sur les escarmouches du *Bourguignon*. Nous en étions à l'expression des deux manieres, opérée par un pinceau ou soigné ou libre. J'ai déclaré trop nettement mon penchant pour la maniere libre dans les sujets guerriers, pour n'être pas dispensé d'en rapporter de nouvelles raisons.

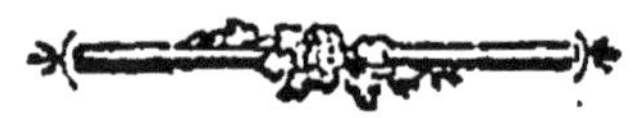

CHA-

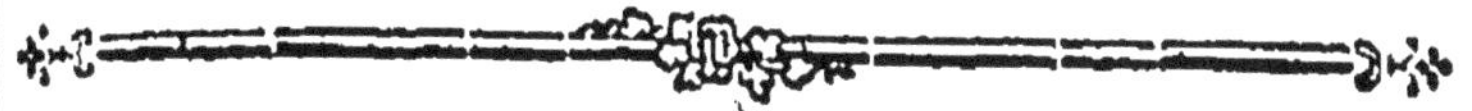

CHAPITRE LIV.

Du Faire soigné & libre.

Je sais qu'on peut m'objecter, contre ce que j'ai dit dans le chapître précédent, que le caractere de la touche de *Wouwermans* plaît plus par le fini apparent, même dans les Batailles, que par la liberté de la main avec les teintes traitées d'un pinceau hardi dans ses tableaux de même grandeur. La chose étant d'expérience, j'y souscris sans demander à qui le fini plaît plus que le facile? Car une touche délicate de cette nature ne peut charmer que le Connoisseur; mais le vrai Connoisseur n'exclut pas les autres manieres. Qui est-ce qui ignore que le simple fini du travail suffit pour charmer le grand nombre qui n'a pas toujours le tact assez fin pour démêler l'esprit qui a guidé l'artiste? Ce que j'avance ici veut dire, que les Batailles de *Wouwermans* faites pour être vues de près [a], gagnent d'un côté ce qu'elles perdent réellement de l'autre suivant le caractere de l'objet.

Dans les grandes compositions, où le fini auroit été prodigué au dépens de l'effet, je n'accor-

 derois

[a] V. Traité de la Peinture de Richardson. Tom. I. p. 135. & le Chapitre XXX. de ces Réflexions, p. 404.

derois pas même ce plaisir des yeux que je ne puis refuser à la maniere d'un *Bourguignon;* ici le Peintre a conservé le caractere de l'objet, même dans les petits tableaux; car dans les grands, ce qui doit briller de préférence, c'est la liberté de la main.

Les Amateurs de la Peinture ne sauroient nier cette petite contestation qui règne entre eux, par rapport aux demandes qu'ils font aux Peintre, relativement au caractere de l'objet & de la distance des tableaux: en convenant du fait ils risquent moins de se partager en sectes & de s'écarter du fond de la chose.

Des sectes parmi les Amateurs, direz-vous avec étonnement! Et pourquoi pas? Voudriez-vous que la Peinture en fut plus exempte que la Philosophie, ou, sans prendre mon vol si haut, que la Musique? — Mais la nature — — Mais les Musiciens ont aussi la nature pour principe, & ils ne sont pas plus d'accord pour cela. La nature elle-même à ses sectateurs, & je me pique d'être de ce nombre. Je n'indiquerai les autres sectes qu'en les réfutant. Voulez-vous d'autres preuves de mon esprit de parti.

Par exemple quand dans les tableaux du *Bourguignon* & de quelques autres, les couleurs se sont alterées ou ont noirci, les Curieux ne manquent pas de raisons pour appuyer leur mécontentement

tement. En portant un jugement ſur un tableau, ayez ſoin de conſidérer chaque qualité requiſe dans ſon vrai point de vue. Si vous confondez toutes les queſtions, ſi vous ne voulez que ſaiſir le côté foible d'un ouvrage, vous ôtez vous-même la force à votre argument en le dépouillant de l'ordre. C'eſt par cette confuſion d'enviſager les objets que des Amateurs ont imputé indiſtinctement au fini, ce qui leur déplaiſoit avec raiſon par d'autres fondements. Pour donner auſſi un exemple ſur ce point, je dirai que ce n'eſt pas dans le plus ou le moins de fini que réſide la raiſon pourquoi l'Artiſte a vu la nature plutôt de cette maniere que d'une autre, & qu'il l'a rendue par la couleur qui lui eſt propre. La carnation d'ivoire qu'on reproche à *van der Werf*, n'offriroit pas une teinte plus ſanguine, quand l'Artiſte l'auroit opérée avec une plus grande liberté de pinceau.

Il en eſt qui ſe ſont déclarés partiſans des tableaux les plus obſcurs. Moins il voyent ſur la toile plus ils croyent y voir.

La main ſavante qu'ils remarquent dans les reſtes viſibles d'une peinture, eſt en droit de les charmer. Qu'ils ſe gardent ſeulement de chercher le mérite du tout-enſemble dans des teintes rembrunies qui auroient déplu au Peintre lui-même, s'il avoit pu prévoir que ſes couleurs pouſſeroient au noir.

S'il faut que les objets ſoient peints comme ils nous paroiſſent dans un miroir qui n'eſt pas moins le fidele conſeiller des Peintres que celui des Belles, ou s'il faut que nous ne conſidérions que ce moëlleux avec lequel les contours des corps s'offrent à nous dans la nature : il réſulte toujours que le Peintre eſt dans l'obligation de ſonger à quelle diſtance ſon tableau ſera placé.

La maxime n'eſt pas difficile à prouver à ceux des amis de l'art qui exigent dans les tableaux, deſtinés à flatter l'œil de près, une exécution ſoignée & une fonte exacte des teintes. Leurs prétentions ſont auſſi fondées que celles des autres Amateurs qui, deſtinant un ſujet peint à être placé dans un endroit obſcur, parlent en faveur d'une maniere claire : *Il eſt des morceaux*, dit Horace, *qui ne veulent qu'un demi-jour, il en eſt d'autres qui ſupportent la lumiere la plus vive* [b].

Du nombre des premiers eſt M. le Cardinal de Luynes, dont la lettre à un jeune Artiſte eſt inſtructive pour tous les Artiſtes [c]. Pour ce tendre que nous remarquons dans la nature, il ſuffira de vous rappeller une de mes conſidérations précédentes [d]. Il faut cependant vous avouer que, dans les

b *Haec amat obſcurum: volet haec ſub luce videri.*
Hor. de Arte Poet.

c *Bibliothek der ſchönen Wiſſenſchaften. VI. Band.*

d V. Chapitre XXXVIII.

les tableaux les plus finis, je désirerois toujours de certains rehauts d'un pinceau moëleux, de certaines touches qui décélent la derniere main du Maitre. *Gerard Dow*, un des Peintres le plus soigné, n'auroit pas négligé ces rehauts & ces touches, qu'il a pratiqués dans un tableau que j'ai cité ailleurs [e].

L'on peut juger combien *Adrien van der Werf* comptoit sur le goût du travail par l'artifice qu'il employoit de polir ses ouvrages avant d'y mettre la derniere main [f]. C'est sans doute par ce poli que notre Peintre, qui savoit embellir ses tableaux en les finissant, charmoit tant d'Amateurs plus libéraux que connoisseurs, plus accoutumés à juger avec les mains qu'avec les yeux. La liberalité est trop séduisante pour que le Peintre ait pu resister à ses charmes & ne se soit arrêté quelquefois à lui plaire. *Van der Werf* charmoit le Connoisseur, mais le Connoisseur seul, par la facilité du pinceau avec laquelle il finissoit son tableau.

e Eclaircissements historiques, p. 73.

f *Barthelmy Douwen* un des bons Eleves de *van der Werf*, m'a assuré que son Maître, pour polir ses tableaux, se servoit des joncs qu'emploient les Menuisiers pour polir leurs ouvrages de marqueterie. Il est parlé de *Douwen*, Conseiller & Peintre de l'Electeur de Cologne, au Chapitre XXX, p. 412. & dans le Tom. II. de *Nieuwe Schouburg* &c. de van Gool.

Jamais le poli, sans être accompagné du facile, ne sauroit charmer le vrai Connoisseur; & jamais celui-ci ne fera de vains raisonnements contre un ouvrage qui renfermera l'une & l'autre qualité. L'Artiste en finissant son tableau donnoit à ses figures cette peau extérieure traitée avec sentiment. C'est à ce sentiment que M. Cochin compare le goût du travail qui selon lui fait seul la différence du grand Statuaire au Sculpteur ordinaire, ainsi que nous l'avons dit plus haut.

On ne sauroit trop recommander aux Artistes le goût du travail, & on ne sauroit le recommander avec plus de charmes que n'a fait cet Artiste & Ecrivain françois. Il me semble pourtant que celui qui est parvenu à égaler le grand Sculpteur jusqu'à cette différence par la disposition, le dessin & les caracteres, s'est déja élevé au-dessus de l'Artiste ordinaire; mais je crois toujours qu'il n'est pas moins obligé de faire tous ses efforts, pour lever aussi cette différence & pour parvenir à ce goût du travail.

Ce n'est pas pour le luisant que les Curieux estiment cette finesse de la premiere peau dans le marbre, c'est pour la délicatesse de la surface, en harmonie avec la direction des os, des muscles & des parties charnues. Ce luisant est si peu essentiel aux ouvrages de l'art que les jolies figures de porcelaine pouroient se passer du vernis si elles

n'en

n'en avoient pas besoin pour les garantir de la poussiere qui se nicheroit sans cela dans leurs pores. Il est certain que cette délicatesse de la peau, cette molesse des chairs plaît d'autant plus aux Connoisseurs, que la nécessité de suivre d'un outil caressé les muscles & les nerfs, n'a rien pris sur les parties charnues dont la beauté a été relevée par le beau fini du travail. C'étoit là l'unique voie pour donner à un tout fait d'après le naturel cette belle carnation, & en quelque sorte ce vaporeux qu'on vante singulierement dans certaines peintures. Sans l'explication de ces choses, je craindrois que ce que j'ai dit dans le Chapitre XL. de l'indication des muscles n'eut pas été intelligible. Gardons-nous seulement de restreindre le goût du travail à ce luisant qui accompagne assez généralement le goût dans les statues de marbre. Dans aucun cas le Sculpteur ne confiera le dernier embellissement à des mains étrangeres, à moins qu'il ne trouve un *Nicias*.

Je voudrois que les Connoisseurs de l'Antiquité voulussent expliquer plus nettement qu'on n'a fait jusqu'ici ce que Pline [g] entend par la derniere main que ce *Nicias*, Peintre athénien, mettoit aux statues de *Praxiteles*, lorsque celui-ci vouloit qu'on les trouvât parfaitement belles. Si la derniere main du Peintre donnoit un luisant aux ouvrages de marbre, il

g Plinius XXXV. 11.

il falloit bien que ce luisant n'eut rien de méprisable aux yeux de *Praxiteles*. Je ne saurois m'imaginer que le Sculpteur ait mis le ciseau dans la main du Peintre pour produire cet effet; & je ne veux pas deviner de quel vernis ou de quel autre enduit (*circumlitionem*) il a pu se servir.

En conformité de ce que j'ai dit de la maniere de *van der Werf*, je vais rapporter en note [h] ce que le Peintre a coutume d'observer par rapport à la délicatesse de certaines demi-teintes, quand il donne la derniere main à son ouvrage. J'aime trop les traits libres opérés d'une main de Maître pour n'écrire qu'en faveur du style soigné; & je connois trop bien l'obligation d'un Critique pour laisser prendre de l'empire sur le jugement à mon goût particulier pour la maniere libre: il est du devoir d'un Juge de l'art de rendre justice à toutes les façons d'opérer.

Dans

h „Il faut observer avant toutes choses que ce bleuâtre „qu'on appelle le tendre, le délicat, ne doit point être „couché sur la toile quand on empâte le tableau, mais „qu'il doit être introduit quand on y met la derniere „main, en le noyant dans les teintes. Il ne faut pas le „former avec le bleu mélangé de gris & de blanc, mais „l'appliquer en trempant la pointe du pinceau dans le „spalte tempéré & dans l'outremer. — On opere de „même par rapport aux reflets ou aux réflexions de la „lumiere." Lairesse, Traité de la Peinture; Tom. I. Chapitre 10.

Dans l'un & l'autre ſtyle, ſoit que vous vous déclariez pour le ſoigné ou pour le bruſque, la meilleure maniere eſt celle de n'en avoir point d'autre que l'imitation de la nature avec la ſûreté de la main & la ſuavité de la couleur. L'Artiſte qui opere d'une main ſûre ſait faire éclorre de ces traits originaux que le Connoiſſeur remarque avec d'autant plus de plaiſirs qu'il les trouve fondés dans la nature. C'eſt à ces traits qu'on donne la dénomination de *maniere*, mais jamais dans un mauvais ſens.

Le génie trouve plus d'une ſphere pour ſe montrer grand dans la diverſité. Doués de talents divers, d'autres Artiſtes ont le droit de plaire par la variété & d'enrichir les cabinets des Curieux. L'art veut des *Gerard Dow* & des *Jean Lanfranc* [i]. Il abandonne à leur inſtinct le choix de la maniere, mais il les réprimande ſur la négligence du deſſin. Sur ce point les loix du beau & du correct ſont ſéveres & immuables.

Pour arrondir les objets & les tenir dans leur ton de dégradation, tout revient, conjointement aux belles couleurs locales, à ce que j'ai dit ailleurs de l'obſervation des reflets & des autres demi-teintes vierges. La diſtance dans laquelle le tableau ſe trouve de la vue répare bien en quelque ſorte le concours moins grand des touches de Maître; mais ce n'eſt

que

i V. Chapitre VIII. p. 102.

que quand les rapports harmonieux des demi-teintes & la ſuavité du coloris n'ont point été négligés. Alors on n'a aucune dureté du contour à craindre, & le tableau vu de près atteſte l'intelligence du Maître, comme il atteſte vu de loin la nature bien rendue : vigoureux dans les rehauts, moëleux dans les contours.

Je n'appuyerois pas tant ſur cet objet ſi je n'avois pas vu ſouvent des Peintres qui, de peur d'interrompre le fini & le poli de leurs compoſitions par des traits faciles n'oſoient riſquer la moindre hardieſſe dans le maniment : *Ils craignent l'orage & le danger, & rampent par terre* [k]. Auſſi ſans jamais atteindre à la délicateſſe des Flamands, peignent-ils des tableaux ſans eſprit & des ſurfaces ſans ſaveur. Au contraire je trouve quelque choſe de piquant dans les compoſitions *d'André Both* où je vois un certain ſoigné combiné avec cette hardieſſe de traits ! Cet Artiſte que je conſidere comme un *Gerard Dow* imparfait, me rappelle le mérite de celui-ci, du moins ne cherche-t-il pas à réparer par un luiſant recherché le manque de perfections plus eſſentielles.

k *Serpit humi, tutus nimium timidusque procellae.*
Hor. Arte Poet.

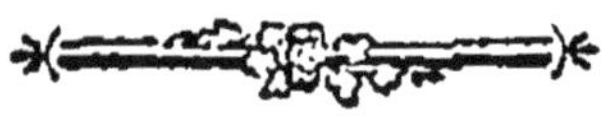

CHA-

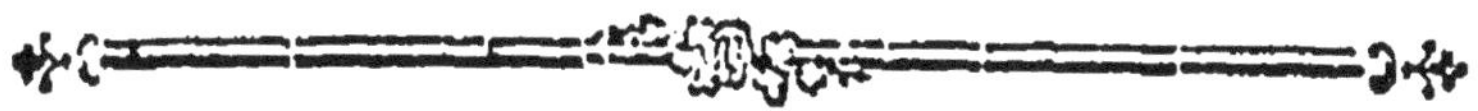

CHAPITRE LV.

Des Négligences réelles & apparentes dans le Maniment.

Rien n'est plus facile que de pervertir le sens des préceptes & de donner aux fautes palpables une apparence de régularité. Vous verrez souvent un Paysagiste citer en sa faveur les loix de la dégradation & de la subordination des accessoires, lui qui a oublié de donner à ses lointains & à ses éminences, ces nuances sympatiques & ces teintes expressives dont un *Thoman* [a], un *Sachtleeven*, un *Griffier* & un *Huisman* ont embelli leurs sites. Au contraire il s'appuyeroit à juste titre de ces loix contre celui qui voudroit lui imposer comme un devoir l'analyse exacte & la clarté détaillée des objets éloignés. Ne confondons point le maniment d'un pinceau insipide, avec l'assurance de la touche. Le sentiment que nous avons des objets éloignés differe en clarté, comme ces objets different en diversité, & les loix de la dégradation n'autoriseront jamais la suppression des nuances que la nature nous offre réellement dans ses tableaux.

„ Chaque

a V. Chapitre XXVIII. p. 353.

„Chaque partie, dit M. l'Abbé Batteux [b], sera „également finie, sans quoi elle paroîtroit détachée „des autres, plus ou moins, à peu près comme des „piéces de différentes nuances: C'est l'unité de „finissement. "

Il est vrai, cette maxime a également lieu pour l'économie de la couleur: „Que votre tableau, dit du Fresnoy [c] soit tout d'une pâte, ou „comme, dit le latin, tout d'une palette: fuyez „tant que vous pouvez de peindre à sec." Et les derniers coups de pinceaux du Maître en se noyant dans la superficie ne doivent former qu'une masse.

Mais souvent aussi les moindres détails vous font remarquer dans un tableau la main du maître par le rapport harmonieux des parties au tout, par la facilité de l'exécution & par les éminences & les cavités prononcées des objets. La facilité d'un pinceau moëleux nous dévoile par conséquent, si le tableau a été fait avec amour: si c'est l'ame ou la machine qui l'ait peint? Je ne parle pas même des laissés ou des heureuses négligences. Il se trouve bien de ces négligences relativement à la premier intention de l'Artiste, mais non pas relativement au tableau. Car dès qu'elles paroissent, dès que la

b Cours de Belles Lettres, Tom. III.

c *Tota fiet ex una depicta Patella.*

Du Fresnoy, v. 386.

la ſagacité du Peintre les laiſſe, après les avoir converties en beautés, ce ne ſont plus des négligences, mais des parties qui concourent à l'*harmonie* du tout. Toutes les fois que nous repréſentons la nature comme elle s'offre à nos yeux, il ne faut pas conſidérer uniquement l'intermiſſion de l'air, mais il faut faire attention à la conſtitution de notre vue qui ne pouroit ſaiſir tous les petits détails, ni, quand elle le pouroit, trouver des beautés dans les objets prononcés trop clairement [a]. Ce qui paroit ſouvent à l'obſervateur une négligence d'un bel effet, n'en a pas été une pour l'Artiſte. Il ne faut épargner aux yeux que l'aſpect des ſurfaces inſipides & monotones, ou les couches des couleurs crues & non rompues.

J'ai remarqué des fonds, des acceſſoires & des lointains de cette nature dans une Bacchanale d'enfants d'un Peintre d'hiſtoire étranger établi à Dreſde & célèbre du moins par les honneurs & les places académiques qu'il y a occupés. L'idée de la ſubordination des détails, & toutes les belles choſes qu'on nous rapporte de *Phidias* & du marche-pied de ſon Jupiter Olympien, ne pouvoient m'empêcher d'être fâché de voir que les détails du tableau n'étoient que croqués. Il y manquoit la touche, ces coups de jour, cette intelligence des ombres, ces

[a] V. Chapitre XXI. p. 262.

ces lumieres accessoires dans les lointains, en un mot tout ce que *Rubens* a donné lui-même au paysage subordonné à ses tableaux d'histoire, ou tout ce que *Wildens* & d'autres Peintres ont fait pour ses compositions historiques. Ici il faut mettre le croquis de côté & fixer la vue sur la peinture. Il faut voir comment les grand Maîtres ont subordonné leurs détails. Quant à un *François Snyders* & un *Jacques Jordaens*, Peintres qui certainement ne s'apesantissoient pas sur les accessoires, je ne ferai que les indiquer par rapport à la subordination du paysage. Chez eux chaque touche porte coup; mais chaque touche est solidement pensée. Que dans vos tableaux d'histoire vos paysages soient subordonnés, mais qu'ils ne le soient pas comme ces vers pleins de chevilles dans un poëme. Un paysage bien entendu suppose les tons de dégradation & détruit les objections.

Ces sortes de coups de Maître, ces laissés que nous appellons d'heureuses négligences, sont souvent le desespoir de l'Artiste médiocre; & dans les ouvrages où il a fait des tentatives inutiles pour produire des effets semblables, ces touches indécises décèlent au connoisseur la copie & l'embarras du copiste. Mais il en est tout autrement lorsque le copiste est un Maître, lorsque, rassûré par l'approbation, il met à profit les inventions des autres.

Alors

Alors l'expérience nous apprend que la force de l'expreſſion des objets, que la liberté de l'exécution, que le faire qui flatte l'œil, a ſouvent élevé le hardi imitateur au deſſus de l'inventeur, timide dans la manœuvre ou indécis dans le maniment. Celui-ci avec toute ſon invention n'eſt pas capable de nous dédommager du dégoût que nous cauſent les crudités dans les parties d'ailleurs bien ordonnées, & de l'ennui qu'excite en nous le contraſte diſcordant des objets dans leurs rapports particuliers. Et on pardonne à celui-là un vol qui plaît. Les Connoiſſeurs diſtinguent l'art des petits artifices de l'Artiſte. Que l'heureux pinceau de l'imitateur guide le faire irréſolu de l'inventeur!

M. l'Abbé Batteux dans l'endroit que nous venons de citer raſſemble les unités ſous un même point de vue en faveur de la Poëſie & des autres Beaux-Arts, afin d'en pouvoir déterminer plus exactement les eſpeces & les dégrés. Quand il demande entre autre une ſeule forme qui embraſſe tout ſans inégalité, quand il demande la même couleur, le même ton, & qu'il donne à cela le nom d'*uniformité*, l'Artiſte ne trouvera dans ces réflexions judicieuſes ſur l'accord ou l'harmonie de la diverſité dans les parties, aucun motif pour juſtifier cette monotonie ou cette uniformité contre laquelle je me ſuis déclaré dès le commencement de cet ouvrage. Si dans ce dernier ſens la même couleur donnoit un avantage, nous verrions *Pierre Molyn* l'emporter ſur ſon fils, ſurnommé *Tempeſta*, par des Payſages d'un même ton de couleur: & dèslors le Connoiſſeur hollandois pouroit ſe paſſer d'un proverbe relatif aux tableaux qui ſont peints d'une même couleur.

La remarque de Lucien regarde le Juge minutieux des ouvrages de l'art, lorsqu'à la vue d'une compoſition capitale il s'extaſie d'abord ſur les petits détails & ſur les ornements. Je demande ſi, dans tout le paſſage de Lucien que je cite à la note [e], l'on peut trouver la moindre choſe qui autoriſe les négligences de l'Artiſte, je ne dis pas dans les choſes principales, mais même dans les acceſſoires: je demande ſi jamais *Phidias* a donné à l'Artiſte un exemple de pareilles négligences?

Sans doute il eſt des tableaux dont la premiere ébauche eſt faite d'un pinceau ſi chaud qu'ils ne ſuportent pas plus l'analyſe que certains morceaux lyriques. Celui qui voudra chercher des négligences dans des compoſitions, dont les parties ſont d'ailleurs

e *Non aliter ac ſi quis Jovis Olympici univerſam pulcritudinem ac formam, quae tanta ac talis eſt, non videat, nec laudet, neque etiam iis, qui de ea neſciunt, quicquam narret, ſed ſubſellii rectitudinem, et expolitionem et crepidinis concinnitatem admiretur, et haec admodum et cum multa diligentia et cura exponat.* V. *Quomodo hiſtoria ſcribenda ſit*, d'après la traduction de Micyllus.

leurs d'un dessin correct & dont le tout-ensemble est d'un bel accord, & leur opposer des tableaux d'un extrême fini, celui-là est doué de la patience de *Slingeland*, & il est fait pour embellir *la Fage.*

Au contraire quand nous remarquons dans les Antiques que leurs Auteurs y ont souvent négligé les accessoires ou qu'ils les ont fait faire par des Maîtres inférieurs, nous y trouvons bien des motifs d'excuses en faveur des Anciens, mais nous ne pourons jamais tirer de ces négligences des principes généraux. Que l'Artiste prenne garde en embellissant les détails de ne pas blesser la subordination. Rien de plus judicieux que cette modification. Mais croyez-vous, mon ami, que si le Dauphin placé au pied de la Vénus de Médicis, paroissoit le plus beau des Dauphins, digne enfin de porter Arion, que cela auroit blessé la subordination ou détourné les regards du spectateur de la figure principale? Ou pensez-vous, que si le revers des médailles de Louis XIV. avoit été entierement inférieur en beauté à l'image du Roi de la main de *Mauger*, on auroit pu apporter pour excuse ou pour preuve d'un grand sens les revers négligés de certaines médailles anciennes?

Comme les deux côtés d'une médaille où il est question d'une action principale & de figures épisodiques, ne sauroient paroître sous un même point de vue, & comme aucun côté n'admet des formes négligées dans les représentations allégoriques des Divinités fabuleuses, on peut dire en faveur du côté négligé, ainsi que l'expérience le prouve, qu'il est plus facile de trouver des Artistes capables de donner la perfection à de simples bustes qu'à des figures entieres. En attendant qu'on trouve un principe qui établisse la nécessité des négligences dans les cas en question, on peut se contenter de ces raisons. Que jusque là la beauté des médailles Siciliennes & l'industrie des Modernes dans la Perspective soient les modeles du Médailleur.

Nous jettons les yeux sur la Vénus de Médicis: nous ne sommes pas choqués de voir l'accessoire d'un travail absolument inférieur. Gardons-nous seulement d'être trop prompts à conclure de la Sculpture à la Peinture: dans celle-ci il y a, outre le dessin, les tons des couleurs. En Musique il est certain, que malgré toute notre attention [f], un faux ton

f Il ne s'agit que de ramener les préceptes aux exemples. Pour cet effet l'on me permettra de citer un très-beau portrait en pied & de grandeur naturelle, peint par *Meytens*: c'est le portrait du Comte de Bestuchef Grand-Maréchal & Ambassadeur de la Cour de Petersbourg à celle de Vienne, ouvrage qui a péri au bombardement de Dresde. Sans doute le Connoisseur n'auroit pas commencé l'examen de l'ouvrage par l'accessoire. Mais le bâton d'yvoire que le Grand-Maréchal portoit dans sa main droite & qu'il appuyoit sur le devant du tableau, devoit

ton dans une-voix acceſſoire nous détourne de la voix principale; & en Peinture il n'eſt pas moins certain qu'avec toute la conſidération que nous devons à l'action capitale avant de paſſer aux parties, c'eſt l'harmonie non interrompue de l'enſemble qui nous a d'abord appellé & charmé: ou, à proprement parler, nous commençons l'inſpection du tableau par l'enſemble.

La juſte proportion des parties relativement au tout eſt toujours ſuppoſée dans les productions ſuſceptibles de deſſin & d'ordonnance. C'eſt pour cela que nous avons rangé l'ordonnance dans la claſſe des jours [g] & des effets. L'œil du Connoiſſeur veut des couleurs bien ménagées & bien choiſies: partout il veut de beaux tons de la cromatique pittoresque. Que le Peintre qui entreprend de repréſenter le Roſier dans ſa beauté aux pieds de l'Amour, ſache relever, comme *Carle-Vanloo*, la carnation de l'Amour.

L'exécution du tableau viendra à l'appui de ces rapports d'après les loix de la dégradation. Après ces

devoit frapper ſingulierement la vüe par la lumiere & la couleur locale, le bâton n'étant tempéré par aucune ombre incidente. On avoit beau s'arrêter à conſidérer la figure, le bâton perçoit toujours. Dans la Sculpture on n'a pas à craindre ces ſortes de tons aigus.

g V. Chapitre XVIII.

ces loix & le jugement de l'œil, les objets qui occupent le devant du tableau ou qui ſont le plus près de la vue ſous une pleine lumiere, exigent la plus grande clarté: alors la belle expreſſion des objets ſoutient auſſi les prérogatives de la Poëſie du ſtyle. Ce n'eſt pas cette expreſſion analogue & accidentelle des parties, c'eſt l'ignorance de rendre le tout qu'Horace reproche à ce Statuaire établi au cirque d'Emilius [h]: *Son ouvrage ſera toujours deſſectueux, parce qu'il ne ſait pas faire un tout bien aſſorti.*

Nicolas Pouſſin, ce Connoiſſeur & cet Imitateur de l'Antique, deſſinoit d'après nature dans la campagne & ſur les bords du Tibre. Puis quand il avoit fait, il rapportoit à la maiſon des cailloux, de la mouſſe, des fleurs & d'autres choſes ſemblables, pour les peindre exactement d'après nature & pour en orner les devants de ſes tableaux[i]. Mais ce n'étoient pas là des ſoins bornés aux acceſſoires, pour qu'un Amateur imbécille s'arrêtât aux détails [k] & paſſât ſur l'enſemble, à peu près comme

h *Infelix operis ſumma, quia ponere totum Neſciet.*

Hor. Arte Poet.

i V. Melanges d'Hiſtoire & de Littérature de Vigneul de Marville. Tom. II. p. 141.

k On peut placer ici la jolie Fable de Gellert, *le Peintre*, dont on trouvera une Traduction dans le *Choix de Poëſies Allemandes.* Tom. I.

comme ce Connoiſſeur de Lucien qui, dans le Jupiter Olympien, ne voyoit que le poli & la juſteſſe de ſon marche-pied. Le deſſein de ce Maître étoit ſans doute de frapper d'abord le vrai Connoiſſeur par l'harmonie du tout & de l'obliger à rendre juſtice à l'intelligence de l'action principale, puis, en le faiſant paſſer de l'enſemble aux parties, de ménager du plaiſir à ſes yeux dans les endroits même où ils n'étoient pas appellés d'abord; de faire en ſorte enfin que la ſucceſſion non interrompue de la nature fit ſur ſes ſens l'impreſſion la plus agréable. C'eſt d'après cet ordre que Borghini en faiſant la déſcription de la fameuſe Sainte Cécile de *Raphaël* dans ſon *Riposo*, ne vante la repréſentation naturelle des inſtruments de muſique répandus ſur le devant du tableau, qu'après nous avoir dépeint la Sainte éblouie par l'éclat du Chœur des Anges & en extaſe aux accords de l'harmonie céleſte. Et j'ajoute que c'eſt d'après ce même ordre que le moindre acceſſoire [l] du Jupiter Olympien de

l Sur ce marche-pied, ſoutenu par des lions d'or, on voyoit la bataille des *Amazones*. Les Divinités de la victoire entouroient les derniers dégrés du trône, & ſur les côtés l'on remarquoit les Graces & les Heures, comme fille de Jupiter. Pauſanias a fait une ample déſcription de ces figures qui entouroient le trône du Maître des Dieux. A la vue de ce chef-d'œuvre de l'art il étoit permis ſans doute au Connoiſſeur d'être frappé d'étonnement de la majeſté de Jupiter & ravi de joie de la gaieté des Graces.

de *Phidias* n'étoit pas en droit d'attirer le premier les regards du Spectateur, mais il n'imposoit pas non plus la loi d'être négligé.

La perfection possible, voilà notre maxime. Les négligences, dès qu'elles méritent d'être appellées heureuses, sont des perfections. Les négligences dans les détails, accompagnées de beautés réelles, obtiendront toujours l'indulgence du Connoisseur & auront même pour lui quelque chose de piquant: mais il ne faut pas que ce soit une affaire de besoin, ni qu'elles paroissent avoir été cherchées. L'éloge flatteur que M. l'Abbé Batteux donne à Horace, est combiné avec cette circonstance que les négligences de ce Poëte sont des beautés. „Il „dit les plus belles choses, comme les autres disent „les plus communes; & n'a de négligences que ce „qu'il en faut pour avoir plus de graces.“ Heureux votre Artiste, mon ami, s'il mérite jamais un pareil éloge, ou s'il peut vous dire ce que *le Poussin* dit à Vigneul de Marville [m]: *Je n'ai rien négligé.*

[m] „Je lui demandai un jour par quelle voie il étoit arrivé „à ce haut point d'élévation qui lui donnoit un rang si „considérable entre les plus grands Peintres d'Italie? il „me répondit modestement: *Je n'ai rien negligé.*“ Mélanges d'Histoire & de Littérature. Tom. II. p. 141.

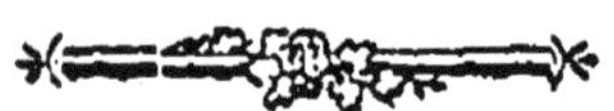

SUPPLE-

SUPPLEMENT.

CHAPITRE LVI.

Réflexion sur l'Attitude d'après la ligne ondoyante, & sur l'Analyse de la Beauté par M. Hogarth [a].

Il me suffira, mon cher ami, de vous rappeller le commencement de mon Chapitre trente-sept pour n'avoir pas besoin de vous répéter une chose que tous les Artistes reconnoissent être d'expérience, savoir que la ligne d'inflexion, au moyen

[a] M. Winkelmann dit quelque part que *Michel-Ange* n'avoit jamais connu la grace, pas même en songe. On en peut bien dire autant de Hogarth ; il s'est attaché d'enseigner ce qu'il ne savoit pas, en fixant une ligne précise de cette aimable qualité. Quoiqu'il en soit, l'ouvrage de l'Artiste anglois parut en 1753. sous le titre : *Analyse de la Beauté*. Il me semble qu'il a fait peu de sensation en France. En Allemagne son succès a été complet; à peine eut-il paru à Londres, qu'il fut traduit en allemand sous les yeux de l'Auteur & imprimé en 1754. dans la même ville avec les deux planches qui accompagnent l'original & qui servent à expliquer le texte. La même année on en fit une contre-

de la situation des muscles & de leur tour varié communique la diversité & la beauté aux lignes extérieures & aux autres parties des figures animées. La ligne d'inflexion communique aussi un agrément infini à la position du corps humain, lorsque l'Artiste s'en sert pour faire la premiere ébauche de sa figure.

Par cette direction, qui approche le plus du mouvement dégagé de la nature abandonnée à elle-même, les statues sous la main savante de l'Artiste prennent un air animé, ou semblent plutôt l'emporter sur la vie même par la belle exécution. Au contraire dans les attitudes qui ne dénotent aucune vie, on compare les hommes à des statues, comme Homere qui nous représente Ulysse debout & entierement immobile [b].

Le

façon à Berlin. Ce Traité fut reçu avec transport; on le regarda comme une mine abondante qui renfermoit des richesses pour le progrès des arts. Aujourd'hui on est tellement revenu de cet enthousiasme qu'on ne rend peut-être pas assez de justice à cet ouvrage plein d'excellentes choses. M. de Hagedorn en faisant la critique de l'Analyse de la Beauté dans les trois chapitres suivants, s'est proposé le double but, d'aprécier l'ouvrage de M. Hogarth, & d'appuyer de nouvelles preuves les principes renfermés dans le cours de ses Réflexions sur la Peinture.

b Iliade, Chant. III.

Le Dessinateur, après avoir fait choix d'une position, a coutume d'indiquer par le trait les grandes parties du corps, les bras, les cuisses, ou le tronc, en évitant toutes les lignes perpendiculaires ou paralleles. C'est le trait qui montre pour ainsi dire le premier squelette de la figure, autant qu'il est possible de le faire par des lignes à l'exception de la tête & de la tournure des vertèbres.

La tour agréable de la tête forme avec le reste du corps un contraste ᶜ décent & vif, augmenté par la position alternative du pied qui porte. Il faut que la tête, comme l'enseignent nos écoles de dessin, offre une belle idée. C'est ainsi que nous trouvons dans la plupart des figures de marbre des Anciens, suivant la remarque de Gerard Audran, la tête un peu surbaissée. Je n'ai pas besoin de rappeller ici l'attitude de l'*Antinoüs*: Hogarth l'a fait. Je présume pourtant que le Maître à danser nous fera plus rire dans la position que l'Artiste lui donne sur la premiere planche, où il le représente corrigeant l'attitude de l'Antinoüs, qu'il ne nous paroîtra risible dans la description que l'Auteur nous fait de cet homme qui ne veut pas que son écolier prenne le maintien du même Antinoüs. Ici l'Auteur tire une conclusion de choses toutes différentes & dans des circonstances toutes autres. La Danse

ᶜ V. Traité de la Peinture de Leonard de Vinci: Chapitre CCLXV.

Danſe vient mieux à l'appui de ſes principes dans la ſeconde planche, où il nous repréſente une Danſeuſe d'un tour très-agréable, comme *l'Automne* de *Lancret*, gravée par *Tardieu*. En général pour les belles attitudes gardons-nous de paſſer ſous ſilence les Modernes: la plupart des figures des Médailles du règne de Louis XIV. ſont bien auſſi propres que le plus grand nombre des médailles anciennes recueillies par Vaillant à nous expliquer ce que j'entens par cette poſition. Je me rappelle une Suſanne de *N. Verkolie*, figure aſſiſe, d'un très-beau tour. Ce n'eſt pas ſans raiſon que je vous cite l'ouvrage d'un Flamand; je vous montrerois un morceau de *Hollar* gravé d'après *Holbein*, repréſentant la Reine de Saba & quelques perſonnes de ſa ſuite, figures debout, ſi j'avois lieu de craindre que vous fuſſiez du nombre des Amateurs, qui ne veulent voir le beau que là où il n'ont qu'à répéter les éloges généraux & fermer les yeux, à l'exemple de quelques étrangers, pour ne pas voir le mérite de nos vieux Maîtres allemands.

Si l'on veut exprimer cette attitude par une ligne mitoyenne, il réſultera qu'on peut ſe ſervir ici de la ligne d'inflexion, ſoit qu'on l'appelle la ligne flamboyante ou ondoyante, ſoit qu'on l'appelle la ligne ſerpentine [d]. De là eſt-il étonnant

[d] Il y en a encore qui comparent cette ligne à une / pour l'attitude. On ſent aiſement qu'on ne doit pas entendre par

nant que dans toutes les écoles de dessin on recommande aux Eleves un trait ou une ligne mitoyenne pour l'ébauche d'une figure bien posée? C'étoit-là l'objet de *van der Werf* dans l'instruction qu'il donnoit à *van der Schlichten*, & de celui-ci dans ses leçons à ses Eleves aujourd'hui vivants. Ce qu'il y a de singulier c'est qu'une infinité de Lecteurs ont regardé les observations sur cette ligne, relativement au dessin du corps humain, comme des vérités nouvellement découvertes, parce qu'il a plu à un Artiste aussi ingénieux que Hogarth d'appeller *ligne de beauté*, celle qui, entre plusieurs lignes ondoyantes ou d'inflexion, offre une courbure modérée, & de nommer *ligne de la Grace*, celle

par là une grand S. Cependant il s'est trouvé des gens qui, par bévue, ou par l'inadvertance du Compositeur, ont pris cette S pour une règle, & qui ont combattu en conséquence pour ou contre. Il est vrai, ils ont Lomazzo p. 23. pour eux, mais assurément ils ont contre eux les meilleurs principes des écoles de l'art & les maximes des plus habiles Artistes d'aujourd'hui. L'inspection de l'oeil & la réflexion de l'esprit nous font sentir d'abord, quelle courbure a le plus de conformité avec l'attitude de l'homme qui se tient debout. La partie inférieure de la lettre doit indiquer le pied qui se porte en jouant en-arriere. Mais qui voudra s'apesantir sur cette figure, faite uniquement pour servir de point de comparaison? Qu'on me blâme plutôt d'avoir cité préférablement la ligne d'inflexion des Peintres, à la ligne courbe des Géomètres.

celle qui, entre plusieurs lignes serpentines ou de circonflexion, s'entortille autour d'un cône comme un serpent *.

Le nom de la premiere ligne n'est pas nouveau. — En général on paroît plus s'embarrasser de déterminer une ligne de la beauté que de décider la question: si une pareille détermination est faisable pour les arts, & si une seule ligne est applicable à tous les cas?

A l'égard des arts d'imitation ne pouroit-on pas en dire ce que Wolf observe du plaisir singulier que fait naître en nous l'Eurythmie, ou la bonne grace? "Dans l'Architecture, dit-il, il nous suffit „de savoir qu'une chose est; il nous est inutile de „savoir comment elle est." En conséquence de cette proposition, il ne seroit pas contraire aux vrais principes de la métaphisique d'établir que, suivant les loix de nos pensées, il peut résulter un effet dont

* M. Hogarth est le premier à ce que je sache qui trouve cette différence entre la ligne ondoyante & la ligne serpentine. D'ailleurs cette comparaison de la ligne d'inflexion relativement au dessin du corps humain est assez indifférente aux Critiques. Je ne vois pas en effet que le mouvement naturel du serpent soit si éloigné de la ligne ondoyante ou de l'ondulation des eaux. Il est vrai, Lomazzo dans le passage que nous venons de citer, emprunte sa comparaison du serpent, mais du serpent qui rampe; & alors c'est la ligne ondoyante.

dont nous ne ſaurions trouver les vraies cauſes. Mais, pouroit-on dire, cela ne ſatisfait point la curioſité du Géomètre philoſophe. Il faut qu'il y ait des cauſes; & ce ſont ces cauſes que le Philoſophe veut approfondir. Wolf lui-même, en parlant du plaiſir que l'ame trouve dans l'Eurythmie, fait ſentir la néceſſité d'une cauſe, & indique la raiſon pourquoi nous aimons mieux voir une choſe qu'une autre. "Quand le milieu offre un autre „aſpect que les côtés, l'ame n'a pas longtems à „délibérer ſur quelle partie elle ſe portera en pre„mier lieu." C'eſt ce que ſavent très-bien les grands *Maîtres dans l'ordonnance*; non ſeulement ils connoiſſent la néceſſité d'une lumiere principale dans un tableau, mais ils ſavent auſſi que cette lumiere doit être tenue ſur le plan du milieu. L'on trouvera que l'œil aime une certaine ſymétrie cachée quand il contemple l'équilibre d'un tableau, mais que dans la Peinture il hait l'égalité parfaite des deux côtés [f]; & cela parce que la nature variée, le type de la Peinture, n'offre point cette reſſemblance parfaite des aſpects & que l'imitation ne ſauroit ſubſtituer aux beautés de la nature les beautés d'un art étranger, ni changer ſon objet eſſentiel. Dans la marche même des muſcles, le Deſſinateur a ſoin de ne pas tenir les inſertions ſur des lignes

f V. Ce qui a été dit ſur cet objet au Chapitre XIX.

lignes paralelles: c'est à dire, qu'il évite pareillement la symétrie.

L'on pouroit établir en conséquence, que l'observation que nous avons faite au sujet du plaisir qu'éprouve l'ame à l'aspect de la symétrie, souffre souvent des modifications, comme ici à l'égard de la Peinture. Quel avantage auroit dans les arts la ligne de la beauté, quand même elle pouroit être déterminée avec plus de certitude encore que par les expériences tirées de nos sensations, sur ce plaisir que l'ame trouve dans la symétrie, & ne faudra-t-il pas toujours en venir à ce précepte d'Horace? *Qu'il faut que chaque genre conserve la place qui lui est assignée & qui lui convient* [g]. Une multitude d'exemples en faveur de la ligne serpentine sera-t-elle capable de satisfaire le Philosophe qui, comme Connoisseur, doit assigner à chaque art en particulier des beautés originales? L'on dit que M. Hogarth abandonne son fil, comme Artiste, dans l'endroit où il veut que le Géomètre le prenne & l'étende plus loin. Mais dans les arts d'imitation qui recommandent si énergiquement la variété & l'harmonie, nous dira-t-on quelles sont les circonstances où ces maximes sont applicables?

Chaque Art a ses beautés propres. Je n'examinerai pas combien parmi les figures la ligne courbe, tel

g *Singula quaeque locum teneant sortita decenter.*

tel que le cercle & l'ellipſe, ou l'ovale, renferme de variété & d'unité, & combien on facilite à l'œil la tranſition d'une ligne à l'autre en évitant les angles aigus. Mais ces lignes ne donnent de la beauté, qu'aux parties où elles ſont bien employées: c'eſt ainſi que l'Architecture poura s'emparer de la ligne directe verticale & avec cette ligne de l'angle droit. D'après les loix de la ſtatique le Deſſinateur ne ſauroit ſe paſſer de cette ligne verticale pour la beauté & la juſteſſe de ſes attitudes.

Cependant, pour donner quelque choſe à la nouveauté de l'expreſſion, honorons du titre de *ligne* de la *beauté*, celle des lignes, dont la marche dans le deſſin concourt le plus à l'embelliſſement du corps de l'homme & de l'animal. La ligne d'inflexion, d'après cette diverſité avec laquelle elle embellit le corps humain, l'enveloppe de la plus noble des créatures, a des droits fondés à cette pompeuſe dénomination. Et rien de plus facile que de s'accommoder de l'interprétation ingénieuſe de Hogarth, s'il ne ſe mettoit pas en tête de déterminer une ſeule & unique ligne de la beauté, & puis une ſeule & unique ligne de la grace parmi pluſieurs lignes d'inflexion & de circonflexion, & cela encore par un ſimple trait. Il ne faut pas être difficile pour trouver un ſyſtême dans les exemples d'un deſſin arbitraire. Il ne ſeroit ſans doute pas plus aiſé de ſe ſervir de la forme des figures animées pour en tirer des inductions ſur les autres arts qui, telle que l'Architecture, ont de toutes autres loix pour fondement.

La ſtructure du corps humain renferme la plus grande beauté: la ligne d'inflexion eſt de toutes les lignes celle qui concourt le plus efficacement à ſa parfaite configuration. Il ne s'en ſuit pourtant pas qu'il faille déterminer une ſeule & unique ligne, lorsqu'il eſt certain qu'il n'y a que la combinaiſon de pluſieurs lignes variées, qui puiſſe produire la beauté de l'enſemble: *Il faut*, comme dit Horace, *que les parties ſe prêtent un ſecours mutuel & qu'elles tendent à une même fin* [h]. Or l'enſemble par la tournure des membres & par le contraſte des objets, eſt ſuſceptible de nouvelles variétés & ſouvent de nouvelles beautés.

Dans la plupart des figures de marbre des Anciens, une tête un peu ſurbaiſſée, ainſi que je l'ai déja remarqué, concourt au finiſſement de l'agréable inflexion de l'attitude. Mais la tête du majeſtueux Apollon pythien eſt-elle moins belle pour être droite? Dans une figure de *Roma victrix* & dans celle d'une *Mammæa Augusta* rapportée par Boiſſard, la direction droite de la tête eſt-elle moins

h *Alterius ſic*
Altera poſcit opem res, & conjurat amice.

moins remarquable? Et qui est-ce qui nie la beauté de ces figures?

Soit qu'on examine la figure d'après l'attitude, soit qu'on la considere d'après les lignes extérieures, il résultera toujours que la détermination d'une seule ligne ondoyante pour la beauté, & d'une seule ligne serpentine pour la grace, n'auroit aucune utilité sensible à l'égard de toute l'économie de l'art. Car si la ligne de la grace surpasse la ligne de la beauté, il résultera ou qu'elle efface ou qu'elle renferme déja la ligne de la beauté. Il n'est pas à présumer qu'elle l'efface, d'autant plus que la grace, loin de supprimer la beauté, la releve encore. C'est sans doute là ce que M. Hogarth pose en fait, puisque dans un endroit de son livre, le mouvement de la main lui fournit un exemple pour expliquer la beauté au moyen d'une belle direction, & la grace au moyen d'une direction encore plus belle. Mais dèslors que devient l'unité de la véritable ligne de la beauté?

Si, par condescendence pour ce systême, nous adoptons l'unité de ces lignes, il nous restera toujours à faire la demande suivante. Laquelle sera-ce pour n'être, selon sa détermination, ni trop courbe, ni trop droite? Il est vrai, si la détermination consiste dans l'arbitraire, l'Artiste nous a tracé une ligne; & il rejettera toujours la preuve du contraire pour conserver son trait. Un simple coup d'œil nous dit

 com-

combien la ligne tracée sur le frontispice, differe des sept lignes que l'Auteur rapporte à la premiere planche qui accompagne son ouvrage.

Mais quand la ligne en question renfermeroit encore plus de beauté, quand dans les cas particuliers, elle dénoteroit encore plus de grace, quel en seroit le résultat? Les cheveux flottants de Ligurinus chez Horace, en ne tombant sur les épaules que par ondes égales, figureront-ils ce trait de la véritable beauté? Des muscles uniformes arrondiront-ils les beaux bras, dont Homere a avantagé Junon par dessus toutes les autres Déesses? Si cela étoit, toutes les articulations de l'avant-main seroient contre le naturel d'une ressemblance parfaite, & le contour des parties alternativement élevées & abaissées, ne seroit pas beau par la variété. Pygmalion n'auroit pas configuré ainsi sa statue, & Venus ne l'auroit pas animée.

Ce jugement est trop sévere, pouroit-on me dire. Hogarth, il est vrai, détermine une ligne de la beauté, quand il dit: „Comme parmi toutes „les lignes ondoyantes il n'y en a qu'une, qui mé„rite véritablement le nom de ligne de la beauté, „il n'y en a non plus qu'une, parmi toutes les „lignes serpentines, qui mérite le nom de ligne „de la Grace.“

Cependant l'Auteur semble donner plus d'extension à son idée lorsqu'il ajoute plus loin: “Mais „quand

„quand ces lignes deviennent trop courbes ou trop „droites, elles perdent réellement quelque chose de „leur beauté & de leur grace; elles ne sont pourtant „pas tellement privées de ces qualités, qu'elles ne „puissent encore rendre de grands services dans les „compositions, où l'on n'a pas eu le dessein particulier d'exprimer la beauté & la grace dans leur „plus haute perfection."

Je dirai que ces lignes employées dans les endroits convenables, ne sont rien moins que dénuées de beauté, & qu'elles leur communiquent autant d'agréments que la prétendue ligne de la beauté en communique à ses parties analogues. C'est ce que je crois avoir prouvé déja par le besoin de la variété. La nature & la vérité des objets, voilà les preuves les plus fortes. Les muscles gémeaux qui forment le gras de la jambe avec leurs nerfs & leurs ligaments, rempliront sans doute par d'agreables lignes serpentines, les prétentions de l'Artiste anglois au sujet de la ligne de la grace: néanmoins il ne faut pas que ces lignes, de peur qu'elles ne portent atteinte à la beauté du dessin, ayent de la ressemblance entre elles. Au contraire l'os de la jambe avec ses muscles, ne doit indiquer par une douce élévation qu'un soupçon de cette ligne serpentine. D'après l'expression dont nous venons de parler, ce muscle auroit présenté infailliblement une surface trop plane. Mais ces parties

 char-

charnues pratiquées à leur place seront-elles moins belles, & pourra-t-on s'en passer, même dans les endroits où l'on a eu le dessein particulier de rendre la beauté & la grace dans leur plus haute perfection? La répétition de cette ligne précise serviroit peut-être à représenter un Esope ou le fameux *Gobbo dei Carracci*, dont *Pond* nous a conservé la figure dans ses imitations de dessins.

Le Critique anglois adoucit encore davantage ses préceptes, chose qu'on pouvoit bien attendre d'un homme aussi expérimenté. L'équité exige de nous de l'entendre jusqu'au bout & de ne point prendre des maximes énoncées un peu obscurément pour des inductions, étrangeres aux vues de l'Auteur. Ecoutons-le. "Quoique j'aye distingué „si particulierement ces lignes, que je leur ai donné „le nom de lignes de la beauté & de la grace, je „crois néanmoins, que leur emploi & leur dispo„sition devroient être encore plus modifiés par les „principes que j'ai établis pour la composition en „général; je crois, dis-je, qu'il faudroit, selon „l'exigeance du cas, les mêler & les combiner „savamment, tant les unes avec les autres, qu'avec „les lignes que je puis appeller, par opposition aux „lignes d'inflexion, des lignes plattes."

S'il ne faut mêler & combiner ces lignes qu'en opposition aux lignes plattes en question, comme l'insinue l'insinue très-judicieusement l'Auteur, il résulte qu'elles concourent à l'harmonie du tout pour plaire à nos sens, & que par conséquent elles concourent à la beauté de l'objet. Il importe peu de savoir si cette exception est capable de balancer la règle de notre Critique. Il paroît plutôt que la décision pour la beauté ou la grace de deux lignes particulieres, de préférence à tant de lignes courbes qui contribuent toutes à l'harmonie, est parfaitement inutile. Elle est toute aussi inutile que si, après avoir parlé en termes fleuris de la beauté de la lumiere dans un tableau, on ne vouloit faire mention de l'ombre que comme d'une partie bien inférieure relativement à la beauté; enfin si, pour adoucir la proposition, on ne vouloit admettre qu'avec restriction le mélange & la combinaison de l'ombre avec la lumiere. Quel Connoisseur niera que l'ombre bien entendue dans ses parties claires, contribue autant à la beauté du tableau, que la lumiere bien distribuée avec ses éminences? Je dirai même que dans l'exécution l'ombre offre plus de difficultés à vaincre que la lumiere. Les parties ombrées embellissent les parties claires, & elles en sont embellies à leur tour. C'est par cette raison que l'Abbé Trublet [i], releve la comparaison

[i] Essais sur divers sujets de Littérature & de Morale. *Du Naturel.* VI.

tant de fois répétée, des négligences des Ecrivains mises en opposition avec les ombres dans un tableau. Il ne déduit de cette maxime que la nécessité de la variété pour la beauté de l'ensemble. "Jamais, „dit-il, il ne peut y avoir trop de beautés dans un „ouvrage fait pour plaire; mais il peut y avoir „trop d'une sorte de beauté." J'espere que la ressemblance de la comparaison avec le cas présent n'aura pas besoin d'autre explication.

De peur d'étendre ce chapitre au de-là de ses bornes, je vais faire une petite pause. Vous aurez la continuation de mes pensées sur l'Analyse de la beauté de Hogarth. Mais je vous conseille de faire dans cet intervalle quelque lecture plus agréable sur les arts, ou de vous amuser avec *Hogarth* l'Artiste, jusqu'à ce que vous ayiez le courage de reprendre Hogarth l'Ecrivain.

CHAPITRE LVII.

Des Talents & des Ouvrages de M. Hogarth, & des Carricatures en général, ainsi que de l'Ordonnance des Tableaux d'après l'Analyse de la Beauté.

Il faut du courage, dites-vous, pour suivre Hogarth partout. Pour trouver quelques grains d'or, dispersés dans son *Analyse de la Beauté*, il faut remuer bien du gravier. Il est vrai, il a cherché à prévenir lui-même ses lecteurs sur les désagréments de son style. Mais, pouroit-on demander, la distribution toute aussi desagréable des figures sur les planches qui accompagnent son ouvrage, appartient-elle au style, ou à la gaieté pittoresque? Il me semble qu'il a un peu abusé de la permission qu'on accorde à un Anglois de se livrer à son humeur.

Ceux qui connoissent le ton de gaieté qui caractérise les ouvrages de Hogarth du côté le plus favorable, voudroient adoucir la critique qu'en fait M. l'Abbé le Blanc [a]. L'imagination de l'Artiste est aussi heureuse, que le succès de ses ouvrages est brillant. Son *Horlot's Progress*, ou les

 Aven-

[a] Lettre XXIII. A M. l'Abbé du Bos.

Aventures d'une Coquette, ouvrage que l'Artiste a gravé d'après ses propres tableaux, l'auroit rendu recommandable aux Curieux qui ne considérent pas tous les objets de l'art avec le front d'un Zenon. Il est vrai, on est étonné de voir comment ce goût plus que comique ait pu avoir un succès si prodigieux dans un pays, où pour faire fleurir les beaux-arts on accumule les monuments les plus précieux de l'Antiquité, & où l'on ne néglige rien pour se mettre en possession de quelqu'ouvrage fameux de *Raphaël*. C'est une question que je laisse à discuter à ceux qui feront l'histoire de ce goût. Pour nous, contents de l'admirer de loin, nous n'avons pas lieu d'en être jaloux. L'Allemagne sera satisfaite de fournir de tems en tems un *Mengs* à l'école romaine & d'apprendre que les ouvrages de ce Peintre méritent l'approbation de l'Anglois judicieux [b]. Mais les ouvrages de Hogarth ont un mérite réel, indépendant du succès que des motifs parti-

b Je n'ai qu'à citer à ce sujet un Tableau de *Mengs* fait d'après l'Ecole d'Athenes de *Raphaël*. Mylord Northumberland est possesseur de cette copie qui, avec la beauté de l'expression & la correction du dessin de l'original, renferme des avantages particuliers par rapport au coloris. Cependant avec la meilleure présomption, c'est en partie au tems à fixer le mérite du Peintre à l'égard de la durée des couleurs. Cela n'empêche pas que la considération qu'a obtenue une copie de cette nature, ne

particuliers font obtenir aux ſujets ſatiriques; ils renferment une force d'expreſſion, dont l'homme à talent peut faire ſon profit en l'appliquant à des ſujets plus nobles & en l'adouciſſant ſelon les règles de la convenance. C'étoit-là l'objet que ſe propoſoit un *Leonard de Vinci*, quand il faiſoit de ces ſortes de deſſins de charge.

Je ne fais point de difficulté de comparer nos Deſſinateurs de Carricature à Scarron, tant d'après ſon bon que d'après ſon mauvais côté. Dans ce cas Hogarth poura être placé à côté de l'Auteur du Roman comique. Le la Rancune du François n'y perdroit rien, quand on le repréſenteroit avec le viſage décharné du fameux *Petro Rezio* de l'Anglois [c]. La groſſeur du ventre poura être ſupprimée, ſi d'ailleurs les conſeils de Leo Baptiſta Alberti, qui veut qu'on évite ces ſortes de compoſitions contre nature, ſont encore de quelque poids chez les Artiſtes. Celui qui a mis au jour avec autant d'agrément que d'art les penſées de Butler dans

ne redouble l'eſtime pour un Artiſte dont les propres inventions ſont ſi recherchées. Son Tableau de la Réſurrection qui décore le maître-autel à l'Egliſe Catholique de Dreſde, ne fait que confirmer ſa réputation.

[c] On ſe rappellera l'Eſtampe de Hogarth, qui repréſente ce Médecin, empêchant Sancho-Panſa, Gouverneur de l'Ile de Barataria, de manger des plats ſervis ſur ſa table.

dans ſon Hudibras, poura bien auſſi rendre les idées d'un Scarron, enviſagées du côté le plus favorable.

Je ne ſais comment un Peintre de Carricature ſe ſeroit accommodé de la loi des Thebains, qui impoſoit aux Artiſtes l'obligation abſolue de repréſenter la figure de l'homme dans toute ſa décence & dans toute ſa perfection. Les Modernes ont plus de condeſcendance. Il eſt vrai, un *Annibal Carrache* a encouru la cenſure de ſes contemporains, pour avoir fait ſi ſouvent la carricature de l'homme, lui qui, avec des talents ſi ſupérieurs, pouvoit repréſenter ſon image dans toute ſa nobleſſe. Nous ne conteſterons point cette portion de l'art à ceux qui ne ſont pas en état de donner autre choſe, & qui, bien inférieurs à un Chevalier *Ghezzi*, n'ont pour tout talent que la bonne opinion d'eux-mêmes.

Si nous jugeons l'Artiſte anglois d'après ſon livre, nous ſommes forcés de croire que la nature l'a avantagé de talents éminents pour le genre noble. Sans nous offrir ces talents dans ſes ouvrages gravés les plus connus [d], ni ſans ſurpaſſer par le

[d] Son Moïſe, jeune garçon, remis par ſa mere à la fille de Pharaon, eſt remarquable par une expreſſion plus élevée, ſurtout quant à la Princeſſe. M. Rouquet nous apprend à l'occaſion de ce ſujet, que M. Hogarth, de concert

le goût du dessin les Artistes de son pays, il traite *Raphaël* d'un ton aussi leste, que Scarron traite Virgile.

„*Raphaël*, dit le Critique anglois dans sa pré„face, dès qu'il eut vu les ouvrages de *Michel*-„*Ange* & les statues antiques, quitta sa maniere „droite & roide & changea tout à coup son goût „du trait; il s'attacha avec tant d'ardeur à la ligne „serpentine, qu'il la répéta d'une maniere ridicule, „particulierement dans ses drapperies, quoiqu'à la „vérité sa grande étude du naturel ne le laissât pas „longtems dans cette erreur." Ce ne sont pas sans doute les fameux Cartons d'Hamptoncourt, gravés par un *Nicolas Dorigny*, qui ont fourni les exemples à la censure de M. Hogarth. Il est certain qu'on n'avoit pas encore d'exemples, que jamais personne se fut exprimé en ces termes au sujet de *Raphaël*, pas même les Savants, lorsqu'ils lui ont reproché le manque du costume. Quant à cette derniere partie, on peut lire ce qu'en ont écrit Lomazzo & après lui Lairesse.

Les Portraits de la main de Hogarth méritent d'autant plus l'estime des Curieux, qu'ils s'écarte de

concert avec trois autres Peintres d'Histoire, se proposoit d'orner de tableaux un des principaux salons de l'Hopital des Orphelins. Les sujets sont conformes à la convenance, & la résolution ne peut qu'ajouter à la gloire des Auteurs de l'entreprise.

de la maniere ordinaire des Anglois: grand obſervateur de la nature, il tend plus au bel effet qu'à l'extrême fini. Son *Garrik* eſt regardé par les Curieux comme un chef-d'œuvre de l'art, tant pour l'expreſſion que pour la couleur. Le Peintre a repréſenté ce célèbre Acteur dans le rôle de Richard III. & l'Amateur le connoît par la gravure qui en a paru. Dans ce portrait, l'enſemble offre cette qualité ſi ſéduiſante des bons tableaux, le grand effet. Je m'en rapporte ſur cet article au jugement d'un grand Connoiſſeur, de M. le Comte de St. P . . . qui reconnoît l'Angleterre pour ſa patrie. J'ai voulu ſavoir de lui, non ſeulement ce que penſoient les Savants en Angleterre de l'ouvrage de Hogarth, mais encore ce qu'en jugeoient les Curieux accoutumés à voir de beaux ouvrages de l'Art. Mais d'après le jugement de cet Amateur, j'apprens que l'Analyſe de la Beauté de notre Artiſte, eſt placée dans un rang bien inférieur à ſes ouvrages de l'art.

Ne me demandez pas, mon cher ami, ſi ce jugement doit ſuſpendre notre approbation? Chez nous il n'arrive que trop ſouvent, que tout ce qui nous vient de l'étranger captive notre goût; d'ailleurs la production d'une bonne tête a déja le préjugé pour elle. Sans ſe compromettre par une critique hazardée, on prend un détour: on admire ce qu'on n'entend pas, & on s'en trouve bien.

Il

Il y a des gens qui, épris d'un bâtiment qu'on leur vante, commencent d'abord à bâtir à côté, ſans examiner ſi le terrain eſt propre à ſupporter l'édiſice. Je me flatte d'avoir gardé un milieu entre la louange & le blâme. C'eſt à vous, mon cher ami, à décider ſi j'ai toujours ſaiſi la penſée de l'Auteur, ſurtout dans les endroits, où il a cru expliquer le clair par l'obſcur.

Je n'ajouterai plus qu'un mot, avant de paſſer du ſimple au compoſé d'un tableau. La ligne d'inflexion, ou plutôt la ligne à laquelle Hogarth donne le nom de ſerpentine, ne ſeroit pas capable de produire la grace dans l'attitude d'une figure, ſi la franchiſe de cette attitude, de concert avec l'expreſſion de l'ame & la beauté du corps, n'y imprimoit le ſceau de la bonne grace. La même choſe a lieu par rapport au mouvement. Quelque bonne que ſoit votre attitude, ſi vous ne lui donnez point de mouvement elle ſera privée de grace. Le mouvement manque quelquefois de ſoupleſſe, ou paroît moins gracieux. Et cependant la différence entre la contrainte & la franchiſe eſt fort petite, comme l'Auteur nous le démontre très-bien dans ſon Livre [e]. Par le ſecours de ſon imagination, il appelle l'Artiſte dans l'attelier du Sculpteur; là il lui fait ſuivre la ſavante manœuvre du

[e] Analyſe de la Beauté; Chapitre X.

du ciſeau manié par un Maître qui donne la dernière main à ſon ouvrage. " Inſtruit à cette école, „ ajoute l'Auteur, il apprendra bientôt ce que c'eſt „ qu'un ouvrage ſorti des mains d'un pareil Maître, „ ce que c'eſt qu'un travail approuvé par les vrais „ juges de l'art, un travail nommé par les Italiens „ *il poco di più* [f], un peu plus, & qui diſtingue les „ chefs-d'œuvres antiques de Rome des meilleures „ copies faites par les Modernes." L'Auteur ſuppoſe ſans doute que la ligne ſerpentine ſe trouve dans l'original & dans la copie. Dans des contours également précis ſouvent les moindres traits diſtinguent la main facile de la main lourde.

Telle ſeroit peut-être dans une danſe théatrale l'attitude ſavante mais naïve d'une Veſtris ou d'une Lenzi, vis-à-vis de la poſition auſſi ſavante, mais moins naïve d'une autre danſeuſe. Les attitudes de l'une & de l'autre vous indiqueront la ligne préciſe de la grace. Qu'eſt-ce qui en fait donc la différence?

Admettriez-vous, mon cher ami, dans la compoſition d'un tableau, des figures d'une poſition belle, mais uniforme? Je ne le crois pas. Vous aimeriez mieux ſans doute, ſi la compoſition préſente des danſes, y trouver les tours variés des Danſeuſes d'Herculanum, dont Winkelmann dit qu'elles

[f] On pouroit dire quelquefois *il poco di meno.*

qu'elles sont vives comme la pensée, ou la légéreté de cette Camille, dont Virgile dit „qu'elle „auroit pu voler sur un champ couvert d'herbes „hautes, ou d'épis, sans les faire plier sous ses „pas, ou se frayer une route au milieu de la mer, „& courir sur les flots sans mouiller ses pieds légers[g]." Ou vous préféreriez peut-être cet agréable contraste qu'un Poëte moderne[h] nous offre si bien dans ses vers:

Ah, Zelima, que vous êtes brillante!
Mais que Naris, grands Dieux! est ravissante.
Que vos pas sont légers, mais que les siens sont doux!
Elle est inimitable, & vous êtes nouvelle:
Les Nymphes sautent comme vous,
Et les Graces dansent comme elle.

M. Hogarth qui reprend l'usage immodéré de la ligne serpentine, même dans *Raphaël*, ne voudra pas, défenseur de la variété, admettre l'uniformité dans aucune ordonnance; & cependant cette maxime semble découler de sa restriction du beau & du gracieux à une seule ligne. Trop épris de

g *Illa vel intactae segetis per summa volaret*
Gramina, nec teneras cursu laesisset aristas:
Vel mare per medium, fluctu suspensa tumenti,
Ferret iter, celeres nec tingeret aequore plantas.
Aen. VII. vers. 808.

h Rannée & Mascave, Conte philosophique.

de son systême, il n'en voit plus les conséquences; en lui passant sa méthode favorite on trouve qu'il parle comme un autre homme. Considérons le d'abord sous la forme d'un Maître, qui ne recommande rien tant que la diversité bien ordonnée.

„L'Art de bien disposer, dit-il en plus d'un „endroit de son livre, est l'art de bien varier." Il remarque que tous nos sens aiment la diversité, que tous haïssent l'uniformité. Par ces maximes il nous fait voir que, relativement à l'inégalité des objets & à leur contraste, il ne s'écarte pas d'un de Piles, d'un Lairesse & des autres Maîtres de la bonne ordonnance d'un tableau.

Quant à l'accord de la variété & à l'unité du tableau, il ne paroît pas moins recommander l'un que l'autre. Il dit expressément: "Ce que j'ai en „vue ici & partout, c'est une variété composée. „Car une variété sans être composée & sans avoir „d'objet, est de la confusion & de la difformité." D'autres passages rélatifs à ce sujet sont dignes de l'Artiste.

Dans les tableaux d'une figure unique, l'Auteur ne dit pas un mot de la restriction à une seule ligne de la beauté & de la grace. „L'Actrice, dit-il, „a suffisamment de grace avec peu de gestes; il „ne faut pas d'ailleurs que les gestes de l'Actrice „ayent autant d'extension que ceux de l'Acteur.

„Car

„Car comme les lignes qui composent Venus, sont „plus simples & plus coulantes que celles qui forment Apollon, il faut aussi que leurs mouvements soient dans des proportions analogues.“ Ces paroles signifient-elles autre chose, sinon qu'il faut se servir de diverses lignes de la grace & de la beauté, suivant la diversité des caracteres.

Dans un autre endroit de son livre, il réduit la beauté à une variation constante. Ainsi il n'est pas étonnant que Shakespear, au sentiment de Hogarth, ait renfermé tous les charmes de la beauté dans ces deux mots: *Variété infinie.* Mais prenons ces expressions, employées souvent dans un sens vague, d'après l'explication plus précise de M. Hogarth de l'unité ou de la clarté, & comparons soigneusement les passages pour lui rendre la justice, qu'il s'est souvent dispensé de rendre aux autres Ecrivains, surtout aux Etrangers. On est faché de voir qu'un homme aussi éclairé que lui prenne à tâche de rabaisser la réputation de tous ceux qui ont écrits sur les arts.

Car cette même expression de la variété infinie, qu'il vient de trouver si lumineuse dans le Poëte chéri des Anglois, dans un passage [1] où peut-être il n'est pas uniquement question des graces de la con-

1 Shakespear, dans sa Tragedie de Cléopatre & d'Antoine peint les charmes de cette fameuse Reine d'Egypte dans

configuration, ne lui paroît avoir du sens qu'à la premiere inspection dans la description de M. Ten Kate[k]: l'autre partie du chapitre, selon lui, détruit entierement cette bonne opinion. Cependant M. Ten Kate veut qu'on adapte cette variété des parties à une unité touchante, ou à une convenance pathétique, non seulement de chaque membre, par rapport

dans la premiere scene du troisieme acte. Voici les couleurs qu'il emploie:

Mecaenas. Now Antony must leave her utterly.
Enobarbus. Never, he will not
Age cannot wither her, nor custom stale
Her infinite variety: other women cloy
The appetites they feed: but she makes hungry,
Where most she satisfies. For vilest things
Become themselves in her etc.

Selon ce tableau, ce n'est pas seulement la configuration, ce sont les autres agréments accidentels qui appartiennent aux charmes propres à résister à l'âge & qui font parties des attraits dont la variété infinie ne sauroit être altérée par la longueur de la jouissance. Cette même variété offre les moyens de conserver l'amour toujours dans sa nouveauté & dans sa vivacité. — Je demanderai à mon tour, si ce morceau est en effet si riche pour l'art? La *variété,* s'il falloit qu'elle fut *infinie* par rapport aux beaux-arts, pouroit souvent s'opposer à la *noble simplicité* qui a aussi ses prétentions au bon goût.

k V. Discours sur le Beau idéal, inséré dans le Tome III. du Traité de la Peinture &c. par Mrs. Richardson Pere & fils. p. VIII.

port à ſon corps, mais auſſi de chaque partie, par rapport au membre dont elle fait partie. Enſuite il décrit cette qualité par la convenance, par le vrai *decorum* ou la bienſéance des idées, tant pour le viſage & pour la taille, que pour les tours & les attitudes.

Ces expreſſions ſur l'accord de la variété dans un ſujet qui frappe les ſens, ſeroient-elles en effet auſſi peu claires, pour déſigner les vrais caracteres de la beauté d'un objet, que le prétend notre Critique? Je doute pourtant que le ſtyle de Hogarth ait plus de clarté que celui de Ten Kate.

Mais je vous donne cauſe gagnée ſi, en adoptant une ſeule ligne de la beauté & de la grace qui l'emporte ſur toutes les parties conſtituantes du beau, vous en inférez les préceptes raiſonnés de la belle ordonnance ou de la diverſité des parties miſe en harmonie avec l'unité de l'enſemble. Permettez-moi ſeulement de décompoſer un paſſage que j'ai déja cité par quelques demandes & quelques réponſes. Puis je me démettrai de la fonction de Catéchiſte pittoresque.

Qu'eſt-ce que c'eſt que l'art de bien compoſer ou de bien ordonner? — C'eſt l'art de bien varier. — Eſt-ce par pluſieurs lignes ondoyantes ou ſerpentines, ou eſt-ce par d'autres lignes? — Non pas tout-à-fait. — Si nous continuons de faire des queſtions à notre Critique ſur la compo-

 ſition

ſition au moyen de la ligne ondoyante & ſerpentine, il ne nous en déterminera qu'une ſeule qui, parmi les lignes ondoyantes, mérite véritablement le nom de ligne de la beauté, & qu'une ſeule qui, parmi les lignes ſerpentines, puiſſe être appellée la ligne de la grace. Et pourquoi cela? C'eſt ce qu'on peut bien demander, ſi l'on ne veut pas ſubſtituer l'arbitraire à la preuve. Que ſont donc les autres lignes? — Elles ſont trop courbes ou trop droites. — Ces lignes perdent-elles leur qualité de la beauté & de la grace? — Elles n'en ſont pas tellement privée qu'elles ne puiſſent rendre encore de grands ſervices dans les compoſitions. — Ici l'Auteur venant de louer lui-même ces lignes, nous continuerons de lui demander: Dans quelles circonſtances rendent-elles ces grands ſervices? — Dans celles où l'on n'a pas eu *l'intention particuliere* de rendre la beauté & la grace dans leur plus haute perfection: réponſe qui détruit tout l'eſpoir que j'avois conçu.

Apparemment, (ajoutois-je avec une ſorte de dépit lorsque je relus ce paſſage) dans les endroits où l'Artiſte veut donner à ſon Charon, où à quelque autre figure des jambes de fuſeau. Car quand, à l'exemple des autres Connoiſſeurs du beau, il nous décrit agréablement les cheveux agités par ondes, quand il nous fait remarquer le plaiſir que trouve l'œil à conſidérer ces différents étages

étages de boucles naturellement entrelacées & opposées, il a sans doute en vue leur plus haute perfection & il nous dispense en même tems du précepte d'une seule ligne ondoyante ou serpentine.

Où l'on n'a pas eu l'intention particuliere. — Avec votre permission je reviens à cette froide restriction : elle me roule toujours dans l'esprit avec toutes ses conséquences. Quelle impression poura faire une acceptation, qui prend plus qu'elle ne donne, sur l'esprit d'un Artiste qui aspire à la perfection & qui a *l'intention particuliere* de prendre pour règle la maxime favorite de M. Hogarth. Cette maxime lui sera oublier les loix de la variété. Il me semble du moins que l'adoucissement de notre Auteur n'est pas trop encourageant lorsqu'il dit: „Quoique je fasse une distinction particuliere „des lignes en question, je crois pourtant, que „l'usage qu'on en fera doit être encore plus restreint „par la méthode que j'ai établie pour la compo„sition en général." &c.

On sent en lisant ce passage combien il en coute à l'Auteur de restreindre son principe, trop limité pour les loix incontestables de l'ordonnance. Tel est souvent le cas des Savants : ils ont eu moins de peine à bâtir leur systême, qu'à y plier leur matiere.

Suivez avec moi l'Artiste qui a absolument l'intention particuliere de nous offrir la beauté &

 la

la grace dans leur perfection d'après le systême de Hogarth. D'abord on lui interdit le choix de plusieurs lignes ondoyantes & serpentines, comme trop droites ou trop courbes, puis on le lui permet par un froid adoucissement & tout au plus par un: *Je crois pourtant.* — Plein de son systême, il dédaigne généreusement les beautés ordinaires: il se renferme à l'observation de la ligne précise de la beauté, ou encore mieux à celle de la grace. En extase à la vue de l'Antinoüs, il imite son attitude embellie par la ligne précise de la grace: en répétant les figures dans cette direction, multipliera la beauté du tableau dans sa composition. Les différents aspects des modeles, ni la diversité des âges, des sexes & des membres, ne seront point capables de cacher à l'œil du connoisseur la répétition de l'attitude principale, & ne pouront jamais empêcher que la représentation forcée de la même sorte de beauté ne cause plus d'ennui que de plaisir au spectateur. En un mot, l'Artiste produira un tableau qu'il poura défendre par la méthode de Hogarth, tandis que ses adversaires pouront l'attaquer par les restrictions & par les ouvrages du même Hogarth. Ne cherchez donc pas la contradiction entre ce tableau factice & entre ce systême. Autre chose est le systême, autre chose est la nature du sujet. —

Je fais trop de cas de l'Artiste anglois, & je suis trop empressé à lui rendre justice, comme défenseur de la variété, pour devoir craindre qu'on m'accuse d'avoir mal interprêté ses principes, lorsque dans la composition d'un tableau je désaprouve toute répétition insipide même des plus beaux modeles. Vous voyez briller diversement les figures des statues antiques dans le fameux tableau du *Poussin* représentant les Israélites qui recueillent la Manne, & vous remarquez que c'est dans différents rapports qu'elles ont été les objets de l'imitation du Peintre. C'est ce que j'ai remarqué ailleurs à l'occasion des Conférences de l'Académie Royale de Peinture & de Sculpture recueillies par Henry Testelin. Qu'en conséquence de cela l'Artiste varie & mélange les attitudes d'après un plus grand nombre de lignes courbes, ou, comme on le voit dans l'Apollon du Belvedere [l] d'après des lignes un peu plus droites & d'autres traits mitoyens. Les beaux contours ne fournissent pas moins de diversité au Dessinateur correct. C'est ainsi que

 l'Artiste

[l] "Qu'un Peintre se serve donc de l'Apollon du Belvedere „pour représenter Persée ou quelque autre héros de l'Age „de Persée, pourvu qu'il anime cette statue, & qu'il „ne se contente pas de la dessiner correctement pour la „placer dans un tableau telle qu'elle est dans sa niche." Réflexions critiques sur la Poësie & sur la Peinture par M. l'Abbé du Bos. Tome II. Sect. VII.

l'Artiste parvient à la variété, c'est ainsi que son industrie sait la mettre en harmonie par le naïf & le décent du contraste, suivant l'expression touchante des figures & l'heureuse distribution des couleurs, l'une & l'autre traitées selon l'artifice des jours & des ombres, & selon l'intelligence du clair-obscur en général. Enfin c'est ainsi qu'opère l'Artiste qui cherche le beau, non seulement dans la précision du contour, mais aussi dans l'expression du tout-ensemble & dans l'effet du tableau. Sans quoi l'on n'auroit écrit que pour les Dessinateurs & non pas pour les Peintres, ni pour les Graveurs qui, émules des Peintres, tendent à l'effet comme *Vorsterman* tendoit au clair-obscur de *Rubens*.

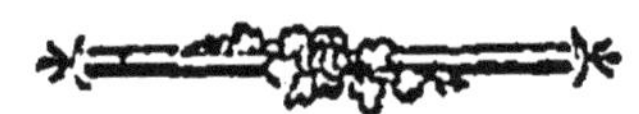

CHA-

CHAPITRE LVIII.

La Règle de Michel-Ange.

Comment *Leonard de Vinci* a-t-il pu ignorer le ſecret important de trouver un nom pour les lignes, d'après leſquelles il nous enſeigne la maniere de placer les figures [a] & d'appercevoir partout des formes pyramidales & des traits ſerpentins? Le grand *Leonard*, nom que lui donne auſſi Hogarth, s'en eſt-il dédommagé en ce qu'il étoit Maître de l'expreſſion de la grace, en ce qu'habile dans tous les arts d'imitation, il a modelé en terre les charmes divins de l'Enfant Jeſus. — Je ne répéterai point ici ce que j'ai dit plus haut ſur ce même ſujet [b]. Sans doute ce modele ſeroit plus capable de nous conduire au gracieux que les lignes ſerpentines: ſans doute il nous enſeigneroit plus que ne peuvent faire de ſimples préceptes, plus enfin que l'Artiſte anglois n'a pu nous dire & qu'il n'a pu même nous figurer ſur ſes planches. Au lieu de cela, Hogarth nous bâtit un ſyſtême, dont on ne trouve pas la moindre trace dans *de Vinci*. "Et „cela eſt d'autant plus étonnant, dit-il, qu'il étoit „contemporain de *Michel-Ange*." Qu'eſt-ce qui a pu

a Traité de la Peinture; Chapitre CCXLII.

b V. Chapitre XLIV. p. 200.

pu empêcher *Leonard* de prendre part aux découvertes de *Michel-Ange?* Etoit-ce la différence de l'âge? Elle n'étoit que d'une trentaine d'années. Etoit-ce cette jalousie qui fit passer le vieux *de Vinci* en France, où François premier le dédommagea en Roi de la préférence que ses compatriotes commençoient à donner à son rival? D'ailleurs *Michel-Ange*, qui prenoit tant de soins de cacher ses ouvrages aux yeux d'un *Raphaël*, auroit-il été aussi communicatif avec ses principes vis-à-vis de son concurrent, que vis-à-vis de son Eleve, *Marc de Siene?* Et les Artistes le sont-ils en général? *Michel-Ange* donnoit-il plus de grace à ses ouvrages que *Leonard* n'en donnoit aux siens, pour exciter la curiosité de son vieux concurrent qui, comme nous l'avons dit plus haut [c], s'est expliqué très-librement sur le Jugement dernier de son rival. Ils étoient contemporains, donc les principes de l'un devoient être connus de l'autre: cela suffit à la critique de M. Hogarth. Les difficultés de cette espece n'occupent qu'un Felibien, un de Piles & quelques uns de leurs semblables. Souvent même ces Ecrivains, pour éviter la sécheresse de la critique & pour répandre plus de jour sur leurs préceptes, ont recours à la description de quelque tableau piquant: c'est ce que ne veut pas M. Hogarth,

c V. Chap. XL. p. 1.

garth, il ne craint point cette féchereffe, & d'ailleurs fes amis, dont il vante les bons confeils, ne l'en ont point averti.

Cependant il n'eft guere poffible d'éviter cette féchereffe: je crains bien de le confirmer par mon propre exemple. — Venons au fait & apprenez la fameufe règle de Michel-Ange: *Il faut donner toujours à une figure la forme pyramidale & ferpentine, & la varier avec un, deux & trois.* Que dites-vous de cet oracle de Delphe? Ne croyez vous pas voir devant vous?

De ce fourcilleux roc l'inébranlable cime.

Vous ne rifquez rien de conclure du texte à l'explication: c'eft un avertiffement que je vous donne. Ma reconnoiffance pour un du Frefnoy & mon équité pour un Lomazzo peuvent vous faire juger d'avance que je ferai tous mes efforts pour mettre les préceptes de ces deux Critiques dans un autre jour que celui dans lequel Hogarth les a confidérés. Si cela ne fuffit pas encore, je vous dirai que la connoiffance intime de ces paffages eft abfolument néceffaire à l'intelligence de l'ouvrage de Hogarth.

Ainfi le Critique anglois prend pour bafe de fon fyftême le paffage obfcur de *Michel-Ange* tiré de Lomazzo? — Sans doute, & il nous affure en même tems que plufieurs Ecrivains ont recommandé ce paffage, fans en avoir faifi le fens. Pour prouver

prouver ce qu'il avance, il cite surtout pour exemple un passage du Poëme de du Fresnoy. Pourtant du Fresnoy, en disant que les parties doivent avoir leurs contours en ondes & ressembler en cela à la flâme ou au serpent lorsqu'il rampe, s'exprime comme Lomazzo dans l'explication que M. Hogarth ne cite pas. D'ailleurs le peu que rapporte Hogarth de la règle tirée de Lomazzo, est mal rendu, du moins dans la traduction allemande. De quel côté sera donc la méprise? Il me semble que M. Hogarth, en entrant dans la carriere littéraire, abuse un peu de l'antique permission des Ecrivains de dépriser leurs devanciers & de s'élever sur leurs ruines.

Une prétendue contradiction fournit à Hogarth la conclusion contre du Fresnoy. Je vous en fais juge. Il accuse de Piles d'une contradiction bien plus grande encore. — "Tous les Ecrivains „anglois, dit-il, qui ont traité cette matiere, ont „répété ces passages. De-là, le *je ne sais quoi* „est devenu une expression de mode."

Pour mieux prouver ce qu'il avance, vous trouvez ce *je ne sais quoi* dans un passage de sa Traduction de du Fresnoy. Il est fâcheux seulement pour la preuve de M. Hogarth que cette expression ne se trouve ni dans l'original, ni dans la Traduction françoise de de Piles, ni même dans celle de Dryden, d'ailleurs extrêmement libre.

Pour

Pour vous mettre à même de juger ce différent, je rapporterai en note l'original & la copie de Dryden [d]. Il est vrai, celui-ci a supprimé la comparaison de la flâme qui s'élance & du serpent qui rampe. D'ailleurs le passage que Hogarth cite comme plein de contradictions, n'est pas de du Fresnoy,

d *Membrorumque sinus ignis flammantis ad instar,*
Serpenti undantes flexu, sed laevia plana
Magnaque signa, quasi sine tubere subdita tactu
Ex longo deducta fluant, non secta minutim,
Insertisque Toris sint nota ligamina juxta
Compagem Anatomes, & membrificatio Graeco
Deformata Modo, paucisque expressa lacertis,
Qualis apud Veteres &c.

De A. G. v. 106.

The Parts must be drawn with flowing glideing Outlines, large and smooth, rising gradually, not swelling suddenly, but wich may be just felt in the statues, or cause a little Relievo in Painting. — Let the Muscles have their Origin and Insertion according to the Rules of Anatomy: let them not be subdivided into smal sections, but kept as entire as possible, in imitation of the Greek Forms and expressing only the principals Muscles. — A cette occasion on se rappellera le jugement de Richardson, Tome II. p. 129. de son Traité de la Peinture, lorsqu'il dit: "Il seroit à „souhaiter que Dryden eut mieux entendu la Peinture „dans le tems que sa plume admirable s'employoit à une „si belle matiere." On n'oubliera pas que la meilleure traduction qu'on ait du Poëme de du Fresnoy est celle de de Piles qui étoit l'ami intime de l'Auteur & qui se trouvoit à portée de le consulter sur son travail.

Fresnoy, il est de de Piles. Le voici: "Les contours qui sont en ondes donnent non seulement „ de la grace aux parties, mais aussi à tout le corps, „ lorsqu'il n'est soutenu que sur une jambe, comme „ nous le voyons dans les figures d'Antinoüs, de „ Méléagre, de la Vénus de Médicis, & de la „ plus grande parties des figures antiques qui sont „ debout & qui posent plus sur un pied que sur „ l'autre. Outre que les figures & leurs membres „ doivent presque toujours avoir naturellement une „ forme flamboyante & serpentine, ces sortes de „ contours ont un je ne sais quoi de vif & de „ remuant qui tient beaucoup de l'activité du feu „ & du serpent *."

Du Fresnoy, cet Horace des Peintres, qui mérite si bien cette dénomination par la précision & la justesse de ses règles, n'a point oublié cette attitude variée, ni ces contours qui ressemblent au serpent lorsqu'il rampe. De Piles, son digne commentateur, n'a pas non plus passé sous silence les qualités essentielles des attitudes. Il en parle en plus d'un endroit, & dans son Idée du Peintre parfait il dit: "Que les attitudes soient naturelles, expressives, variées dans leurs actions & contrastées „ dans leurs membres: qu'elles soient simples ou „ nobles, animées ou modérées selon le sujet du „ tableau

* Remarque de de Piles sur le vers 107. de du Fresnoy.

„tableau & la discrétion du Peintre." — Cependant nous ne blâmerons point M. Hogarth d'avoir puisé dans l'Auteur italien comme dans une source. Le François le plus intelligible sera toujours moins de son goût. Mais peut-on voir sans être choqué un homme détruire les préceptes les plus solides de du Fresnoy, si cher à tous les Connoisseurs de la Peinture, en l'accusant sans fondement: "Qu'il n'a pas „entendu ce qu'il a dit, sans quoi il ne se seroit pas „exprimé d'une maniere aussi contradictoire qu'il „a fait dans le passage suivant:" *Que l'on remarque dans tout ce que vous faites de la noblesse & de la grace: mais, à dire le vrai, c'est une chose très-difficile, & un présent très-rare que l'homme reçoit plutôt du Ciel que de ses études* [f].

Quand Horace & Quintilien parlent des objets particuliers des beaux-arts, ils veulent que ceux qui les traitent consultent également la nature & l'art. — Et celui qui, à l'exemple d'un du Fresnoy, assigneroit la premiere place à l'impulsion de la nature pour l'exécution de la noblesse & de la grace, ne s'attireroit certainement pas les reproches de la saine critique. Cette impulsion de la nature est à l'esprit, s'il m'est permis de me servir d'une comparaison

f — *Sit Nobilitas, Charitumque venustas*
Rarum homini munus, Coelo non Arte petendum.
v. 222.

paraison morale, ce que le mouvement d'un cœur honnête est à l'ame. Tel est aussi le jugement des Logiciens : ils ne donnent leur instruction que pour déveloper les talents dont la nature a fait les premiers frais. — Dryden [g] porte sur le génie ou la disposition naturelle le même jugement que du Bos : Une infinité de livres, dit-il, nous enseignent les moyens de perfectionner cette disposition naturelle ; aucun ne nous montre le chemin de l'acquérir.

Si nous considérons l'Artiste sous le point de vue de la perfection, nous trouverons que pour l'expression de la grace il ne lui suffit pas de posséder la correction du dessin, de saisir la règle de Michel-Ange & de concevoir toute la doctrine des lignes ondoyantes & serpentines. La grace a ses dégrés ; ils sont foudés principalement sur la position avantageuse de la figure, ils s'élèvent sous les contours coulants ou serpentins & ils concourent à l'expression de l'ame, comme le plus haut dégré. Cette heureuse correspondance des parties au tout pour l'expression d'une ame qui décele son origine céleste par la sérénité de ses regards & la décence de son maintien, constitue le plus haut point

g *How to improve it (the Genius) many Books can teach us; how to obtain it, none.* V. Préface de Dryden, à la tête de sa traduction de du Fresnoy.

point de la grace. C'est cette derniere grace que du Fresnoy envisage comme un don du Ciel dans les ouvrages de l'art. Cependant il ne laisse pas que de donner des règles pour le bon goût du dessin, pour la disposition agréable des figures, pour la conception de cette grace sublime, enfin pour le dévelopement de ce talent naturel dont nous avons parlé; il ne laisse pas que de donner des préceptes puisés dans l'Antique & introduits dans les écoles de l'art. Où est donc la contradiction?

Il est tems d'en venir à Lomazzo. Rien de plus juste sans contredit que de m'imposer moi-même l'obligation de décomposer le passage qui a fait naître l'idée à M. Hogarth d'écrire un livre qui a pour objet l'analyse de la beauté. Cependant je ne vous ferai connoître de ce passage que ce que l'Auteur anglois en rapporte. " A ce propos je me rappelle une certaine règle de *Michel-Ange.* Comme cette règle vient parfaitement à mon sujet, je vais la rapporter & laisser l'explication ultérieure à l'intelligence du Lecteur. On raconte qu'un jour *Michel-Ange* donna à *Marc de Siene* le conseil suivant: *Donnez toujours à votre figure la forme pyramidale & serpentine, & cherchez à la varier avec un, deux & trois.* Cette règle, selon moi, renferme tout le secret de l'art. Car la plus grande grace & la plus grande vie que

 „puisse

„puiſſe avoir un tableau, conſiſte dans l'expreſſion „d'un mouvement: c'eſt là ce que les Peintres ap„pellent l'eſprit d'une compoſition. Or il n'y a „point de forme plus capable d'exprimer ce mou„vement que celle de la flâme du feu qui, ſelon „Ariſtote & les autres Philoſophes, eſt le plus actif „de tous les éléments, en ce que la forme de la „flâme eſt la plus propre au mouvement. Car la „flâme a un cône, ou une pointe aiguë, avec quoi „elle ſemble partager l'air & s'élever vers ſa ſphère, „de ſorte qu'un tableau qui a cette forme eſt le „plus beau."

Voilà l'oracle que M. Hogarth nous cite & qu'il s'eſt propoſé de nous expliquer. Mais comme il s'eſt trouvé des gens qui ont regardé l'explication même comme un Dédale, il m'a été permis d'éclaircir la choſe elle-même & de tirer des paſſages très-clairs de du Freſnoy attaqués par Hogarth, un fil pour nous tirer du labyrinthe.

Concevez-vous déſormais ſyſtématiquement, comme M. Hogarth l'exige, les paroles de *Michel-Ange* qui parle de la figure, & celles de Lomazzo qui parle du tableau dont il dit, que ſa beauté eſſentielle conſiſte (1°) dans la plus grande grace & la plus grande vie, (2°) dans l'expreſſion du mouvement, (3°) dans l'eſprit, & (4°) dans la belle forme? Sauriez-vous bien à quoi vous en tenir ſi un homme vous diſoit mille belles choſes

de

de Bacchus, & un autre de Sémélé? Mais, mon ami, je vais vous tirer d'embarras : je le puis sans avoir besoin de la perspicacité d'un Ernesti. Consultez le texte de Lomazzo, & lisez *figura* au lieu de *pittura*. Sous cette derniere dénomination vous aurez entendu un *Tableau*. Changez cette explication, & la difficulté disparoît. Lomazzo & *Michel-Ange* parlent l'un & l'autre de la même chose, c'est à dire de la *figure*. Conformément à la vivacité de leur imagination, ils la considerent tous deux séparément. Lomazzo peut-être la veut plus gracieuse que son prédécesseur qui ne passe pas pour avoir sacrifié aux graces. Une partie de l'obscurité s'évanouit donc : il en sera de même du reste. Ce n'est pas à une heureuse conjecture que je dois cette variante du texte : j'en ai obligation à la peine que je me donne ordinairement de consulter les originaux. Pour votre commodité, je vais placer en note tout le passage de Lomazzo [k].

 Je

k *E perche in questo loco cade molto à proposito un precetto di Michel Angelo non lascierò di riferirlo semplicemente, lasciando poi l'interpretazione, & l'intelligenza di essa al prudente lettore. Dicesi adunque che Michel Angelo diede una volta questo avertimento à Marco da Siena pittore suo discepolo, che douesse sempre fare la figura piramidale, serpentinata, & moltiplicata per uno, doi e trè. Et in questo precetto parmi che consista tutto il secreto de la pittura. Imperoche la maggior gratia e leggiadria che possa havere una figura è, che mostri di moversi, il che* chiamano

Je vous laisse le soin d'examiner si la méprise a été occasionnée par la traduction angloise du D. Kenedy dont

chiamano i pittori furia de la figura. E per rappresentare questo moto non vi è forma più accommodata, che quella de la fiamma del foco, laquale, seconde che dicono Aristotele, & tutti i Filosofi, è elemento più attivo di tutti, & la forma de la sua fiamma è più atta al moto di tutte. Perche hà il cono, & la punta acuta con laquale par che voglia romper l'aria, e ascendere à la sua sfera. Si che quando la figura haverà questa forma, sara bellissima. E questa anco si può servare in due maniere, una è che'l cono de la piramide, che è la parta più acuta si collochi di sopra, & la base, che è il più ampio de la piramide si collochi ne la parte inferiore come il foco; & allhora s' ha da mostrare ne la figura ampiezza, e larghezza come ne le gambe o panni da basso, & di sopra si ha di assottigliare à guisa di piramide, mostrando l'una spulla & facendo che l'altra sfugga, & scorzi, ch'l corpo si torca, e l'una spulla s' asconda, & si rilievi, & scopra l'altra. Può ancora la figura che si dipinge stare à modo di piramide c'habbia la base & il più ampio rivolto verso la parte da passo: & cosi mostrara la figura larghezza ne la parte superiore, o dimostrando tutti doi gl' homeri o stendendo le braccia, o mostrando una gamba & ascondendo l'altra, o d'altro di figura di fiamma di foco, & questa chiama Michel-Angelo serpentinata, hà il pittore d'accompagnare questa forma piramidale con la forma serpentinata, che rappresenta la tortuosità d'una serpe viva quando camina, che è la propria forma de la fiamma del foco che ondeggia. Il che vuol dire che la figura ha di rappresentare la forma de la lettera S. retta o la forma rovescia, comme e questa, S. perche allhora havere la sua bellezza. Et non solamente nel

dont M. Hogarth avoit acheté le manuſcript pour ſon uſage, & ſi le mot de *figura*, figure, a été rendu par *pittura*, tableau. Vous voyez par-là quelle influence peuvent avoir les mots qui ont une double ſignification dans les principes des beaux-arts, lorsqu'ils tombent entre les mains de certains Traducteurs. Mais ne trouvera-t-on pas, qu'en vrai étymologiſte, je donne mes conjectures pour des demonſtrations?

Selon les préceptes de Lomazzo la plus grande grace, le plus grand agrément que puiſſe avoir une figure, conſiſte en ce qu'elle paroît avoir du mouvement. Il explique en même tems ce qu'il entend par la *furia della figura*, expreſſion fort

nel tutto hà da ſervare queſta forma, mà anco in ciaſcuna de la parti. Imperoche ne le gambe quando l'un muſculo da una parte rilieva in fuori, da'l'altra che gli riſponde, & gl'è oppoſta per linea diametrale hà d'eſſere naſcoſto, & ritirato in dentro, come ſi vede nel piede, & ne le gambe naturali. Diceva più oltre Michel Angelo che la figura la da eſſere moltiplicato per uno doi & trè. Et in queſto conſiſte tutta la ragione de la proportione, di che trattaremo diffuſamente in queſto libro. Perche pigliando dal ginocchio al piede quella parte che è più groſſa, ſtà in doppia proportione di quella che è più ſotile: & le coſcie ſtanno in tripla proportione in paragone di quella che è piu ſtretta. Ora tornando à &c. Lomazzo, Trattato dell' Arte della Pittura, Scoltura & Architettura. L. I. c. I. p. 22.

usitée par les Artistes de son tems & dont on se sert encore. Par cette expression, les Peintres de la nature en mouvement croyent encore louer une attitude vive & spirituelle. Mais il arrive aussi souvent, qu'emportés par le préjugé & par un feu immodéré, ils donnent à ces figures des attitudes si violentes, si furieuses, qu'on prend le mot de furie dans un sens moins louable. Je me contente ici de suivre le sens de Lomazzo; ce Critique semble même se servir de cette expression par rapport aux savants airs de tête de *Polidore de Caravage* [i], faits pour la réflexion, ou par rapport aux belles figures du *Titien* [k], peintes d'un clair-obscur si vrai qu'elles semblent sortir de la toile. Une autre question est de savoir si dans cet endroit l'Auteur a adaptée aussi heureusement cette explication à la grace, qu'il l'en a séparé ailleurs [l], où il oppose cette *furie* & cette *grandeur* qui règne dans les tableaux du *Rosso*, à la grace & à la gentillesse qu'on admire dans les compositions du *Parmesan*. Il faut que chaque figure dénote de la vie & de l'esprit. Mais autre chose est l'action des Graces, quand elles présentent la ceinture à Venus: autre chose est celle des Lapithes, quand ils combattent les Centaures. Autre chose est le faire du *Guide*, autre chose est celui de *Lanfranc*.

„Pour

i L. II. c. 1. p. 111. k L. I. c. 1. p. 28.

l L. VI. c. 3. p. 287.

„Il n'y a point de forme plus capable d'ex-„primer ce mouvement que celle de la flâme du „feu. — La flâme a un cône, ou une pointe „aiguë, avec quoi elle semble partager l'air & „s'élancer vers sa sphère.“ Sans aller chercher cette activité dans Aristote & dans les autres Philosophes, vous la trouverez véritablement dans la pointe de la flâme qui se fait jour au travers de l'air. En s'élevant en cône, elle forme un beau tour pour l'attitude d'une figure. C'est à quoi Aristote n'a sans doute pas pensé. Si Lomazzo s'est enfoncé si avant dans des raisonnements philosophiques sur les objets de la grace, nous devons le lui pardonner: c'étoit le ton de siècle. Chaque âge a son caractere d'érudition; il pouroit arriver que nos neveux, admirateurs moins aveugles que nous des productions étrangeres, trouvassent mes objections contre une seule ligne serpentine tout aussi furanées, que les réflexions de Cervantes contre la chimere des Chevaliers errants. Mais que ma diggression ne vous fasse pas oublier le cône & sa pointe.

„En donnant cette forme à une figure, vous „lui imprimez la bonne grace; & c'est ce que „vous pouvez faire de deux manieres. Premiere-„ment en plaçant en haut le cône de la pyramide „qui est la partie aiguë, secondement en mettant „en bas la base ou la partie large de la pyramide,

„ comme on le voit à l'égard du feu. Alors la figure „ au moyen de son ajustement décrit une grande cir- „ conférence au niveau des pieds, ou vers les parties „ d'en bas, & diminue en montant comme la pyra- „ mide. Ici elle montre une épaule & fait baisser „ ou raccourcir l'autre; car le corps se tourne, „ & une épaule s'enfonce, à mesure que l'autre „ sort. " — Leonard de Vinci enseigne-t-il autre chose? Il est vrai, il ne parle pas de pyramide, avec quoi les Critiques d'aujourd'hui comparent bien plus convenablement les groupes entiers [m]. M. Hogarth qui ne touche point du tout cet article dans son livre, nous met la chose sous les yeux dans le grouppe avancé de sa seconde planche à main droite, où l'homme se tourne vers les autres figures & met le doigt sur sa montre.

„ L'on peut aussi tenir la figure que l'on peint „ comme une pyramide renversée — — alors la figure „ se présente en haut dans sa largeur avec ses deux „ épaules, ou bien ayant les deux bras étendus; „ elle se montre encore ayant une jambe avancée „ & l'autre raccourcie, ou de quelque maniere „ semblable, tel qu'un habile Peintre le juge à pro- „ pos. " — L'attitude & la drapperie de l'Apol- lon du Belvedere ont fourni à M. Hogarth la ma- tiere de cette remarque.

„ Mais

m V. Chapitre XX. p. 251.

„Mais il y a deux especes de pyramides: l'une „est droite, comme celle de St. Pierre de Rome, „nommée la pyramide de Jules-Cesar. L'autre „est avec des inflexions comme la flâme, & c'est „à celle-là que *Michel-Ange* donne le nom de ser- „pentine." — Comme ce dernier mot ne donne qu'une idée accessoire de la pyramide même, nous laisserons le soin à l'Artiste de se justifier là dessus envers les Mathématiciens.

Par la forme serpentine de la derniere espece, on nous offre la courbure d'un serpent vivant quand il rampe & en même tems la forme de la flâme qui s'élance. Il n'est question ici que d'une seule figure. Le terme *accompagnare*, qui indique la propriété serpentine de la pyramide, ne nous obligera pas de suivre M. Hogarth & de nous représenter sous divers aspects la pyramide & la marche du serpent. Nous savons tous comment le serpent rampe * & comment la flâme s'élance: on nous permettra même de recourir à Lomazzo pour trouver dans le mouve-

* M. Parent a pris la peine de calculer le mouvement du serpent. "Il y a, dit-il, trois sortes de rampements. „La premiere est celle des vers & des limaçons, & ne „consiste qu'à s'allonger & à se racourcir. Les deux „autres sont propres au serpent, par ondes verticales & „par ondes horizontales. La derniere espece est pour le „serpent qui se meut dans l'eau." *Du Rampement des Animaux*, dans les Essais & Recherches de Mathématiques & de Physique. Tome III. p. 275.

mouvement du ſerpent les lignes ondoyantes & dans l'agitation de la flâme les lignes ſerpentines de l'Artiſte anglois. Si ce n'eſt pas encore aſſez, Lomazzo nous fait préſent de la troiſieme comparaiſon. Pour expliquer les deux premieres, il veut que la figure, afin qu'elle ſoit belle, reſſemble à la lettre S ou à une ſ renverſée.

Voilà donc cette ſ devenue en vogue parmi les Artiſtes, mais ſeulement par comparaiſon; & le Peintre facile qui décore de figures un Payſage ne voudroit peut-être pas s'en paſſer pour beaucoup de choſes. Celui qui ſe propoſeroit de compoſer un livre là deſſus, trouveroit les matériaux dans Lomazzo. — Mais notre ſ a manqué de nous faire oublier le ſerpent pour l'attitude du corps: il faut croire que ce reptile, ſi l'ondulation ne prend pas ſa place, conſervera ſes droits pour la même tournure des membres. Jusqu'ici il a été queſtion de l'attitude d'après les lignes d'inflexion: écoutons auſſi Lomazzo ſur cette marche circonflexe des parties.

„Il s'agit d'obſerver cette forme non ſeulement „dans le tout en général, mais encore dans chaque „partie. C'eſt à dire quand un muſcle des jambes „ſe montre & s'avance ſur une partie, il faut que le „muſcle oppoſé ſe cache & s'enfonce.“ — Ces paroles indiquent-elles autre choſe que le précepte de l'agréable tournure des membres & des contours indiqués par les muſcles?

Enfin

Enfin il nous reste encore à expliquer l'expression mystérieuse de *Michel-Ange* au sujet de la *variété de la figure par un, deux & trois*. Lomazzo a effleuré ce que Hogarth a entierement passé dans le chapitre des proportions. "Du genou jusqu'au „pied, dit le Critique italien, la partie la plus épaisse „est le double aussi large que la partie la plus mince, „& la partie la plus forte des cuisses est à la partie „la plus foible, ce que trois est à un." —

Je ne sais si vous avez lieu d'être bien satisfait de ces explications. Elles ressemblent assez aux notes sans texte de notre Rabener: du moins c'est toujours un travail ingrat d'être obligé de revenir souvent sur le même sujet. Je suis persuadé que Lomazzo auroit pu nous dire tout cela beaucoup mieux sans le texte de *Michel-Ange*, en se bornant uniquement à l'observation de la nature & des beaux ouvrages de l'art. C'est une tâche que du Fresnoy paroît avoir remplie: il n'y a que M. Hogarth qui s'en tient au sens mystique de l'Artiste florentin. Rien ne l'arrête, pas même les paroles de Lomazzo, pour nous assûrer nettement: Que cette règle donnée depuis longtems par *Michel-Ange*, avoit été un mystere jusqu'alors, & qu'on lui avoit donné un sens tout contraire.

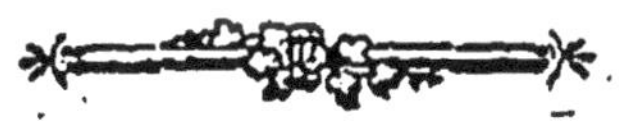

CHA-

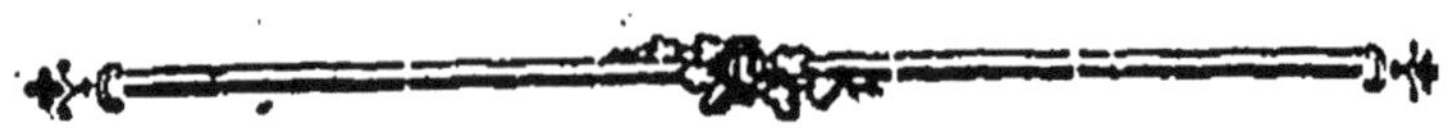

CHAPITRE LIX.

Obligation de l'Artiste de se rendre compte à lui-même.

Le premier regard que je jette sur l'esquisse du tableau que vous m'avez envoyé, mon cher ami, me décèle la nature. Il n'y a que les accessoires du paysage d'une ordonnance historique qui m'empêchent d'en connoître d'abord le site. Je vois plusieurs tombeaux ruinés s'élever du milieu des ronces & des orties. Un monument auprès duquel on arrive par un chemin que des ouvriers viennent de nétoyer, frappe mes yeux; c'est une petite colonne, surmontée de la figure d'une sphere & d'un cylindre. Des signes caractéristiques, éclairés de la lumiere principale, me rappellent une petite avanture rapportée par l'Orateur romain. Les figures qui s'avancent vers ce tombeau sont Ciceron & ses conducteurs de Syracuse. Je ne chercherai point d'autre nom à la ville que je vois dans un lointain modéré, sachant une fois que la colonne que la figure principale montre aux autres, est le monument d'Archimede.

Vous voulez savoir mon sentiment sur cette esquisse, vous voulez que je vous résume mes arguments en faveur de la belle nature & de son imitation.

tion. — Cette comparaiſon de mes principes avec la belle nature ſera plus avantageuſe à mon ouvrage, que mon jugement de l'eſquiſſe en queſtion ne ſera utile à votre Artiſte. Pour cette comparaiſon je prierai mes Lecteurs de la faire, & pour le jugement que vous me demandez, je vous rappellerai une maxime que j'ai tirée de votre lettre. Que l'Artiſte ſoit toujours dans la diſpoſition de ſe rendre compte à lui & aux autres. —

Au déclin du jour une lumiere agréable pour l'effet fait naître l'envie à votre Artiſte de deſſiner une plaine qui paroît abandonnée aux caprices de la nature du moins dans les côteaux les plus voiſins couverts de buiſſons. A quelques traits près, le ſite lui offre déja les maſſes & les grandes parties. Quelques groſſes pierres ſe convertiſſent en tombeaux & les rehauts de la craye font ſortir du ſein des brouſſailles, le monument que votre Artiſte, qui s'eſt rappellé les conſeils que je lui ai donnés plus haut [a], vous a nommé le tombeau d'Archimede. Voilà le premier pas de l'Artiſte échauffé par le ſpectacle de la nature.

Vous le conduiſez plus loin. Vous voulez qu'il ſache exactement le trait d'hiſtoire qu'il a deſſein de repréſenter [b]; qu'il médite toutes les circon-

a V. Chapitre XXXI. p. 418.

b V. Chapitres XXIII. & XXIV. p. 299. & 312. "Liſez le „Texte, diſoit Samuël de Hoogſtraten à ſes Eleves, lors- „qu'ils

circonstances. A l'inspection du premier dessin de ce tableau vous avez vu qu'il y manquoit la petite colonne surmontée de la sphère & du cylindre [c], ainsi que d'autres détails; vous lui avez conseillé de faire le second pas qui sans doute auroit dû être le premier dans l'ordre des choses, & d'être exact dans la recherche des objets. Dans le cas présent l'Abbé d'Olivet fait connoître Ciceron à votre Artiste. Dès ce moment le tombeau prend une autre forme dans l'esquisse peinte. La circonstance des personnes qui ont frayé un chemin, fournit à la composition des figures subordonnées, propres à relever Ciceron & sa suite; & la partie ouverte de la vue permet au Peintre d'indiquer la ville & le rivage dans un lointain modéré. Les demandes de l'histoire sont satisfaites: que reste-t-il encore à faire pour votre Artiste? A l'exemple des habiles Peintres, il nous donne lieu de présumer qu'il a pensé durant l'exécution de son tableau. Mécontent de son ouvrage, tant qu'il lui

„qu'ils avoient manqué le geste de la figure.— Eh bien, „ajoutoit-il, est-ce là la physionomie du personnage „dépeinte dans le Texte.“ Houbraken Tom. II. p. 162.

c Marcellus avoit fait mettre sur la Colonne ces deux signes caractéristiques, parce qu'Archimede avoit écrit un Traité sur la Sphère & sur le Cylindre. A l'égard de l'axiome d'Archimede sur les rapports respectifs de la Sphère & du Cylindre, voyez le Paragraphe 203. *de Wolfs Auszug aus den Anfangsgründen der Géometrie.*

lui paroît au dessous de son idéal, il cherche du moins des motifs d'être content de lui-même, & muni de ces motifs il poursuit l'exécution de son travail. Il cherchera à rendre toutes les beautés qui se présentent dans le feu de l'exécution, ainsi que toutes celles qui sont dans la premiere idée de son tableau & qui forment le résultat de ses principes. De cette nature est la description de M. de *Marcenay de Ghuy* [d] d'un tableau peint par lui, représentant Saül qui consulte l'Ombre de Samuël. Je ne parlerai point de ce tableau que je n'ai pas vu, je me bornerai à vous faire part de sa description que je dois à l'amitié de l'Auteur. Je ne m'étendrai donc point en louanges sur cette esquisse du tombeau d'Archimede : tout ce que je pourois dire de flatteur à votre Artiste sur le beau ton de lumiere, analogue à l'ordonnance des petites figurés distribuées dans un grand espace, ne feroit pas si capable de l'exciter à l'imitation qu'un pareil modele d'un compte rendu à soi & aux autres.

Description d'un Tableau d'Histoire, représentant Saül consultant l'Ombre de Samuël, composé par Antoine de Marcenay de Ghuy, 1760. Texte.

Saül alla de nuit, déguisé, accompagné de deux hommes seulement, chez la Pythonisse d'Endor. Lui ayant

d L. I. des Rois, Ch. 28.

ayant demandé qu'elle lui fît voir l'ombre de Samuël, elle lui repondit: Vous savez que Saül a exterminé tous les Magiciens de ses terres, pourquoi donc me dressez-vous un piége pour me faire périr? Il lui jura par le Seigneur qu'il ne lui en arriveroit aucun mal. Surquoi elle évoqua Samuël: mais aussitôt qu'elle l'eut apperçu, elle s'écria: Pourquoi m'avez-vous trompée? vous êtes Saül! Ne craignez point, lui dit-il, qu'avez-vous vu? — — J'ai vu un Dieu sortir de la terre. — — Et comment est-il fait. — C'est un vieillard couvert d'un manteau. Alors Saül l'ayant aussi apperçu, le salua profondément & lui dit: Je suis dans une étrange extrémité. Dieu s'est retiré de moi, & je vous ai fait venir, pour que vous me disiez ce que je dois faire. — — Samuël lui repondit: Le Seigneur vous traitera comme je vous l'ai dit de sa part. Il déchirera votre royaume, l'arrachera de vos mains pour le donner à ce David que vous haïssez.

* * *

„Le dernier passage m'a fourni l'épigraphe „que j'ai mise au dessous du tableau pour en faci„liter l'intelligence.

Scindet Regnum de manu tua, & dabit illud proximo tuo David.

„La scene se passe dans une caverne, lieu pro„pre aux opérations de magie, & la réponse de la „Pythonisse: *J'ai vu un Dieu sortir de la terre*, a „déter-

„ déterminé sur le choix de la lumiere qui éclaire le „ tableau. En effet il paroît vraisemblable que ce „ qui détermina la Magicienne à prendre l'Ombre „ de Sámuël pour une Divinité, ce fut sans doute une „ lumiere éclatante dont elle étoit environnée.

„ Plusieurs raisons m'ont déterminé à suprimer „ le phantôme. D'abord afin d'en donner une „ plus grande idée par les effets qu'il produit; de „ plus parce qu'il eut été très-difficile de faire voir „ en même tems d'une façon avantageuse & le „ phantôme & Saül, qui doit faire le rôle prin„ cipal de la piéce.

„ Cette disposition à facilité une opposition vi„ goureuse entre la lumiere & l'ombre, en mar„ quant l'origine de la premiere, par la partie du „ rocher où domine la seconde. De plus la lu„ miere traversant le tableau sur un plan parallele „ au fond a procuré le moyen naturel de le laisser „ en demi-teinte, afin d'en détacher plus aisément „ les deux figures principales.

„ Suivant le Texte sacré, Saül s'étoit fait ac„ compagner de deux hommes seulement & vrai„ semblablement pour lui servir de Gardes. Ils sont „ placés sur la gauche du tableau dans l'enfonce„ ment de la caverne qui lui sert d'issue: il étoit „ dans l'ordre de les mettre un peu à l'écart, com„ me étant venus plutôt pour veiller à la sûreté du „ Roi, que pour s'immiscer dans cette affaire secrete.

„Ayant ſuppoſé que l'apparition fut de nature „à répandre une grande clarté dans cet endroit té„nébreux, on s'eſt cru autoriſé de feindre qu'une „crevaſſe du rocher donne paſſage à la lumiere, à „demi éteinte par l'éloignement, qui tombe obli„quement ſur cette partie de l'entrée qui ſert de „fond aux deux Gardes, afin de les en détacher „plus aiſément.

„Par raiſon du contraſte je leur ai donné diffé„rents âges & différentes attitudes. Le premier „paroît un jeune homme qui, par un mouvement „de curioſité naturel à la jeuneſſe, s'eſt avancé „pour voir la cauſe d'une lumiere ſi extraordinaire. „La vivacité de ſon mouvement indique qu'il a „déja vu, & que ſans changer d'attitude, il tourne „ſeulement la tête vers ſon compagnon, & lui „explique la cauſe de l'étonnement qui paroît ſur „le viſage de ce dernier. Ce que le plus jeune „reçoit de la lumiere principale ſe porte par reflet „ſur le plus vieux, & contribue davantage à le „détacher du fond.

„La Pythoniſſe, la baguette en main, regarde „le Roi & ſemble répondre aux queſtions qu'il lui „fait. Cet inſtant a paru préférable à celui où la „Magicienne lui reproche avec frayeur qu'il l'a „trompée. Il y avoit lieu de craindre que le der„nier caractere ne le diſputât à celui de Saül, & „conſéquemment ne l'affoiblît : ce qu'il falloit „décidé-

„décidément éviter. Saül paroît donc saisi de la „plus grande frayeur: les cheveux hérissés, il re„cule d'effroi aux premieres paroles de Samuël. „Les rayons qui partent du spectre à travers le „nuage brillant qui l'environne, se dirigent sur „les yeux de Saül à quelques dégrés au dessus de „lui dans leur naissance, à dessein d'inspirer une „idée plus grande de la stature gigantesque du „phantôme.

„Quant au déguisement du Roi, il paroissoit „difficile de concilier le Texte sacré avec la né„cessité où se trouve le Peintre, comme le Poëte „de mettre le Spectateur dans le secret de l'Acteur. „Cependant pour sortir de cet embarras, on a pris „le parti d'habiller Saül en homme hors du com„mun, & de feindre que pour n'être pas connu „de la Magicienne, il a attaché son bandeau royal „à sa ceinture & que son manteau couvroit cette „marque de sa dignité, avant qu'il l'ait relevé sur „son épaule depuis qu'elle l'a reconnu.

„Quant aux accessoires du second ordre on a „représenté des caracteres magiques autour d'un „cercle au centre duquel se trouvent Saül & la „Pythonisse. On y a jetté çà & là des herbes „affectées aux opérations de la magie, on y voit „une patere remplie d'une espece d'eau lustrale „avec une branche d'arbrisseau garnie de ses feuil„les, qui a servi à l'aspersion.

 „De

„De plus l'urne découverte qui est au côté „gauche de Saül, est remplie de maléfices, ou, „si l'on aime mieux, sert de repaire au serpent qui „s'élance contre lui.

„Ce n'est pas sans motif que j'ai employé ce „dernier moyen. Car, outre que les Magiciens „le mettent en usage, ce reptile de sa nature est „hiéroglyphique & présente une moralité propre „au sujet: l'Ecriture Sainte considérant le serpent „comme l'image du péché, je me suis déterminé „à l'introduire sur la scene, pour signifier que le „péché de Saül s'éleve contre lui.

„Enfin l'action se passant de nuit dans une ca„verne, on pouroit objecter l'impossibilité d'y pé„nétrer, & plus encore d'y arranger tant de choses „à tâtons. Aussi pour obvier à cette difficulté, j'ai „placé une lampe du côté de la Magicienne, dans la „forme d'un dragon dont la queue en point de dard „a procuré le moyen de l'acrocher au piton qui est „cloué dans le rocher. Cette lampe paroît avoir „été éteinte le moment qui a précédé l'apparition „dans la vue de la rendre encore plus effrayante.

„La chauve-souris & les araignées sont d'autres „petits accessoires, qui sans troubler l'unité de „vision servent à alléger les masses de l'antre, où „l'on ose dire qu'elles ont droit de bourgeoisie *."

Un

* Qu'on me permette de rapporter ici la description d'un tableau qui représente le même événement. L'on y verra

Un tableau éclairé d'une lumiere si extraordinaire, présente à l'exécution les plus grandes difficultés; pour les vaincre il faut un Artiste capable de saisir toutes les finesses du coloris, toute l'intelli-

verra la confirmation de cette maxime, qu'un Peintre, homme de génie, peut traiter un sujet rebattu, & pourtant lui donner un air neuf & piquant. Un Connoisseur éclairé, M. Kreuchauff, Auteur du Catalogue du Cabinet de Tableaux de M. Winkler, nous a déja donné de ce tableau une description dont le précis va servir de base à la mienne. Ce morceau, composé de quatre figures, est de M. Oeser, Professeur de l'Académie de Dessin établie à Leipzig. La scene représente un réduit obscur; l'Ombre de Samuël a disparu, après avoir prononcé l'arrêt de Saül. Ce Prince, que les paroles du Prophete ont frappé de terreur, est étendu par terre. La Pythonisse effrayée accourt à son secours. Ici le Peintre s'est écarté de l'usage ordinaire: il a représenté la Magicienne belle & bien faite, le front orné d'un bandeau rayé, surmonté d'une pierre précieuse, & l'épaule droite parée de sa ceinture magique qui flotte le long de sa robe. Les yeux fixés sur Saül, elle porte un flambeau dans une main & elle tient l'autre levée. L'un des confidents du Roi, est à côté de la Pythonisse; son air irrité indique qu'il veut la rendre responsable du malheur qui vient d'arriver. L'autre tâche de relever son Maître, caractérisé par la hauteur de sa stature. Sur la gauche du premier plan est un vase de terre rempli de charbon; le brasier éclaire les deux figures dont l'une est couchée à terre & l'autre courbée. Un lit de repos & quelques têtes de mort, sont les accessoires qui ornent ce tableau, d'une ordonnance simple & d'une couleur chaude.

gence du clair-obſcur de *Rembrant*, il ſaut un Maître en état de joindre le ſavoir à la facilité de la main, le feu de l'imagination au ménagement des tons. Je ne conſeillerois pas, mon cher ami, à votre Artiſte de traiter trop tôt un pareil ſujet. Si jamais il vouloit tenter l'entrepriſe, je lui recommanderois l'inſpection des Diſciples d'Emmaüs de *Rembrant*, morceau gravé à l'eau forte par *Arnold Houbraken* [f]: l'économie de ce tableau lui offrira des dégrés plus facile à monter.

Ce ſujet eſt un morceau de nuit. Les Diſciples ſont aſſis à table, ou plutôt l'un s'eſt levé avec précipitation. A la fraction du pain ils ont reconnu le Sauveur qui vient de diſparoître à leurs yeux. Tous deux ſaiſis d'étonnement regardent le ſiége que leur divin Maître venoit d'occuper. Les mains levés de celui qui eſt aſſis couvre presque la flâme de la lumiere placée entre les deux Diſciples.

L'Artiſte penſeur & le Connoiſſeur judicieux comparent les productions des grands Maîtres les unes avec les autres & avec la nature: leur eſprit intelligent pénètre dans les principes qui leur dévoilent les motifs, pourquoi le grand Peintre a procédé ainſi & non pas autrement dans ſes ſavantes attitudes, dans ſa belle ordonnance & dans ſes tons ſédui-

[f] *Schoubourgh*, Tome I. p. 258.

ſéduiſants du jour. Qu'y a-t-il donc de plus raiſonnable ſinon que chaque Peintre ſoumette ſon propre ouvrage à ſon propre examen? S'il ne s'entend pas lui-même, comment peut-il ſe flatter d'être entendu des autres? Comment veut-il qu'on trouve la belle nature & la juſteſſe des penſées dans ſa compoſition, ſi, avant de ſe mettre à l'ouvrage, il ne s'eſt pas rendu ſon ſujet familier. —

Cette courte deſcription renferme dans une marche naturelle les principes les plus eſſentiels de l'art, que je recommande, mon ami, à la réflexion de votre Artiſte. Je mettrai fin à ces Réflexions par le tableau de l'Artiſte parfait. Si votre Eleve veut le conſidérer comme une répétition des traits avec leſquels j'ai caractériſé l'heureux Imitateur & l'Artiſte homme de mœurs, je ne m'y oppoſerai point: je croirai toujours que l'original de celui-là eſt plus difficile à trouver que les modeles de ceux-ci. Je ne prétens offenſer perſonne par mes doutes: je voudrois qu'on me montrât que je me ſuis trompé. Que je ſerois charmé d'être refuté par des perfections, lors ſurtout que j'ai craint de trouver des imperfections!

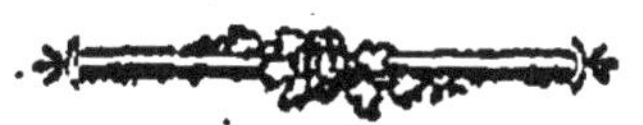

CHAPITRE LX.

Caractere de l'Artiste parfait.

L'Artiste que je cherche a l'esprit ouvert aux sentiments les plus nobles : l'ame honnête, il suit l'impulsion de la nature. Le feu de la jeunesse l'auroit entraîné à faire des tentatives inutiles dans l'art, & ces essais, dénués de correction dans le dessin & de beauté dans les proportions des parties au tout, n'auroient pas manqué de trouver des admirateurs. Il sait modérer ce feu, pour marcher d'un pas plus sûr & plus ferme. Dessine-t-il à l'académie, il prend pour guide la correction & la grandeur de *Michel-Ange*. De crainte pourtant de devenir dur, il cherche à épurer son goût à l'école de l'Antique, à celle de *Raphaël* & de la belle nature. Instruit à ces écoles, il sait donner à ses airs de tête l'expression de la piété & du ravissement, de la majesté & de la grandeur d'ame, de la réflexion & de la gravité, de la gentillesse & de la grace : il sait donner aux physionomies de ses personnages les traits fins du badinage. Sa belle ame, toujours sur ses gardes contre les insinuations de l'orgueil, ne lui permet pas de tirer vanité de ses avantages. Souvent il se déplaît à lui-même, & l'expérience augmente en lui la conviction si

rare

rare chez la plupart des Artistes, qu'il n'a pas encore saisi l'accord de la variété dans l'art, qu'il n'a pas encore atteint le point de perfection où il peut arriver. Emule de *Raphaël*, il aspire à être non seulement ce qu'il étoit, mais encore à ce qu'il auroit voulu être: pour se perfectionner, il tente toutes les voies. En entrant dans la carriere de l'art le *Titien* lui a plu, en avançant dans la même carriere il lui plaît encore: il l'a rencontré sur les traces de la nature. Loin de se croire abaissé par la recherche des couleurs & par le mélange des teintes, il envisage cette connoissance comme essentielle pour produire l'effet du tableau. Séduit par la grace enchanteresse du *Correge*, par la magie irrésistible du clair-obscur de tant de Flamands, il aspire à la belle Peinture par excellence, à la science des rondeurs, à l'art des reflets: il lutte avec la nature elle-même. *Rubens*, par la majesté de son ordonnance, lui a ouvert un champ plus vaste. Non seulement il ose suivre cette nouvelle route, mais encore, prenant l'antique pour conducteur, il y avance d'un pas ferme. A chaque trait qu'il forme, son feu soutenu, en suivant l'enthousiasme, suit en même la voix douce des Graces. Maintenant il posséde la perfection de ses devanciers, mais il la posséde dans un goût qu'il s'est approprié, & qui, sans s'y être asservi, sans tomber dans la maniere, est toujours une imitation de la nature,

La

La grace, la sérénité qu'il cherche, qu'il choisit, qu'il feint dans les objets de son imitation, s'est répandue sur son esprit. Fertile & infatiguable, il cherche à réaliser les beautés idéales dont le témoignage des Anciens réveille l'idée dans ses sens. Le sublime & le beau sont seuls capables de nourrir son esprit : & son esprit est aussi beau que son cœur est bon. Plein de complaisance, il instruit ses Eleves dans les secrets de son art, & il regarde cette instruction comme un devoir à l'égard de la société. Chef d'une école digne de lui, il nous console enfin de la perte des ouvrages de Peinture des Grecs.

Fin du Tome second & dernier.

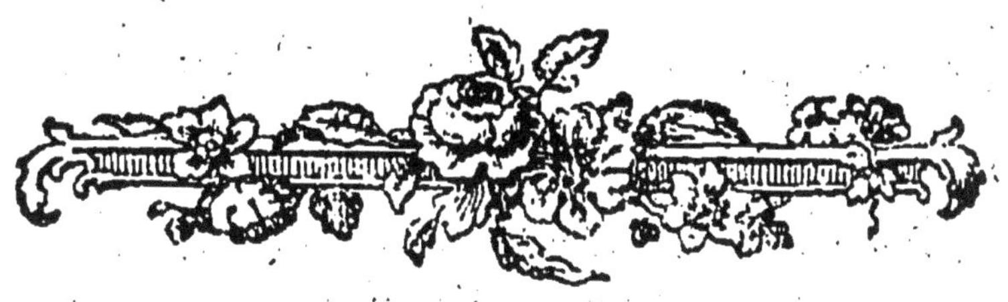

TABLE GENERALE DES DEUX VOLUMES.

A.

teur

Artiste.

Belle (La) graveur florentin — reproche fait à ses figures — justifié page 91. t. 2.

Bour

C.

Dessin,

I.

Laer,

Miroir.

Perrault.

Cette table est très inexacte & peu satisfaisante elle n'offre que 8 à 10 citations pour le Poussin - et le vol. 1er en contient à lui seul - 23 de second vol.

on peut consulter ce qui est chiffré à la fin de chaque tome. au crayon on y trouvera toutes les [illegible] ayant été fait page à page -

note d'un amateur -

le 31 mars 1815, chacun peut en faire autant pour le maître qui l'intéresse [illegible]

 tion

Errata pour le Tome I.

Dans l'Avertissement au lieu de Mosès Mendelsohn lisez: Frederic Nicolaï.

Page 5. ligne 17. situe, lisez: situé.
— 39. ligne 15. tableu, lisez: tableau.
— 87. ligne 15 & 21. *Cephisiodore*, lisez: *Cephisodore*.
— 176. lig. 4. sévere, lisez: séveres.
— 180. lig. 16. doutes: lisez: doctes.
— 198. lig. 9. de la Remarque *o*. consultez Houbraken qui a été continué par van Mander, lisez: consultez Houbraken qui a continué van Mander.
— 212. l'avant derniere ligne, Des Gres, lisez: Des Grecs.
— 150. lig. 2. raison, lisez: raisin.
— 267. lig. 6. de la remarque *q*. *Jean-Baptiste Weninx*, lisez: *Jean Weninx*.
— 280. lig. 4. de la remarque *e*. les masques de l'Hôtel des Invalides, lisez: les masques de l'Arsenal.
— 329. lig. 11. boussailles, lisez: broussailles.
— 364. lig. 18. ne trouve-on, lisez: ne trouve-t-on.
— 371. lig. 24. plaine, lisez: pleine.
— 380. lig. 5. *Brouwer*, lisez: *Broer*.
— 410. lig. 12. cherche, lisez: cherché.

Pour le Tome II.

Page 23. ligne 4. paroissoit, lisez: paroissent.
— 68. lig. 14. ou, lisez: on.
— 78. lig. 3. *Qu'est que*, lisez: *qu'est-ce que*.
— 104. lig. 17. ouvertetement, lisez: ouvertement.
— 113. lig. 9. une fort raison plausible, lisez: une raison fort plausible.
— 157. lig. 8. le même, lisez: la même.
— 223. lig. 9. *Montegna*, lisez: *Mantegna*.
— 224. lig. 7. *Kipberghen*, lisez: *Knipberghen*.
— *Ibid.* lig. 17. hameux, lisez: hameaux.
— 228. lig. 5. précipation, lisez: précipitation.
— 230. lig. 18. déplacé, lisez: déplacée.
— 299. lig. 2. de la remarque, de la Résurrection, lisez: de l'Ascension.

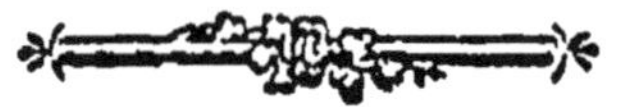

www.ingramcontent.com/pod-product-compliance
Ingram Content Group UK Ltd.
Pitfield, Milton Keynes, MK11 3LW, UK
UKHW020423200726
13857UKWH00002B/266

9 782012 744578